张文显

河南南阳人，毕业于吉林大学，获法学硕士和哲学博士学位，作为访问学者和高级访问学者先后在美国哥伦比亚大学、华盛顿州立大学从事西方法哲学和法律政治学研究。现任中国法学会党组成员、副会长、学术委员会主任，浙江大学、吉林大学教授，国家司法文明协同创新中心理事长兼联席主任。兼任国务院学位委员会法学评议组召集人，教育部社会科学委员会法学学部召集人，全国哲学社会科学研究专家委员会委员，中央马克思主义理论研究和建设工程咨询委员会委员，浙江省法官检察官遴选委员会主任，中国法学教育研究会会长，中华司法研究会副会长。曾任吉林大学法学院院长、副校长、党委书记，吉林省高级人民法院党组书记、院长、国家二级大法官。主要研究领域和研究方向是法理学、司法学、法律政治学。先后主持完成国家社科基金重大课题及重点课题八项，教育部、司法部、最高人民法院、中央政法委、中国法学会重大课题九项。出版学术论著和国家教材二十余部，发表论文文章四百余篇，提交咨询建议二十余份，有十六项研究成果获得二十项国家级奖励及省部级奖励。

司法的实践理性

张文显 著

Practical Rationality
of Judiciary

法律出版社

前　言

2008年初，我担任吉林省高级人民法院党组书记、院长和国家二级大法官。由于参与和领导司法实践、司法改革、司法建设的迫切需要，我的学术研究方向在法理学、当代西方法哲学、法律政治学的基础上，增加了司法和司法改革。特别是2012年我参与组建国家“2011计划”司法文明协同创新中心并担任理事长兼联席主任、学术委员会副主席、司法理论创新团队首席科学家、国家社科基金重大课题“中国特色社会主义司法理论体系研究”首席专家以来，致力于司法哲学、司法文明、司法改革、司法理念研究，组织召开了一系列学术研讨会、学术沙龙、学术调研活动，完成了“中国特色社会主义司法理论体系研究”课题，发表了四十多篇有关司法的专题论文、学术演讲、工作报告、笔谈。本书收录了其中的33篇。本书的多数文章也是“中国特色社会主义司法理论体系研究”课题的研究成果。

本书收录文稿时采用以下技术方法：文稿在发表后被转载、收录的，按同一文稿对待，只收录首次发表的文稿；文稿同时在报刊和论文集上发表的，只收录报刊上发表的文稿；未公开发表的同名文稿在多个会议、讲座上宣读过的，只收录最优版本的文稿；个别题目相同或接近但内容有实质性不同的文稿，按不同成果对待,同时收录。

本书所收文稿,大部分保持原貌,只校正文稿中的错字、漏字、衍字以及明显有误的标点符号,订正错误的引注。少量改动的文稿主要存在于以下情形中:有些文稿原来的文本比较长,发表时报社与杂志社限于篇幅进行了删减,本次按照原文本收入;有些文稿之间论题相同或接近,因而内容难免重复,本次在不影响原文整体性的前提下做了适当删节;对有些篇幅较长的文稿采用了节选的方式;有些文稿最初是以讲演文本(或讲演录音稿)的形式出现,本次收入时适当进行了编辑加工;有些文稿发表时有"提要"、"关键词"等,本次予以全部删除。

本书为每篇文稿标有题注。题注内容包括:对个别合著文稿的合作作者的姓名及排序,文稿首次发表的报刊或其他出版物的名称、时间,文稿被权威性文摘刊物转载或摘录的情况,文稿再次发表或收入学术文集或其他出版物的情况,文稿在会议或讲座上的宣读情况,以及作者认为应当做出说明的其他情况。

张文显

2016 年 8 月 28 日

目　录

习近平关于司法和司法改革的理论*

在习近平全面依法治国论述中,有关中国特色社会主义法治道路的论述最为鲜明,而关于司法和司法改革的论述则最为丰富。这是因为在全部法治改革当中,习近平总书记最关注司法改革,在社会公平正义链条中,习近平总书记把司法公正视为维护社会公平正义的最后一道防线。在全面依法治国和深入推进司法改革的新形势下,习近平总书记不断创新司法理论,对一些长期困扰法学界的司法理论问题给出了依据客观规律、符合中国实际、具有中国特色的深刻阐述,为司法改革提供了完整的科学理论。

一、关于司法的基本理论

在司法理论体系当中,最基本的概念当属"司法"、"司法权"以及与它们连接在一起的"司法机关"、"司法体制"等。对这些概念,习近平总书记都做出了分析与阐述。

什么是司法? 国内外有各种观点。比较狭义的观点认为:所谓司法,是指对包含民事、刑事以及行政案件及争讼进行裁判的活

* 本文是作者关于习近平法治思想研究的系列成果之一,部分内容发表于《法制与社会发展》2016 年第 4 期"习近平法治思想研究(下)——习近平全面依法治国的核心观点"中。

动。这种观点显然把司法限定于法院的审判。比较开放的观点认为:司法是指国家司法机关依据法定职权和法定程序,具体应用法律处理案件的专门活动。这种观点由于未能明确司法机关的确切内涵,也就无法揭示司法的本质特征。还有一种观点把司法等同于“诉讼”,认为“司法是国家解决纠纷、惩罚犯罪的诉讼活动。”[1]习近平总书记在通常的语境下是把司法作为包括侦查、检察、审判、执行等活动在内的一个概念来理解,例如“司法体制”、“司法公信力”、“司法腐败”、“司法改革”等,仅仅在特定语境下把司法作为与审判等值的概念,例如,“司法是社会公平正义的最后一道防线”。[2]

关于我国的司法机关包括哪些部门?有些同志认为仅仅是指人民法院,例如,当年邓小平同志就说过“检察机关和司法机关要保持应有的独立性”,很明显,这里的“司法机关”指的就是人民法院;有些同志认为司法机关也应当包括检察院,有些同志进一步认为在刑事司法中还应当包括侦查机关,近年来也有些同志主张包括司法行政机关。习近平总书记明确指出:在我国,司法机关是包括公安机关、检察机关、审判机关、司法行政机关等在内的,并提出优化司法职权配置,健全公安机关、检察机关、审判机关、司法行政机关各司其职,侦查权、检察权、审判权、执行权相互配合、相互制约的体制机制。

什么是司法权?人们更是有不同的理解。当前,在我国宪法和其他法律当中,均没有“司法权力”、“司法权”的概念,而在党的重要文献中已经普遍使用“司法权力”、“司法权”概念。习近平总书记基于对“司法”、“司法机关”的理解,对司法权也做出了符合司法规律和中国实际的科学界定,指出:“司法活动具有特殊的性质和规律,司法权是对案件事实和法律的判断权和裁判权。”[3]将司法权界定为“判断权和裁判权”,一方面,给了司法权一个开放的结构,司法各个环节都行使着对事实和法律的判断权;另一方面,又强调了在司法权力当中具有决定意义的是审判权，审批权的核心是裁判权，无论是侦查，还是检察，说到底都服务于定罪量刑，都是裁判的前期准备工作，司法行政机关执行的是人民法院的裁判，只有裁判才是终局意义上的司法。所以，习近平总书记阐述司法权时特别提出裁判权。所谓裁判，就是在查明事实真相的基础上，依据法律的内在依据以及道德、情理、政策等外部性因素做出定分止争、惩恶扬善的判决，以确认被模糊或错乱的权利义务关系，修复公平正义。

（一）司法的价值和功能

习近平指出："公正是司法的灵魂和生命"，促进社会公平正义是政法工作的核心价值追求，司法机关是维护社会公平正义的最后一道防线。政法战线要肩扛公正天平、手持正义之剑，以实际行动维护社会公平正义，让人民群众切实感受到公平正义就在身边。

围绕公平正义这一核心价值，司法担当着权利救济、定分止争、制约公权的功能。这是习近平总书记 2014 年 1 月 7 日在中央政法工作会议上对司法职能的权威解读。

权利救济。习近平总书记提出："所谓公正司法，就是受到侵害的权利一定会得到保护和救济，违法犯罪活动一定要受到制裁和惩罚。如果人民群众通过司法程序不能保证自己的合法权利，那司法就没有公信力，人民群众也不会相信司法。"[4] 基于司法的这一核心价值，十八大以来，特别是三中全会《决定》、四中全会《决定》和五中全会建议以及十三五规划纲要，都把保障人权和权利作为司法改革和司法公正的要点。习近平总书记提出："加强人权司法保障。强化诉讼过程中当事人和其他诉讼参与人的知情权、陈述权、辩护辩论权、申请权、申诉权的制度保障。健全落实罪刑法定、疑罪从无、非法证据排除等法律原则的法律制度。"完善对涉及公民人身、财产权益的行政强制措施实行司法监督制度。五中全会进一步提出加强知识产权司法保护。

保障诉讼当事人和其他诉讼参与人的程序性和实体性权利。提出要落实严格的证据规则:“全面贯彻证据裁判规则,严格依法收集、固定、保存、审查、运用证据,完善证人、鉴定人出庭制度,保证庭审在查明事实、认定证据、保护诉权、公正裁判中发挥决定性作用。”

定分止争。法律是定分止争的实践理性——“定分止争”源自先秦思想家、法家代表人物管仲,蕴含着法律要明确权利、义务及各自的界限,公正合理地调整利益关系,缓解和消除利益冲突,实现国泰民安。“实践理性”体现了近代以来的法律精神,是对传统意义“定分止争”的理性引导、科学规范和价值重塑。矛盾纠纷是司法存在和司法权行使的前提条件。法律“应该具有定分止争的功能。”[5]现代社会中,通过司法权尤其是诉讼来解决社会纠纷已成为最主要的、也是最有效力的手段和方法。

如何实现司法定分止争的价值功能,习近平总书记提出两条:一是公正司法,司法不公,人心不服,司法定分止争的功能就难以实现。二是坚持司法为民,改进司法工作作风,通过热情服务,切实解决好老百姓打官司难问题;司法工作者要密切联系群众,善于做群众工作,“一纸判决,或许能给当事人正义,却不一定能解开当事人的‘心结’,‘心结’没有解开,案件也就没有真正了结”。[6]

制约公权。制约公权是现代司法的重要功能。制约公权主要是针对行政权力,把行政权力关进制度的笼子里,把行政权力的运行纳入法治轨道。我国检察机关对公职人员滥用职权、渎职侵权、贪污受贿行为的法律监督,督促起诉制度、法院检察院对行政机关的司法建议,都属于制约公权的制度化活动。行政诉讼则是司法制约公权的重要渠道。行政诉讼是解决行政争议,保护公民、法人和其他组织合法权益,监督行政机关依法行使职权的重要法律制度。

(二)司法公信力

司法公信力体现为社会公众对司法机构、司法人员的信任和信赖程度。长期以来,我国的司法公信力在较低程度徘徊。为此,党的十八大把“司法公信力不断提高”确立为全面建成小康社会法治领域的重要指标。十八届四中全会把“保证公正司法,提高司法公信力”作为全面推动依法治国的核心目标和任务。五中全会进一步把“司法公信力明显提高”作为小康社会“各方面制度更加成熟更加定型目标、国家治理体系和治理能力现代化取得重大进展”的重要指标。2015 年 2 月,习近平总书记在中央政治局第 21 次集体学习时强调:“以提高司法公信力为根本尺度,坚定不移深化司法体制改革。”[7]“司法体制改革成效如何,说一千道一万,要由人民来评判,归根到底要看司法公信力是不是提高了。”[8]

如何提高司法公信力呢?习近平指出:“‘公生明,廉生威。’执法司法是否具有公信力,主要看两点,一是公正不公正,二是廉洁不廉洁。这两点说起来简单,要做到就不容易了。”[9]

公正司法。公正司法或司法公正是司法公信力的基础。习近平总书记提出:“我们提出要努力让人民群众在每一个司法案件中都感受到公平正义,所有司法机关都要紧紧围绕这个目标来改进工作,重点解决影响司法公正和制约司法能力的深层次问题。”[10]“当前,司法领域存在的主要问题是,司法不公、司法公信力不高问题十分突出……。司法不公的深层次原因在于司法体制不完善、司法职权配置和权力运行机制不科学、人权司法保障制度不健全。”要“坚持以事实为根据、以法律为准绳,健全事实认定符合客观真相、办案结果符合实体公正、办案过程符合程序公正的法律制度”。“司法公正对社会公正具有重要引领作用,司法不公对社会公正具有致命破坏作用。”[11]习近平总书记还引用英国哲学家培根的名言说明这个观点。培根说:“一次不公正的裁判,其恶果甚至超过十次犯罪。因为犯罪虽是无视法律——好比污染了水流，而不公正的审判则毁坏法律——好比污染了水源。"[12]

廉洁司法。廉洁司法或司法廉洁，是建立司法公信力的前提条件，司法腐败与司法不公一样对司法公信力具有致命破坏作用。习近平总书记要求："在执法办案各个环节都要设置隔离墙、通上高压线，谁违反制度就要给谁最严厉的处罚，终身禁止从事法律职业，构成犯罪的要依法追究刑事责任。"[13]"对司法腐败，要零容忍，坚持'老虎'、'苍蝇'一起打，坚决清除害群之马。"[14]

公开司法。"阳光是最好的防腐剂。权力运行不见阳光，或有选择地见阳光，公信力就无法树立。执法司法越公开，就越有权威和公信力。……要坚持以公开促公正、以透明保廉洁。要增强主动公开、主动接受监督的意识，完善机制、创新方法、畅通渠道，依法及时公开执法司法依据、程序、流程、结果和裁判文书。对公众关注的案件，要提高透明度，让暗箱操作没有空间，让司法腐败无法藏身。"[15]要"加大司法公开力度，回应人民群众对司法公正公开的关注和期待"。[16]

严格司法。习近平总书记指出：法律和制度的生命力在于执行，有了制度没有严格执行就会形成"破窗效应"，就会损害执法司法的公信力。要推进严格司法。坚持以事实为根据、以法律为准绳，健全事实认定符合客观真相、办案结果符合实体公正、办案过程符合程序公正的法律制度。加强和规范司法解释和案例指导，统一法律适用标准。避免冤案错案。要着力解决领导机关和领导干部违法违规干预司法个案问题。"要建立健全违反法定程序干预司法的登记备案通报制度和责任追究制度，对违反法定程序干预政法机关执法办案的，一律给予党纪政纪处分；造成冤假错案或者其他严重后果的，一律依法追究刑事责任。"[17]

高效司法。迟到的正义乃非正义，故司法效率或司法执行力对于司法公信力有深刻影响。司法机关作出的各种有法律效力的决定,能否得到有效执行,也直接影响司法公信力的高低。

民主司法。一方面为民司法,另一方面民主司法。司法民主是我国国家政权机关人民性的必然要求。人民群众广泛有效地参与司法活动是司法民主的生动体现。人民陪审员和人民监督员制度是司法民主的主渠道。2015年中央全面深化改革领导小组审议通过了《人民陪审员制度改革试点方案》和《深化人民监督员制度改革方案》。会议指出,人民陪审员制度是社会主义民主政治的重要内容。要通过改革人民陪审员制度,推进司法民主,促进司法公正,提升人民陪审员制度公信度和司法公信力。要坚持党的领导、人民当家作主、依法治国有机统一,坚定不移走中国特色社会主义法治道路,围绕改革人民陪审员选任条件和选任程序、扩大人民陪审员参审范围、完善人民陪审员参审案件机制、探索人民陪审员参审案件职权改革、完善人民陪审员退出和惩戒机制、完善人民陪审员履职保障制度等重要环节开展试点,提高人民陪审员广泛性和代表性,发挥人民陪审员制度的作用。会议强调,深化人民监督员制度改革是党的十八届三中、四中全会提出的一项重要改革举措,目的是进一步拓宽人民群众有序参与司法渠道,健全确保检察权依法独立公正行使的外部监督制约机制,对保障人民群众对检察工作的知情权、参与权、表达权、监督权具有重要意义。要认真总结人民监督员监督范围、监督程序试点和人民监督员选任管理方式改革试点经验做法,在人民监督员选任方式、监督范围、监督程序、知情权保障等方面深化改革。实行人民监督员制度,引入外部监督力量,改变了检察机关查办职务犯罪案件的具体程序和要求,健全了对犯罪嫌疑人、被告人的权利保护机制,是对司法权力制约机制的重大改革和完善。

(三)司法规律

一个时期以来,学术界在司法规律的概括方面难以达成共识,一个重要的原因是"司法规律"这一概念的语义指向不同。习近平总书记关于司法规律的论述,有助于解开这个难题。党的十八大以来,习近平总书记强调司法体制改革一定要遵循司法规律。在三中全会、四中全会、中央政法工作会议、中央全面深化改革领导小组会议上,总书记多次强调这一点。例如,他指出:"完善司法制度、深化司法体制改革,要遵循司法活动的客观规律,体现权责统一、权力制约、公开公正、尊重程序的要求。"〔18〕完善人民法院司法责任制,"要坚持问题导向,遵循司法权运行规律"。〔19〕

在把司法规律语义指向确定为"司法活动的客观规律"、"司法权运行规律"的理论基础上,习近平总书记对司法规律的内容进行了分析。

司法规律就是司法权运行的规律,司法活动的规律,是由司法权的性质产生出来的,与司法权性质相适应。

司法权运行的规律首先指的司法权力体系的运行规律,从司法权力体系的运行规律产生出了司法权优化配置等一系列的改革任务。

司法权独立行使是最根本的、最普遍的司法规律。习近平强调人民法院、人民检察院依法独立公正行使审判权、检察权,"司法人员公正办案,只服从事实、只服从法律"。只服从法律,既是司法的法治原则,也是司法的客观规律。马克思曾经说过:"法官是法律世界的国王,除了法律就没有别的上司。"〔20〕联合国核准认可的《关于司法机关独立的基本原则》也指出,"法官独立审判,只服从宪法和法律,不受其他因素左右"。

习近平总书记指出:"要确保审判机关、检察机关依法独立公开行使审判权、检察权。……司法不能受权力干扰,不能受金钱、人情、关系干扰,防范这些干扰要有制度保障。"〔21〕"保证司法机关依法独立公正行使职权是我们党的明确主张。吸取'文化大革命'的教训,党的十一届三中全会就明确提出'检察机关和司法机关要保持应有的独立性'。"[22]建立领导干部干预司法活动、插手具体案件处理的记录、通报和责任追究制度，是党的十八届四中全会提出的一项重要改革举措，主要目的是通过创新制度、加强监管，制约领导干部违法违规干预司法活动、妨碍司法公正的行为，对促进司法公正、抑制司法腐败具有制度性意义。出台这个规定，就是要为领导干部干预司法划出"红线"，建立防止司法干预的"防火墙"和"隔离带"，为司法机关依法独立公正行使职权提供制度保障。各级领导干部在推进依法治国方面肩负着重要责任，要牢固树立法律红线不能触碰、法律底线不能逾越的观念，不能违法干预司法活动、插手具体案件处理，不能对司法机关工作进行不当干预。各级党组织和领导干部要正确处理好坚持党的领导和确保司法机关依法独立公正行使职权的关系，保证司法机关积极主动、独立负责、协调一致开展工作。

在揭示司法权独立行使这一根本司法规律的基础上，习近平提出遵循司法规律，要体现"权责统一、权力制约、公开公正、尊重程序"，在另一讲话中提出"裁判终局"。我理解，这五条就是习近平总书记心目中的中国司法的基本规律。

权责统一。权责统一是任何权力正确运行的基本规律，司法权力的运行尤其如此。针对司法权力运行中存在的突出问题，习近平总书记提出要"健全司法权力运行机制，完善主审法官、合议庭办案责任制，让审理者裁判、由裁判者负责"。[23]并强调要紧紧牵住司法责任制这个牛鼻子，凡是进入法官、检察官员额的，要在司法一线办案，对案件质量终身负责。法官、检察官要有审案判案的权力，也要加强对他们的监督制约，把对司法权的法律监督、社会监督、舆论监督等落实到位，保证法官、检察官做到"以至公无私之心，行正大光明之事"。

权力制约。即司法权力之间的制衡。在我国，司法权分别由不同机关行使，在刑事诉讼活动中，公安机关行使侦查权，人民检察院行使检察权，人民法院行使审判权，司法行政机关行使刑罚执行权。我国现行宪法和刑事诉讼法只规定了公、检、法三机关分工负责、互相配合、互相制约的原则，习近平总书记提出要健全公安机关、检察机关、审判机关、司法行政机关各司其职，侦查权、检察权、审判权、执行权相互配合、相互制约、公正高效运行的体制机制。这一新提法，总结了改革开放三十多年来司法实践经验和成果，揭示了我国社会主义司法制度的鲜明特色。在中央政法工作会议上，习近平总书记还提出"制衡"概念，要求以优化司法职权配置为重点，健全司法权力分工负责、互相配合、互相制衡的制度安排。

公开公正。司法是维护社会公平的最后一道防线，司法公正是社会公平的底线。十八大之后习近平总书记多次强调指出：全面推进依法治国，必须坚持公正司法。"要依法公正对待人民群众的诉求，努力让人民群众在每一个司法案件中都能感受到公平正义，决不能让不公正的审判伤害人民群众感情、损害人民群众权益。"[24]在2014年1月召开的中央政法工作会议上，习近平总书记明确提出，维护公平正义是司法与法治的核心价值。这表明，党和人民对司法提出了更高的标准和更严格的要求。如果说公正是司法的本质特征和价值目标所在，那么，公开透明则是确保司法公正的必然要求。

尊重程序。在某种意义上，法治就是程序之治，依法办事就是依照程序办事。在司法领域，尊重程序，按照法定程序行使司法权，是确保司法公正和司法公信的客观规律和必然要求。司法程序是最严密的法律程序，司法程序是制约司法权力、防止司法权力任性的伟大发明。把司法权力关进制度的笼子里，首先是把司法权力关进程序的笼子里，一方面使其具有职能上的法定性、正当性、有效性，避免司法权力滥用；另一方面使其按照既定的权限和程序启动和运行，并且以民众看得见的方式行使，提高司法权力运行的公信力。程序是人权保障的武器,尤其是刑事诉讼程序的发明,通过规定罪行法定、无罪推定、疑罪从无、罪责均衡、严禁刑讯逼供、排除非法证据、充分辩护、法律援助、司法救助等严格而又公正的程序,建立起了有效保障人权的司法制度。尊重程序,一是要求程序公正合理,二是遵循正当程序。

裁判终局。司法权应有终局性。习近平总书记指出:"司法审判本来应该具有终局性作用。"[25]司法权的终局性具体表现为两个方面:一是裁决效力的至上性。即对于司法机关作出的生效裁决,除经司法机关依法改判外,其他任何机关、组织或个人均不得变更或撤销。二是裁决效力的终局性,即司法机关对一纠纷作出生效裁决后,不得再将这一纠纷纳入司法裁判的范围。亦称"一事不再理"原则(针对民事案件)和"禁止双重追诉"原则(针对刑事案件)。坚持司法的终局性原则,是维护司法权威的必然要求。司法的终局性体现为司法机关所作出的终审裁判是案件的最终结论,任何机关和个人都不能更改和推翻。但是,长期以来,我们并不重视维护司法的终局性和既判力。一些人利用再审、信访等机制反复申诉、反复信访,制造出了很多被媒体所说的"马拉松式的诉讼",既造成司法资源的巨大浪费,又导致司法裁判丧失权威。为此,习近平总书记和党中央提出要落实终审和诉讼终结制度,实行诉访分离。2013 年以来,中办、国办印发了《关于依法处理涉法涉诉信访问题的意见》,中央政法各单位配套制定了《关于建立涉法涉诉信访事项导入法律程序工作机制的意见》等文件,深入推进涉法涉诉信访制度改革。这一改革的宗旨是实行诉讼与信访分离,把涉及民事、行政、刑事等诉讼权利救济的信访事项从普通信访体制中分离出来,导入司法程序机制,由政法机关依法处理,把涉法涉诉信访纳入法治轨道解决,实现维护人民群众合法权益与维护司法权威相统一。

二、关于司法改革的重大理论

习近平总书记高度重视司法改革，把司法改革作为全面深化改革、全面推进依法治国、推进国家治理体系和治理能力现代化重中之重。在“关于《中共中央关于全面深化改革若干重大问题的决定》的说明”中指出：“司法改革是这次全面深化改革的重点之一。”〔26〕在“关于《中共中央关于全面推进依法治国若干重大问题的决定》的说明”中，他着重就十个问题做出说明，其中五个问题属于司法改革。在中央政法工作会议上、在中央全面深化改革领导小组多次会议上，在十八届中央政治局第二十一次集体学习会上（2015年3月24日），在以法治为主题的一系列讲话中，司法改革都是总书记强调的重点问题。梳理习近平总书记关于司法改革的重要论述，有关司法改革的重大理论有以下几点：

（一）如何正确认识和评价我国现行司法制度

这是推进司法改革必须解决的思想认识前提。习近平总书记指出：“一个国家实行什么样的司法制度，归根到底是由这个国家的国情决定的。评价一个国家的司法制度，关键看是否符合国情、能否解决本国实际问题。实践证明，我国司法制度总体上是适应我国国情和发展要求的，必须增强对中国特色社会主义司法制度的自信，增强政治定力。”同时，也要看到我国的司法制度及其运行中也存在许多突出问题。“这些问题不仅影响司法应有的权利救济、定分止争、制约公权的功能发挥，而且影响社会公平正义的实现。解决这些问题，就要靠深化司法体制改革。”〔27〕“我国司法制度是党领导人民在长期实践中建立和发展起来的，总体上与我国国情和我国社会主义制度是适应的。同时，由于多种因素影响，司法活动中也存在一些司法不公、冤假错案、司法腐败以及金钱案、权力案、人情案等问题。这些问题如果不抓紧解决，就会严重影响全面依法治国进程，严重影响社会公平正义。”[28]

（二）司法改革的政治定性和定位

如何从政治上对司法改革进行定性和定位，既关乎司法改革的政治方向，也关乎如何推进司法改革。习近平总书记强调：

第一，新一轮司法改革是体制性改革。建国六十多年来，中国社会主义司法制度的建立、完善和发展始终是由司法改革推动的。20 世纪 50 年代，党领导了革命性司法改革，建立了新民主主义的、社会主义的司法制度，确立了在党的领导下人民法院依法独立审判、公开审判、人民陪审、司法调解、刑事辩护、审判监督，人民检察院依法行使法律监督权等社会主义司法原则，确保人民在法律面前人人平等。“文化大革命”结束之后，党领导了重建性司法改革，在较短时间内恢复了司法体制，重建了社会主义司法制度，开启了中国特色社会主义司法制度改革发展之路。进入 21 世纪以来，党领导的司法改革着力于体制改革，党的十六大提出了“推进司法体制改革”，十七大提出“深化司法体制改革”，十八大提出“进一步深化司法体制改革”。

习近平总书记对司法的体制性改革进行了更充分更深刻的论述。他指出：“这些年来，群众对司法不公的意见比较集中，司法公信力不足很大程度上与司法体制和工作机制不合理有关。”[29]“当前，司法领域存在的主要问题是，司法不公、司法公信力不高的问题十分突出。……司法不公的深层次原因在于司法体制不完善、司法职权配置和权力运行机制不科学、人权司法保障制度不健全。”[30]解决司法领域的突出问题“就要靠深化司法体制改革”，[31]“要从确保依法独立公正行使审判权检察权、健全司法权力运行机制、完善人权司法保障三个方面，着力解决影响司法公正、制约司法能力的深层次问题，破解体制性、机制性、保障性障碍。”[32]既然是体制性改革，就要在体制上动真格，就要全面改革、系统改革、深度改革，不能零打碎敲，修修补补，不能雷声大、雨点小。

第二，“司法制度是上层建筑的重要组成部分”，[33]“司法体制是政治体制的重要组成部分。”[34]因而，要在政治体制改革的总体框架内思考和设计司法改革。政治体制改革的政治方向和限度决定了司法体制改革的政治方向和限度。推进司法体制改革，是社会主义司法制度自我完善和发展，走的是中国特色社会主义法治道路。通常，人们说司法改革的根本原因在于现行的制度不合理，所以要改革。但实际上，问题不那么简单。要从两个方面看，一方面司法制度本身存在不合理性，或者说初创时的合理性已经穷尽，需要从体制和制度本身改革，即改制；另一方面司法制度是合理的，但是由于认识、具体体制、技术、人员等因素，限制了合理性的发挥，预期的合理性没有体现出来，所以要通过机制、方式方法的改革让制度的优越性充分发挥出来。司法改革两方面的针对性都有。当然，更应当注重制度创新，制度创新带有根本性、长期性。

第三，深化司法体制改革是全面深化改革的重点之一和全面推进依法治国的关键。在十八届三中全会关于全面深化改革的决定中，有一部分集中部署司法体制改革，包括 23 项重大改革任务。四中全会关于全面推进依法治国的决定确立 190 项法治改革重大任务中，司法改革超过 40 项。《中国共产党第十八届中央委员会第三次全体会议公报》凝练性地指出：“全会提出，建设法治中国，必须深化司法体制改革，加快建设公正高效权威的社会主义司法制度，维护人民权益。”这些充分反映出全党对司法的性质和重要性的认识有了新的深化，也意味着必须以改革的勇气和智慧深化司法体制改革。

第四，深化司法改革是推进国家治理体系和治理能力现代化的重要举措和实践路径。习近平总书记指出：“司法改革对推进国家治理体系和治理能力现代化具有十分重要的意义。”[35]“深化司法体制改革，建设公正高效权威的社会主义司法制度，是推进国家治理体系和治理能力现代化的重要举措。”[36]国家治理现代化的重要标志是国家治理法治化，国家治理现代化、法治化的一个重要方面是提升司法在国家治理体系中的地位，更好发挥司法在国家治理中的重要功能作用。因此，要从推进国家治理体系和治理能力现代化的战略层面认识和推进司法改革。

（三）司法改革的目标与方向定位

司法改革的总目标是“建设公正高效权威的社会主义司法制度”。从党的十五大报告首次正式提出司法改革以来，关于司法改革的目标是不断清晰的。十五大报告提出：“推进司法改革，从制度上保证司法机关依法独立公正地行使审判权和检察权，建立冤案、错案责任追究制度。”十六大报告提出：“推进司法体制改革，按照公正司法和严格执法的要求，完善司法机关的机构设置、职权划分和管理制度，进一步健全权责明确、相互配合、相互制约、高效运行的司法体制。”十七大首次明确提出司法体制改革的目标：“深化司法体制改革，优化司法职权配置，规范司法行为，建设公正高效权威的社会主义司法制度。”十八大报告提出：“进一步深化司法体制改革，坚持和完善中国特色社会主义司法制度，确保审判机关、检察机关依法独立公正行使审判权、检察权。”十八大之后，习近平总书记在多次讲话中不仅重申“建设公正高效权威的社会主义司法制度”的司法改革目标，而且深化司法改革的目标理论。他指出：“深化司法体制改革，建设公正高效权威的社会主义司法制度，是推进国家治理体系和治理能力现代化的重要举措”，[37]“加快建设公正高效权威的社会主义司法制度，维护人民权益，让人民群众在每一个司法案件中都感受到公平正义。”在这些论述中，他把建设公正高效权威的社会主义司法制度与推进国家治理现代化连接在一起，把司法体制改革的目标落脚在维护人民权益、让人民群众在每一个司法案件中都感受到公平正义上，并且根据人民群众的热切期待和客观条件提出加快建设公正高效权威的社会主义司法制度,是对司法改革目标理论的全面深化和发展。

在对司法改革目标的阐述中,习近平总书记还着重强调了司法改革的社会主义方向,指出:“深化司法体制改革,是要更好坚持党的领导、更好发挥我国司法制度的特色、更好促进社会公平正义。凡是符合这个方向的、应该改又能够改的,就要坚决改;凡是不符合这个方向、不应该改的,就决不能改。简单临摹、机械移植,只会造成水土不服,甚至在根本问题上出现颠覆性错误。”〔38〕

司法改革的阶段性目标或评价标准。在中央政法工作会议上,习近平总书记指出:“深化司法体制改革,一个重要目的是提高司法公信力,让司法真正发挥维护社会公平正义最后一道防线的作用。”〔39〕这可以视为司法改革的阶段性目标,即到 2020 年的司法改革目标。党的十八大报告提出到 2020 年实现全面建成小康社会宏伟目标。全面小康有一系列核心指标,法治领域的核心指标包括:依法治国基本方略全面落实,法治政府基本建成,司法公信力不断提高,人权得到切实尊重和保障。五中全会根据新的形势在原来的法治目标任务的基础上进一步提出“人民民主更加健全,法治政府基本建成,司法公信力明显提高。人权得到切实保障,产权得到有效保护”。司法公信力显著提高,既是司法改革的阶段性目标,也是衡量司法改革成效的标准。正如习近平总书记在中央政治局第 21 次集体学习时强调的:“以提高司法公信力为根本尺度,坚定不移深化司法体制改革。”〔40〕“司法体制改革成效如何,说一千道一万,要由人民来评判,归根到底要看司法公信力是不是提高了。”〔41〕

(四)司法改革必须坚持的基本原则

司法改革必须坚持正确的政治方向,体现为坚持以下基本原则。

第一，坚持党的统一领导。习近平总书记指出："党的领导是社会主义法治的根本保证，坚持党的领导是我国社会主义司法制度的根本特征和政治优势。深化司法体制改革，必须在党的统一领导下进行，坚持和完善我国社会主义司法制度。"[42]发挥中央和省级党委在司法改革中"总揽全局、统筹各方"的领导作用，防止乱改革、瞎改革、伪改革，更要避免违法改革。

第二，坚持人民主体地位。习近平总书记指出：司法体制改革必须坚持人民主体，以人民为中心，为了人民、依靠人民、造福人民，无论是制度、方案的设计，还是配套措施的推出，都要从党和国家事业发展全局出发，从最广大人民根本利益出发，经得起人民的评判。

第三，坚持从国情和实际出发。一个国家实行什么样的司法制度，归根结底是由这个国家的国情所决定的。司法体制改革必须同我国根本政治制度、基本政治制度和经济社会发展水平相适应，保持我们自己的特色和优势。深化司法体制改革，必须从社会主义初级阶段的基本国情出发，既认真借鉴人类法治文明的有益成果，又不照抄照搬外国的司法制度；既勇于改革创新，又不超越经济社会发展阶段盲目冒进。

第四，必须遵循司法规律。司法活动、司法权力运行有其固有的规律性。只有正确认识、把握和遵循司法规律，才能实现预期的改革目标。深化司法体制改革，必须坚持从司法规律出发设计改革方案，善于运用司法规律破解改革难题，确保改革成果经得起历史和实践的检验。

第五，坚持科学的改革方法论。司法体制改革事关全局，要加强顶层设计，自上而下有序推进；要坚持从实际出发，结合不同地区、不同层级司法机关实际情况积极实践，推动制度创新；[43]要紧紧抓住影响司法公正、制约司法能力的重大问题和关键问题，增强改革的针对性和实效性；要广泛听取人民群众意见，深入了解一线司法实际情况、了解人民群众到底在期待什么，把解决了多少问题、人民群众对问题解决的满意度作为评判改革成效的标准；对已经出台的改革举措，要加强改革效果评估，及时总结经验，注意发现和解决苗头性、倾向性、潜在性问题。

中央通过的改革方案落地生根，必须鼓励和允许不同地方进行差别化探索。全面深化改革任务越重，越要重视基层探索实践。要把鼓励基层改革创新、大胆探索作为抓改革落地的重要方法，坚持问题导向，着力解决好改革方案同实际相结合的问题、利益调整中的阻力问题、推动改革落实的责任担当问题，把改革落准落细落实，使改革更加精准地对接发展所需、基层所盼、民心所向，更好造福群众。

在中央全面深化改革领导小组第十三次会议上，习近平总书记强调指出，试点是改革的重要任务，更是改革的重要方法。试点能否迈开步子、趟出路子，直接关系改革成效。要牢固树立改革全局观，顶层设计要立足全局，基层探索要观照全局，大胆探索，积极作为，发挥好试点对全局性改革的示范、突破、带动作用。

司法体制改革试点工作要在中央层面顶层设计和政策指导下进行，改革具体步骤和工作措施，鼓励试点地方积极探索、总结经验。

三、司法改革的重大举措及其学理基础

十八大以来，特别是三中全会、四中全会相继出台了一系列司法改革举措。这些改革举措都建立在习近平总书记提出并科学阐述的司法理论基础之上，具有坚实的学理支撑。

（一）完善人权司法保障制度和机制

首先是诉权保障。其学理基础在于：改革人民法院案件受理制度，变立案审查制为立案登记制，目的是要通过改进工作机制、

加强责任追究，切实解决人民群众反映强烈的"立案难"问题，保障当事人诉权。人民法院要明确登记立案范围、规范登记立案程序、健全配套机制、制裁违法滥诉、强化立案监督，逐步建立一套符合中国国情、符合司法规律的立案登记制度，坚决杜绝"有案不立、有诉不理、拖延立案、增设门槛"等现象。要强化法治意识，积极配合做好工作，坚决杜绝干预、阻挠人民法院依法立案现象发生。要加强诉讼诚信建设，加大对虚假诉讼、恶意诉讼、无理缠诉行为的惩治力度，依法维护正常立案秩序。

其次是涉案财产保护。在审议通过《关于进一步规范刑事诉讼涉案财物处置工作的意见》的会议上，习近平总书记指出，规范刑事诉讼涉案财物处置工作，是一件事关正确惩治犯罪、保障人权的大事，是一项促进司法公正、提高司法公信力的重要举措。这些年来，司法不公、贪赃枉法的一个突出问题就发生在刑事诉讼涉案财物处置的过程中。涉案财物处置涉及不同诉讼领域、不同执法司法环节，是一项跨部门、跨地方的复杂工作，政策性、操作性要求都很高，各地区各部门要牢固树立大局意识，加强协作配合，尽快探索建立涉案财物集中管理信息平台，完善涉案财物处置信息公开机制。各级党政部门要率先尊法守法，不得干预涉案财物处置过程。要加强境外追赃追逃工作，抓紧健全境外追赃追逃工作体制机制，运用法治思维和法治方式开展追赃追逃工作。有关部门要对涉案财物的定义、认定标准和范围等进行明确，增强各地和各司法机关执行政策的统一性。

最后是法律援助。法律援助工作是一项重要的民生工程，要把维护人民群众合法权益作为出发点和落脚点，紧紧围绕人民群众实际需要，积极提供优质高效的法律援助服务，努力让人民群众在每一个案件中都感受到公平正义。要适应困难群众的民生需求，降低门槛，帮助困难群众运用法律手段解决基本生产生活方面的问题。要注重发挥法律援助在人权司法保障中的作用，加强刑事法律援助工作，保障当事人合法权益。要通过法律援助将涉及困难群体的矛盾纠纷纳入法治化轨道解决，有效化解社会矛盾，维护和谐稳定。各级党委和政府要高度重视法律援助工作，不断提高法律援助工作水平。

（二）改革司法管理体制，推动省以下地方法院、检察院人财物统一管理

习近平总书记指出：目前，我国司法人员实行分级管理、经费实行分级负担的体制，其弊端是司法权运行受制于地方，司法活动易受干扰。所以，要推动司法管理体制改革，探索省以下地方法院、检察院人财物统一管理。其理论依据是："我国是单一制国家，司法权从根本上说是中央事权。各地法院不是地方的法院，而是国家设在地方代表国家行使审判权的法院。司法机关人财物应该由中央统一管理和保障。世界各主要国家也普遍实行由国家或某一个专门机构统一管理司法人员、经费等司法行政事务。考虑到全国法官、检察官数量大，统一收归中央一级管理和保障，在现阶段难以做到，这次改革主要推动建立省以下法院和检察院法官、检察官编制统一管理制度，法官、检察官由省提名和管理并按法定程序任免的机制，探索由省级财政统筹地方各级法院、检察院的经费。"[44]司法权分为职权和司法事权两个基本方面。司法职权是司法机关的专属权力，只能由法院、检察院、侦查机关和司法执行机关依法独立行使；而司法事权即司法的事务性权力，主要是人财物的保障、管理等事权，则分别由党委、人大、政府和司法机关承担。例如，司法事权当中的人事权主要由党委根据党管干部原则提出合适人选、通过人大选举或人大常委会任免，经费和条件保障则由政府负责，司法行政事务则由司法机关内部的专门机构负责。提出"司法权是中央事权"这一命题为司法管理体制改革提供了法理依据，体现了从国情出发、理论与实践相结合、分步推进司法管理

体制改革的政治智慧。

(三)优化司法职权配置

自党的十五大明确提出推进司法改革以来、特别是十六大提出推进司法体制改革以来,中央始终把优化司法职权配置作为司法改革的重心。在党的十八届四中全会上,习近平总书记提出:"推进公正司法,要以优化司法职权配置为重点,健全司法权力分工负责、互相配合、互相制约的制度安排。"[45]"为优化司法职权配置,全会决定提出,推动实行审判权和执行权相分离的体制改革试点;统一刑罚执行体制;探索实行法院、检察院司法行政事务管理权和审判权、检察权相分离;变立案审查制为立案登记制,等等。"[46]在中央政法工作会议上,习近平总书记指出:"要健全政法部门分工负责、互相配合、互相制约机制",建立"有效的权力制衡机制"。[47]

从习近平总书记关于优化司法职权配置的论述以及三中全会、四中全会关于优化司法职权配置的制度安排,可以发现司法职权配置的理论要义。一是推进司法职权配置科学化。体制是个关系范畴,司法体制实质上就是司法机关之间的关系,以及同一司法系统内部各部分之间的关系,推进司法体制改革就是理清和调整司法机关之间或其系统内部各部分之间的职权与职责,使司法职权配置符合司法权运行的规律,有利于司法价值功能的实现。二是健全司法权力分工负责、互相配合、互相制约机制,确保公正司法,防止错案冤案的发生,以及发生冤假错案之后能够发现和纠正。基于这种理论逻辑和实践经验,十八届四中全会明确规定要"优化司法职权配置,健全公安机关、检察机关、审判机关、司法行政机关各司其职,侦查权、检察权、审判权、执行权相互配合、互相制约的体制机制"。

（四）推进以审判为中心的诉讼制度改革

这是我国刑事诉讼制度重大制度创新，既是尊重司法规律、保证司法公正的客观要求，也是提高司法效率、节约诉讼资源的必然要求。习近平总书记为这项重大改革进行了充分的科学论证。他指出：建构以审判为中心的诉讼制度，一是要坚持审判程序的决定性地位，审判是维护社会公平正义的最后一道防线，如果这道防线缺失或不能履行定罪量刑的裁判职能，冤假错案的发生就在所难免，人权就难以得到司法保障。审判程序的决定性地位是由我国刑事诉讼法规定的，我国刑事诉讼法规定，未经人民法院依法判决，对任何人都不得确定有罪。人民法院是唯一拥有定罪权的国家机关，审判是对被告人是否有罪作出最终裁判的程序。只有坚持审判程序的决定性地位，把好事实关、证据关、法律关，才能对侦查、审查起诉活动实施有效的监督，确保侦查、审查起诉的案件证据经得起法庭调查、质证、辩论的检验，从源头上防止事实不清、证据不足的案件“带病”进入审判程序，坚守防止冤假错案的底线。二是发挥审判特别是庭审的作用，是确保案件处理质量和司法公正的重要环节。我国刑事诉讼法规定，公检法三机关在刑事诉讼活动中各司其职、互相配合、互相制约，这是符合中国国情、具有中国特色的诉讼制度，必须坚持。同时，在司法实践中，存在办案人员对法庭审判重视不够，常常出现一些关键证据没有收集或者没有依法收集，进入庭审的案件没有达到“案件事实清楚、证据确实充分”的法定要求，使审判无法顺利进行。三是为司法责任制建构制度约束。习近平指出：“提出推进以审判为中心的诉讼制度改革，目的是促使办案人员树立办案必须经得起法律检验的理念，确保侦查、审查起诉的案件事实证据经得起法律检验，保证庭审在查明事实、认定证据、保护诉权、公正裁判中发挥决定性作用。这项改革有利于促使办案人员增强责任意识，通过法庭审判的程序公正实现案件裁判的实体公正，有效防范冤假错案产生。”[48]

(五)探索建立检察机关提起公益诉讼制度

公益诉讼是世界大多数国家的普遍做法。习近平总书记指出：在我国探索建立检察机关提起公益诉讼的现实基础和理论依据在于：“在现实生活中，对一些行政机关违法行使职权或者不作为造成对国家和社会公共利益侵害或者有侵害危险的案件，如国有资产保护、国有土地使用权转让、生态环境和资源保护等，由于与公民、法人和其他社会组织没有直接利害关系，使其没有也无法提起公益诉讼，导致违法行政行为缺乏有效司法监督，不利于促进依法行政、严格执法，加强对公共利益的保护。由检察机关提起公益诉讼，有利于优化司法职权配置、完善行政诉讼制度，也有利于推进法治政府建设。”[49]党的十八届四中全会提出探索建立检察机关提起公益诉讼制度，目的是充分发挥检察机关法律监督职能作用，促进依法行政、严格执法，维护宪法法律权威，维护社会公平正义，维护国家和社会公共利益。要牢牢抓住公益这个核心，重点是对生态环境和资源保护、国有资产保护、国有土地使用权出让、食品药品安全等领域造成国家和社会公共利益受到侵害的案件提起民事或行政公益诉讼，更好维护国家利益和人民利益。

在探索建立检察机关提起公益诉讼制度的同时，还要加强检察机关对行政违法行为的监督。目前，检察机关主要是依法查办行政机关工作人员涉嫌贪污贿赂、渎职侵权等职务犯罪案件，范围相对比较窄。而实际情况是，行政违法行为构成刑事犯罪的毕竟是少数，更多的是乱作为、不作为。如果对这类违法行为置之不理、任其发展，一方面不可能根本扭转一些地方和部门的行政乱象，另一方面可能使一些苗头性问题演变为刑事犯罪。全会决定检察机关在履行职责中发现行政机关违法行使职权或者不行使职权的行为，应该督促其纠正。作出这项规定，目的就是要使检察机关对在执法办案中发现的行政机关及其工作人员的违法行为及时提出建议并督促其纠正。这项改革可以从建立督促起诉制度、完善检察建议工作机制等入手。

（六）推进法院和检察院体系和体制改革

最高人民法院设立巡回法庭及其学理基础。习近平总书记指出："随着社会矛盾增多，全国法院受理案件数量不断增加，尤其是大量案件涌入最高人民法院，导致审判接访压力增大，息诉罢访难度增加，不利于最高人民法院发挥监督指导全国法院工作职能，不利于维护社会稳定，不利于方便当事人诉讼。最高人民法院设立巡回法庭，审理跨行政区域重大行政和民商事案件。这样做，有利于审判机关重心下移、就地解决纠纷、方便当事人诉讼，有利于最高人民法院本部集中精力制定司法政策和司法解释、审理对统一法律适用有重大指导意义的案件。"〔50〕

设立跨行政区划的人民法院和人民检察院及其学理基础。习近平总书记指出："随着社会主义市场经济深入发展和行政诉讼出现，跨行政区划乃至跨境案件越来越多，涉案金额越来越大，导致法院所在地有关部门和领导越来越关注案件处理，甚至利用职权和关系插手案件处理，造成相关诉讼出现'主客场'现象，不利于平等保护外地当事人合法权益、保障法院独立审判、监督政府依法行政、维护法律公正实施。探索设立跨行政区划的人民法院和人民检察院，有利于排除对审判工作和检察工作的干扰、保障法院和检察院依法独立公正行使审判权和检察权，有利于构建普通案件在行政区划法院审理、特殊案件在跨行政区划法院审理的诉讼格局。"〔51〕

人民法院审级制度改革及其学理基础。习近平总书记指出："完善审级制度，一审重在解决事实认定和法律适用，二审重在解决事实法律争议、实现二审终审，再审重在解决依法纠错、维护裁判权威。”这是不同层级法院职权分工，突出强调了一审法院查清事实、明辨是非、定分止争的司法功能，实现二审终审、再审纠错，发挥各审级的不同职能，确保审判权与检察权独立，维护司法权威。

（七）建立符合职业特点的司法人员管理制度，完善司法责任制，健全司法人员职业保障制度

习近平总书记指出：建立符合职业特点的司法人员管理制度，完善司法责任制，健全司法人员职业保障制度，“在深化司法体制改革中居于基础性地位，是必须牵住的‘牛鼻子’。司法活动具有特殊的性质和规律，司法权是对案件事实和法律的判断权、裁决权，要求司法人员具有相应的实践经历和社会阅历，具有良好的法律专业素养和司法职业操守。”〔52〕“要通过改革建立起符合司法职业特点的管理制度，完善司法人员分类管理制度，建立法官、检察官、人民警察专业职务序列及工资制度，增强司法人员的职业荣誉感和使命感。”〔53〕

亲历性是司法权运行的基本特征。然而，长期以来，由于司法行政化不断加剧，导致审者不判、判者不审，既违背了司法的亲历性规律，无法保证司法公正和效率，也难以追究错案责任。实行司法责任制，就是要让审理者裁判、由裁判者负责，实现权责相统一。建立办案质量终身负责制和错案责任追究制。主审法官、合议庭法官、主任检察官在各自职权范围内对案件质量终身负责，严格错案责任追究。推进司法责任制，完善人民法院司法责任制，要以严格的审判责任制为核心，以科学的审判权力运行机制为前提，以明晰的审判组织权限和审判人员职责为基础，以有效的审判管理和监督制度为保障，让审理者裁判、由裁判者负责，确保人民法院依法独立公正行使审判权。要坚持问题导向，遵循司法权运行规律，着力改进审判组织形式、裁判文书签署机制、审判委员会制度。要落实法官在职责范围内对办案质量终身负责，严格依纪依法追究

法官违法审判责任，同时建立健全法官履职保护机制。要着力改进审判组织形式、裁判文书签署机制、审判委员会制度。完善人民检察院司法责任制，目标是构建公正高效的检察权运行机制和公平合理的司法责任认定、追究机制，做到谁办案谁负责、谁决定谁负责。要健全司法办案组织和运行机制、健全检察委员会运行机制、明晰各类检察人员职权、健全检察管理和监督机制、严格责任认定和追究等举措，形成对检察人员司法办案工作的全方位、全过程规范监督制约体系。检察人员应该对其履行检察职责的行为承担司法责任，在职责范围内对办案质量终身负责，依法履职受法律保护。

2015 年 8 月 18 日，习近平总书记主持中央全面深化改革领导小组第十五次会议，审议通过了《关于完善人民法院司法责任制的若干意见》、《关于完善人民检察院司法责任制的若干意见》，标志着司法责任制在全国范围内普遍实行。

健全司法人员职业保障制度。其学理基础在于：保护司法人员履行法定职责，是加强司法人员职业保障，确保依法独立公正行使审判权和检察权的重要举措。要严格保护措施，任何单位或者个人不得要求法官、检察官从事超出法定职责范围的事务，非因法定事由、非经法定程序，不得将法官、检察官调离、免职、辞退或者作出降级、撤职等处分。对干扰阻碍司法活动、暴力伤害司法人员及其近亲属的行为，要依法从严惩处。

习近平司法改革理论不仅指明了司法改革的政治方向，也构成了司法改革的战略策略，司法改革的理论坐标和检验标准。

注　释

〔1〕 陈光中主编：《刑事诉讼法》（第三版），北京大学出版社、高等教育出版社 2009 年版，第 1 页。

〔2〕 习近平："关于《中共中央关于全面推进依法治国若干重大问题的决定》的说

明”,载《人民日报》2014 年 10 月 29 日,第 2 版。

〔3〕 习近平:“在中央政法工作会议上的讲话”,载《习近平关于全面依法治国论述摘编》,中央文献出版社 2015 年版,第 102 页。

〔4〕 习近平:“在十八届中央政治局第四次集体学习时的讲话”,载《习近平关于全面依法治国论述摘编》,中央文献出版社 2015 年版,第 78 页。

〔5〕 习近平:“在十八届中央政治局第四次集体学习时的讲话”,载《习近平关于全面依法治国论述摘编》,中央文献出版社 2015 年版,第 67 页。

〔6〕 习近平:“在十八届中央政治局第四次集体学习时的讲话”,载《习近平关于全面依法治国论述摘编》,中央文献出版社 2015 年版,第 67、68 页。

〔7〕 习近平:“以提高司法公信力为根本尺度,坚定不移深化司法体制改革”,载《人民日报》2015 年 3 月 26 日,第 1 版。

〔8〕 习近平:“以提高司法公信力为根本尺度,坚定不移深化司法体制改革”,载《人民日报》2015 年 3 月 26 日,第 1 版。

〔9〕 习近平:“严格执法,公正司法”,载《十八大以来重要文献选编》(上),中央文献出版社 2014 年版,第 718 页。

〔10〕 习近平:“在十八届中央政治局第四次集体学习时的讲话”,载《习近平关于全面依法治国论述摘编》,中央文献出版社 2015 年版,第 68 页。

〔11〕 《中共中央关于全面推进依法治国若干重大问题的决定》,人民出版社 2014 年版。

〔12〕 W. Aldis Wright M. A. , Bacon's Essays and Colours of Good and Evil with Notes and Glossarial Index, New York: the Macmillan Company, 1899, p. 222.

〔13〕 习近平:“严格执法,公正司法”,载《十八大以来重要文献选编》(上),中央文献出版社 2014 年版,第 720 页。

〔14〕 习近平:“在中央政法工作会议上的讲话”,载《习近平关于全面依法治国论述摘编》,中央文献出版社 2015 年版,第 76 页。

〔15〕 习近平:“严格执法,公正司法”,载《十八大以来重要文献选编》(上),中央文献出版社 2014 年版,第 720 页。

〔16〕 习近平:“在十八届中央政治局第四次集体学习时的讲话”,载《习近平关于全面依法治国论述摘编》,中央文献出版社 2015 年版,第 69 页。

〔17〕 习近平:“严格执法,公正司法”,载《十八大以来重要文献选编》(上),中央文献出版社 2014 年版,第 720—721 页。

〔18〕 习近平:“在中央政法工作会议上的讲话”,载《习近平关于全面依法治国论述

摘编》,中央文献出版社 2015 年版,第 78 页。

〔19〕 “增强改革定力保持改革韧劲　扎扎实实把改革举措落到实处”,载《人民日报》2015 年 8 月 19 日,第 1 版。

〔20〕《马克思恩格斯全集》(第 1 卷),人民出版社 1956 年版,第 76 页。

〔21〕 习近平:“在十八届中央政治局第四次集体学习时的讲话”,载《习近平关于全面依法治国论述摘编》,中央文献出版社 2015 年版,第 69 页。

〔22〕 习近平:“在中央政法工作会议上的讲话”,载《习近平关于全面依法治国论述摘编》,中央文献出版社 2015 年版,第 69—70 页。

〔23〕 习近平:“关于《中共中央关于全面推进依法治国若干重大问题的决定》的说明”,载《人民日报》2014 年 10 月 29 日,第 2 版。

〔24〕 习近平:“在首都各界纪念现行宪法公布施行 30 周年大会上的讲话”,载《人民日报》2012 年 12 月 5 日,第 2 版。

〔25〕 习近平:“在十八届中央政治局第四次集体学习时的讲话”,载《习近平关于全面依法治国论述摘编》,中央文献出版社 2015 年版,第 67 页。

〔26〕 习近平:“关于《中共中央关于全面深化改革若干重大问题的决定》的说明”,载《人民日报》2013 年 11 月 16 日,第 1 版。

〔27〕 习近平:“在中央政法工作会议上的讲话”,载《习近平关于全面依法治国论述摘编》,中央文献出版社 2015 年版,第 76—77 页。

〔28〕 “以提高司法公信力为根本尺度　坚定不移深化司法体制改革”,载《人民日报》2015 年 3 月 26 日,第 1 版。

〔29〕 习近平:“关于《中共中央关于全面深化改革若干重大问题的决定》的说明”,载《人民日报》2013 年 11 月 16 日,第 1 版。

〔30〕 习近平:“关于《中共中央关于全面推进依法治国若干重大问题的决定》的说明”,载《人民日报》2014 年 10 月 29 日,第 2 版。

〔31〕 习近平:“在中央政法工作会议上的讲话”,载《习近平关于全面依法治国论述摘编》,中央文献出版社 2015 年版,第 77 页。

〔32〕 习近平:“在中央政法工作会议上的讲话”,载《习近平关于全面依法治国论述摘编》,中央文献出版社 2015 年版,第 78 页。

〔33〕 习近平:“严格执法,公正司法”,载《十八大以来重要文献选编》(上),中央文献出版社 2014 年版,第 718 页。

〔34〕 习近平:“关于《中共中央关于全面深化改革若干重大问题的决定》的说明”,载《人民日报》2013 年 11 月 16 日,第 1 版。

〔35〕“坚持严格执法公正司法深化改革 促进社会公平正义保障人民安居乐业”，载《人民日报》2014 年 1 月 9 日，第 1 版。

〔36〕“以提高司法公信力为根本尺度 坚定不移深化司法体制改革”，载《人民日报》2015 年 3 月 26 日，第 1 版。

〔37〕“以提高司法公信力为根本尺度 坚定不移深化司法体制改革”，载《人民日报》2015 年 3 月 26 日，第 1 版。

〔38〕习近平：“在中央政法工作会议上的讲话”，载《习近平关于全面依法治国论述摘编》，中央文献出版社 2015 年版，第 77 页。

〔39〕习近平：“在中央政法工作会议上的讲话”，载《习近平关于全面依法治国论述摘编》，中央文献出版社 2015 年版，第 78 页。

〔40〕“以提高司法公信力为根本尺度 坚定不移深化司法体制改革”，载《人民日报》2015 年 3 月 26 日，第 1 版。

〔41〕“以提高司法公信力为根本尺度 坚定不移深化司法体制改革”，载《人民日报》2015 年 3 月 26 日，第 1 版。

〔42〕“以提高司法公信力为根本尺度 坚定不移深化司法体制改革”，载《人民日报》2015 年 3 月 26 日，第 1 版。

〔43〕“以提高司法公信力为根本尺度 坚定不移深化司法体制改革”，载《人民日报》2015 年 3 月 26 日，第 1 版。

〔44〕习近平：“在中央政法工作会议上的讲话”，载《习近平关于全面依法治国论述摘编》，中央文献出版社 2015 年版，第 78 页。

〔45〕习近平：“加快建设社会主义法治国家”，载《求是》2015 年第 1 期。

〔46〕习近平：“关于《中共中央关于全面推进依法治国若干重大问题的决定》的说明”，载《人民日报》2014 年 10 月 29 日，第 2 版。

〔47〕习近平：“在中央政法工作会议上的讲话”，载《习近平关于全面依法治国论述摘编》，中央文献出版社 2015 年版，第 76 页。

〔48〕习近平：“关于《中共中央关于全面推进依法治国若干亘大问题的决定》的说明”，载《人民日报》2014 年 10 月 29 日，第 2 版。

〔49〕习近平：“关于《中共中央关于全面推进依法治国若干重大问题的决定》的说明”，载《人民日报》2014 年 10 月 29 日，第 2 版。

〔50〕习近平：“关于《中共中央关于全面推进依法治国若干重大问题的决定》的说明”，载《人民日报》2014 年 10 月 29 日，第 2 版。

〔51〕习近平：“关于《中共中央关于全面推进依法治国若干重大问题的决定》的说

明”,载《人民日报》2014 年 10 月 29 日,第 2 版。

〔52〕 习近平:“在中央政法工作会议上的讲话”,载《习近平关于全面依法治国论述摘编》,中央文献出版社 2015 年版,第 102 页。

〔53〕 习近平:“在中央政法工作会议上的讲话”,载《习近平关于全面依法治国论述摘编》,中央文献出版社 2015 年版,第 103 页。

中国特色社会主义司法理论体系初论*

胡锦涛总书记2011年7月1日在庆祝中国共产党成立90周年大会上的讲话和2012年7月23日在省部级主要领导干部专题研讨班开班式上的重要讲话都明确指出:经过长期努力,我们坚持和发展中国特色社会主义取得了重大理论和实践成果,最重要的就是,开辟了中国特色社会主义道路,形成了中国特色社会主义理论体系,确立了中国特色社会主义制度。“面对风云变幻的国际形势,面对艰巨繁重的国内改革发展稳定任务,我们党要团结带领人民继续前进,开创工作新局面,赢得事业新胜利,最根本的就是要高举中国特色社会主义伟大旗帜,坚持和拓展中国特色社会主义道路,坚持和丰富中国特色社会主义理论体系,坚持和完善中国特色社会主义制度。”中国特色社会主义理论体系是包括邓小平理论、“三个代表”重要思想、科学发展观在内的科学理论体系,是指导党和人民沿着中国特色社会主义道路实现中华民族伟大复兴的正确理论。中国特色社会主义理论体系博大精深、内涵丰富,中国特色社会主义法治理论及其司法理论是其重要组成部分。在全面实施依法治国基本方略、加快建设社会主义法治国家的新的历史条件下,在总结改革开放新时期司法实践经验并进行理论概括的

---

* 本文为作者与孙妍合著,发表于《法制与社会发展》2012年第6期。

基础上，在反思批判各种司法理论并借鉴其科学因素的基础上，在深入推进司法改革、司法建设和司法工作的过程中，对改革开放以来的司法思想、司法观念、司法理论、司法经验进行学理化、逻辑化的加工提炼，使之形成概念明晰、系统完备的中国特色社会主义司法理论体系，并致力于中国特色社会主义司法理论的科学化、体系化、大众化，对于中国特色社会主义理论体系的丰富与创新、中国特色社会主义司法事业的科学发展和法治国家的加快建设，具有十分重要的意义。

一、中国特色社会主义司法理论体系的理论、历史文化与实践渊源及形成过程

（一）中国特色社会主义司法理论体系的理论、历史文化与实践渊源

中国特色社会主义司法理论体系有着极为丰富而深厚的理论、历史文化与实践渊源。

马克思主义法学理论及其中国化的思想成果为中国特色社会主义司法理论体系奠定了思想基础和理论起点。中国特色社会主义司法理论体系继承了以马克思列宁主义法学理论、毛泽东法律思想为主体的思想理论渊源，使改革开放新时期形成的中国特色社会主义司法理论体系与马克思主义法学理论和毛泽东法律思想既一脉相承又发展创新。

中国传统法律文化构成了中国特色社会主义司法理论体系的重要历史文化资源。中国是世界上文明发达最早的国家之一，法律文化是中国古代文明的重要构成和明显标志。从历史进程看，我国传统法律文化从来没有中断过，经过几千年的法律文明维系、调适与传承，最终形成了具有鲜明特色的作为世界公认的五大法系之一的中华法系，广泛传播并深刻影响了周边国家，在相当长的

时间里居于世界法制文明的前列。我国传统法律文化中有许多超越时空、具有普遍价值的因素,它们所包含的真理意义和价值意义在今天仍未褪色。在对传统法律文化的丰富资源进行梳理和甄别的基础上,对其进行现代化的改造和扬弃,将其与以科学、理性、民主、自由、公平、人权、法治、宪政、秩序、效率、和谐为内容的当代法治精神融为一体,使中国特色社会主义司法理论体系具有深厚的文化基础、鲜明的民族特点和中国特色。

西方资本主义法治理论及其司法理论、苏联及其他社会主义国家的司法思想是中国特色社会主义司法理论体系可资借鉴的思想资源。文明从来就是借鉴、积累、交流和升华的产物。人类社会进入全球化的时代,开放和交流更是人类文明发展的动力和途径,也是中国特色社会主义司法理论体系形成的当代性特征。中国特色社会主义司法理论形成于中国改革开放的历史时期和全球化的时代,得益于对世界各国司法理论和司法文明的借鉴和吸收。

中国特色社会主义法治建设的伟大实践及其创新经验是中国特色社会主义司法理论体系的实践本源。实践性是中国特色社会主义司法理论体系的显著特征。中国特色社会主义司法理论体系不是从某个先验逻辑或理论预设推导出来的概念体系,而是对中国改革开放新时期司法实践及其经验积累的理性认知和理论概括,并随着中国特色社会主义司法实践的深入和社会主义法治国家建设进程的推进而不断丰富和发展。建设中国特色社会主义法律体系是依法治国、建设社会主义法治国家的伟大工程,也是建构中国特色社会主义法治理论及其司法理论的最伟大的实践基础。立法,特别是有关司法权、司法制度、司法体制机制、司法程序、司法改革的立法过程,实际上是一个司法理论探索和创新的过程,是中国特色社会主义司法实践经验总结概括的过程,是立法与司法良性互动的过程,在此过程中,中国特色社会主义司法理论不断丰富、创新和发展。改革开放以来,法治建设中的许多重大实践对司法理论体系的形成起到了巨大的推动作用。以对林彪、“四人帮”反革命集团的大审判为例。作为对这一审判实践的总结,1980 年 11 月 22 日,《人民日报》发表了题为“社会主义民主和法制的里程碑”的特约评论员文章,指出这一历史性审判中蕴涵着现代法律原则:司法独立、司法民主、实事求是、人道主义和法律平等。这一审判在中国司法历史上具有里程碑意义,这次审判所概括的司法原则和法治精神构成了中国特色社会主义司法理论的基石性要素。

(二)中国特色社会主义司法理论体系的形成过程

改革开放的伟大实践有力地推动了中国社会主义民主法治建设和发展,使我国成功地实现了从人治到法治、从无法无天到规范有序、从“运动国家”到“法治国家”的伟大历史转变,也使中国的法学理论、法律理论、法治理论、司法理论等发生了历史性转型和当代化的定型。在这样的转型与定型过程中,中国特色社会主义司法理论体系得以形成或基本形成,其形成的过程可分为以下四个阶段:

第一阶段:1978 年至 1989 年,在党的十一届三中全会精神指引下,以三大诉讼法的制定和实施为主要标志,社会主义司法制度迅速恢复重建、创新发展,特别是开展了对林彪、“四人帮”反革命集团的大审判,在此过程中和在此基础上,中国特色社会主义司法理论基石得以形成。

1978 年,具有深远历史意义的党的十一届三中全会胜利召开,针对“文化大革命”导致的法制荡然无存、民主化为虚有、人权受到肆意践踏、社会混乱、民不聊生的局面,大会指出“为了保障人民民主,必须加强社会主义法制”。广大人民鉴于“文革”中“无法无天”造成的切肤之痛,对人权和秩序的强烈要求便构成这一时期社会主义民主法制建设的强大动力。这一时期的民主法制建设以恢复秩序、保障人权、民主法律化、制度化为核心,并将社会主义司法制度的重建作为重要方面与重要保障。

1979 年 7 月 1 日，五届人大二次会议通过了包括《人民法院组织法》、《人民检察院组织法》、《刑法》、《刑事诉讼法》等在内的七部重要法律。同年 9 月 9 日，中共中央发出了《关于坚决保证刑法、刑事诉讼法切实实施的指示》，要求各级党委保证法律的切实实施，充分发挥司法机关的作用，切实保障人民检察院独立行使检察权，人民法院独立行使审判权，使之不受其他行政机关、团体和个人的干涉。这些法律的公布实施和中央指示的发布为审判林彪、"四人帮"反革命集团和纠正各种冤假错案奠定了法律和政策基础。通过历史大审判，确保了拨乱反正的实现，保障了人权、捍卫了法律的尊严和权威。1982 年，"党必须在宪法和法律的范围内活动"被写入党章和宪法。1986 年，中共中央发出《关于全党坚决维护社会主义法制的通知》，通知要求各级党委正确认识和处理与国家权力机关、行政机关、司法机关的关系，支持国家机关依法行使职权。1989 年，《行政诉讼法》公布，被政府侵害的公民和法人可以选择诉讼途径维护自身合法权益。在制定一大批基本法律、审判一大批案件的基础上，社会主义司法制度迅速恢复重建并奠定其中国特色，同时，中国特色社会主义司法理论基石得以形成。

第二阶段：1989 年至 2002 年，社会主义市场经济与民主政治的推进，依法治国、建设社会主义法治国家基本方略的提出和实施，党的十五大全面启动司法改革以及司法机关各项改革实践，推动了中国特色社会主义司法理论的创新和发展。

从 80 年代中期开始，我国经济体制朝着商品经济、市场经济的方向改革。1992 年，在邓小平同志南方重要讲话的推动下，党的十四大提出建立社会主义市场经济体制的战略方针。江泽民同志指出："一个比较成熟的市场经济，必然要求并具有比较完备的法制。"[1]市场经济就是法治经济，发展市场经济的实践产生了对法律和司法的迫切需求。公民的法律意识提高，社会主体对法律规则的依赖日益增强，各种案件数量大幅上升，时代的召唤使得司法理论的研究蓬勃兴起。

1997 年，党的十五大报告明确提出：要“进一步扩大社会主义民主，健全社会主义法制，依法治国，建设社会主义法治国家。”同时强调：“依法治国，是党领导人民治理国家的基本方略，是发展社会主义市场经济的客观要求，是社会文明进步的重要标志，是国家长治久安的重要保证。”法治理所当然地需要由公正高效权威的司法来保障和实现，进而需要不断推动司法改革和司法理论创新。为此，党的十五大报告明确提出要“推进司法改革，从制度上保证司法机关独立公正地行使审判权和检察权。”司法改革首次正式纳入法治国家战略。十五大之后，人民法院和人民检察院积极稳妥地进行了司法改革。不断深入的司法改革必然要求司法理论的指导，司法改革实践的深入又进一步推进了司法理论的创新发展。法学界和法律实务部门围绕依法治国与司法、司法制度、公正与效率、司法改革、司法职业、审判方式、民事执行、国外与国际司法等问题进行了深入研究，中国特色社会主义司法理论有了进一步创新与发展。

第三阶段：进入新世纪以后，中国特色社会主义法律体系加快形成，司法体制改革和各项机制改革深入推进，社会主义司法事业科学发展，与此相适应，中国特色社会主义司法理论得以拓展、丰富和升华。

进入新世纪以后，中国特色社会主义法律体系加快形成。从“国家尊重和保障人权”、“公民的合法的私有财产不受侵犯”入宪，到《物权法》、《侵权责任法》、《劳动合同法》等涉及人民群众基本权利的法律的实施，再到《刑法》、《民事诉讼法》、《刑事诉讼法》、《人民调解法》、《国家赔偿法》等与诉讼密切相关的法律的修订，各法律部门中起支架作用的基本法律以及改革、发展、稳定急需的法律大多已经被制定出来，为建设公正高效权威的社会主义司法制度提供了有力的法律保障，为人民法院公正、高效地审判各类案件提供了明确的法律依据。2002 年，党的十六大提出社会主义司法制度必须保障在全社会实现公平和正义，并提出要推进司法体制改革。2004 年 12 月，中央司法体制改革领导小组出台了《关于司法体制和工作机制改革的初步意见》，提出了改革和完善诉讼制度、诉讼收费制度、检察监督制度、劳动教养制度、监狱和刑罚执行体制、司法鉴定体制、律师制度、司法干部管理体制、司法机关经费保障机制共10 个方面35 项改革任务。2006 年5 月，中共中央发布了《关于进一步加强人民法院、人民检察院工作的决定》，对涉及司法改革、司法建设、司法工作、司法理念的一系列重大问题做出了明确的决定。2007 年，党的十七大进一步提出深化司法体制改革，为司法体制改革和各项机制改革深入推进、为人民司法事业的科学发展提供了明确指导。

中国特色社会主义法律体系的形成、司法改革的深入推进和司法事业的持续发展不断提出各种各样的新课题，进而要求司法理论不断创新，同时也提供了在法治和司法实践中应用、检验、修正、完善司法理论的广阔空间和历史机遇。围绕着司法与法律全球化、司法与政治文明、司法与和谐社会、回应型司法、司法价值、司法权威、司法程序、司法监督、司法方法、司法考试、司法调解等重大的理论与实践主题，理论界与实务界展开了广泛而深入的讨论，取得了很多理论共识或能为多数人接受与理解的基本观点，社会主义司法理论得以进一步拓展、丰富和升华。

第四阶段：2008 年以来，在科学发展观和社会主义法治理念的指引下，中国特色社会主义司法理论与时俱进，在科学化、体系化、当代化、大众化等方面呈现崭新局面。

科学发展观是十六大以来党的理论创新成果的集中体现，是发展中国特色社会主义必须坚持和贯彻的重大战略思想，其中包含着深刻而丰富的法治思想。这些法治思想通过一系列命题和论断得以系统表达。诸如,“以人为本”、“政治文明”、“和谐社会”、“公平正义”、“社会全面进步”、“宪法法律至上”、“依宪治国”、“依法执政”、“尊重和保障人权”、(以依法治国、执法为民、公平正义、服务大局和党的领导为主要内容的)“社会主义法治理念”、“弘扬法治精神”等科学命题,“法治是人类文明进步的重要标志”、“法治是以和平理性的方式解决社会矛盾的最佳途径”、“人与人的和睦相处,人与自然的和谐相处,国家与国家的和平共处,都需要法治加以规范和维护”、“社会主义政治文明的本质特征是党的领导、人民当家作主、依法治国的有机统一”、政治体制改革“以保证人民当家作主为根本,以增强党和国家活力、调动人民积极性为目标,扩大社会主义民主,建设社会主义法治国家,发展社会主义政治文明”等科学论断。

在科学发展观和社会主义法治理念的指引下,2008 年以来,对司法事业实现科学发展的研究不断深入,对司法的人民性、政治性、法律性的认识不断深化,民主司法、能动司法、联动司法、和谐司法等司法模式得以不断总结和丰富,司法理念、司法制度、司法文化、司法政策、司法公信的理论进一步提升,社会管理创新与司法、案例指导、量刑规范化、传媒与司法等理论与实践热点问题不断闪现,对有典型意义的司法个案的反思不断深入。在此基础上,中国特色社会主义司法理论基本实现中国特色社会主义司法理论体系初论了科学化、体系化、当代化、大众化,并在司法工作、司法改革、司法建设的实践中得以转化应用。

二、中国特色社会主义司法理论体系的核心理论

在作为中国特色社会主义理论体系重要组成部分的社会主义法治理论和法学理论体系当中,中国特色社会主义司法理论体系已经成为相对独立和成型的组成部分,形成了自身的理论基石、理论层面、理论板块。从理论认知与实践导向的双重角度,可以把中

国特色社会主义司法理论体系划分为核心理论与基本理论两大层面。中国特色社会主义司法理论体系的核心理论包括司法本体论、司法价值论、司法政策论、司法程序论、司法文明论，揭示出中国特色社会主义司法的本质与根本特征、价值指向，建构并展示着中国特色社会主义司法理论体系的整体框架与样貌。

（一）司法本体论

人类社会最初靠私力救济应对社会中为数不多的矛盾纠纷，这种救济方式的有效性、公平性依赖于个体或群体的强弱，且容易引起连环复仇。当矛盾纠纷大量增多而通过私力救济无法有效、和平、公平解决的时候，社会需要有一种公权力取代私力以解决矛盾纠纷，司法由此而生。法律是定分止争的实践理性。司法，即法律的适用，是指国家司法机关依照法定职权和程序，具体适用法律处理各种案件的专门活动。这种专门活动以国家名义实现其司法权，属于国家的基本职能之一，在国家全部活动中占有极其重要的地位。

司法权既是统一的国家权力体系的组成部分，又是一种相对独立的国家权力。作为一种相对独立的国家权力，司法权与其他国家权力相区别的最显著特点就是其中立性与独立性，这源于诉讼当事人的复合性、对抗性。法院必须在双方或多方当事人之间保持独立和中立地位，不受其他任何因素的干扰而平等地对待任何一方当事人，才能做出公正的判决。独立司法是司法公正的前提条件，是司法的本质要求。

中国特色社会主义司法的根本特征是人民性、政治性、法律性的有机统一。人民性是中国特色社会主义司法的本质属性。人民民主是社会主义的生命，司法权同其他国家权力一样源于人民、属于人民、服务人民、受人民监督。人民行使国家权力的机关是各级人民代表大会，作为司法机关的人民法院和人民检察院由人民代表大会产生、对人民代表大会负责、接受人民代表大会监督、依靠人民代表大会支持是司法人民性的具体体现。

政治性是指中国特色社会主义司法的党性。中国共产党是中国特色社会主义事业的领导核心,党的执政地位是通过党对国家政权机关的领导来实现的。司法权是国家权力的重要组成部分,也是中国共产党执政权的重要组成部分。这决定了司法必须置于党的绝对领导之下,司法工作必须坚持和服从党的领导。党的领导和党依法执政是我国司法制度得以建立、完善的根本保证,完善司法制度、履行司法职责,既是党依法执政、治国理政的内在要求,也是巩固党的执政地位的重要方面。

法律性是中国特色社会主义司法的又一内在属性。司法机关是国家专门的法律适用机关,必须严格遵守法定程序,忠实履行宪法法律赋予的职责。作为法律运行的终极环节,司法以国家强制力为后盾,是保障法律实现的最重要手段和机制,也是维护社会主义法制统一、尊严和权威的不可替代的最后一道防线。在我国,司法机关作为法律适用机关,本身并不具有“造法”的权力,而必须严格公正地执行经法定程序上升为法律的人民意志。在处理案件的具体司法实践中,中国特色社会主义司法的人民性、政治性统一于法律性。宪法法律是党的主张与人民利益的制度表达,坚持宪法法律至上,就是坚持党的事业至上、坚持人民利益至上。这三者的有机统一体现了中国特色社会主义民主政治的本质特征,也决定了司法的根本属性。

(二)司法价值论

中国特色社会主义司法的价值既是司法权本质属性的反映,也是党和人民对社会主义司法的要求。

第一,中国特色社会主义司法具有维护公平正义的价值。公正是司法的首要价值追求,司法公正是公平正义的底线。党的十六大报告指出,“社会主义司法制度必须保障在全社会实现公平和正义”,这是对社会主义司法价值的科学论断。通过司法公正保证和促进社会公平正义,是社会主义法治理念的核心要求。

第二,中国特色社会主义司法具有促进社会和谐的价值。司法的天然职责是化解矛盾、定分止争,通过惩恶扬善、弘风阐化、权利救济、人格恢复、社会矫治等实现社会进步与和合,在构建和谐社会中具有特殊的功能和优势。维护当事人的合法权利就是维护社会稳定,公平解决纠纷就是促进社会和谐。

第三,中国特色社会主义司法具有保障人民权益的价值。邓小平同志指出:“民主和集中的关系,权利和义务的关系,归根结底,就是……各种利益的相互关系在政治上和法律上的表现。”[2]尊重和保障人权、切实维护人民的根本利益是人民司法的根本出发点和落脚点。“无救济则无权利”,在法治社会,司法是运用公权力实施权利救济的最后一道机制。通过把人性化、人文化、人权化的司法理念贯穿于司法工作的各个方面,充分保障了人民群众的自由、财产与人格尊严,实现了司法机关全心全意为人民服务的宗旨。

第四,中国特色社会主义司法具有服务改革发展的价值。司法是党和国家工作全局的重要组成部分,是中国特色社会主义事业的重要保障。人民法院依法审判的根本目标和终极价值是保障和服务经济社会发展大局,为大局服务的切入点和着力点就是通过公正司法为改革发展营造一个和谐稳定的法治环境和社会生态。

第五,中国特色社会主义司法具有推进社会文明的价值。司法不仅属于政治运行的重要环节,而且还涉及社会的经济、精神、文化等领域,它不仅维护最低限度的道德秩序,而且维护经济秩序、政治秩序和意识形态秩序。司法权的良好运行能为物质文明的繁荣、政治文明的发展、精神文明的提升和生态文明的复兴提供有力的司法保障。

（三）司法政策论

政策是法律的灵魂，法律是政策的体现与保障。党领导人民实行依法治国的实质是把党的意志转化为国家意志，把党的路线、方针和政策上升为法律。政策是司法的生命，是法律适用的政治平台。司法作为中国特色社会主义事业的重要组成部分，其政治性决定了要服从党和国家的大局，而大局往往以党的政治和政策的形式表现出来。司法政策是党的意志和主张在司法领域的具体化，以党和国家的基本政策作为指导思想和根本导向，对当时的社会政治经济形势和社会矛盾的发展变化作出及时回应。所以法律适用的原则是以事实为根据、以法律为准绳、以政策为指导，注重法律效果与社会效果、政治效果的统一。

司法政策在宏观上引领司法工作的方向，决定司法的政治方向、基本原则和司法精神。司法政策对司法活动有着重大的现实影响，在法律没有发生变化的情况下，司法活动所呈现的变化趋势，总是与司法政策的发展变化紧密相关。以刑事政策为例：2007 年以来，我国刑法关于死刑的法律标准并未发生实质性改变，死罪刑事案件仍然居高不下，然而全国范围内判处死刑的案件数量大幅下降，2011 年较 2006 年下降达 54.09%。这就是党的宽严相济的刑事政策和“严格控制和慎重适用死刑”、“少杀慎杀”的死刑政策，以及延长因累犯以及故意杀人、强奸、抢劫、绑架等八种暴力性犯罪被判处死缓刑的实际执行刑期的政策，发挥积极作用的结果。

司法政策在微观上指导具体案件的法律适用。法律的稳定性是法治的内在要求，因而法律对社会改革发展过程中出现的新事物、新情况和新问题灵敏性不强。政策则不同，面对变化万千的社会生活可以及时调整。首先，政策在司法中具有解释功能。政策对于司法具有特别的创造性的法律漏洞补充、新奇疑难案件的法律推理等法律方法意义。最高人民法院通过司法解释弥补法律漏洞时,通常将政策作为参考的根据之一。其次,政策在司法中具有规范价值。在审判过程中,经常会遇到价值判断和利益衡量的问题,如何在相互冲突的价值和利益间取舍,需要发挥司法政策的规范价值。国家和地方尚未制定具体法律法规,而政策有相应规定的,还可以依据法的根本精神参照和执行政策。正如我国《民法通则》所明确规定的:“民事活动必须遵守法律,法律没有规定的,应当遵守国家政策。”

当前,在构建社会主义和谐社会的历史进程中,化解社会矛盾成为人民法院面临的重点工作之一,与之相适应,宽严相济的刑事司法政策、“调解优先,调判结合”的民事司法政策、协调和解的行政司法政策、刚柔相济的民事和行政执行政策成为各司法领域的主要政策。认真贯彻政策具有极为重要的现实意义。例如,伴随经济社会快速发展,因征地拆迁、企业改制、劳动纠纷、社会保障、环境污染、非法集资等引发的矛盾纠纷,部分转化为刑事案件。这类案件成因复杂、涉及面广,当事人多为普通群众,易于获得社会同情。对这类案件必须深入了解案发原因,判断引发案件的权力运行有无失当、失信之处,防止简单以“危害后果”定性处罚。否则,不仅容易导致打击面过宽,不能有效化解社会矛盾和“官民”冲突,还可能引发无休止的申诉上访,使普通案件转化为社会关注事件,案件处理的法律效果、社会效果、政治效果都不会好。对这类案件,各级法院要在查明事实、分清责任、准确判断罪与非罪的基础上,总体采用轻缓的处理方式。对于因部分群众正当利益诉求得不到及时回应、妥善解决而引发的矛盾纠纷,特别是权力运行存在违法或不当之处的,要慎重追究刑事责任,尽量促请通过纪律、行政、经济等手段解决;依法定罪判刑的,要主动与党委政法委和其他相关部门及时沟通,把握好审判时机,重视裁判理由阐释,实现法律效果与社会效果、政治效果的统一。

（四）司法程序论

司法活动必须严格依照法定程序，程序性是司法活动最重要、最显著的特点。注重程序正义是现代法治国家共同的价值取向，被联合国《世界人权宣言》第10条规定为国际社会人权保障的基本原则。程序正义的主要内容包括权利义务程序告知、充分说明、相互辩论、听取申辩、公开透明等。程序正义在制度上的表达就是法律程序正当或者正当法律程序。所谓程序正义和正当程序，就是诉讼程序要符合法治原则、人权原则、平等原则和理性原则。正当司法程序意味着任何人不能作为自己案件的法官，每个人都有为自己辩护的权利。

要牢固树立和始终坚持实体公正与程序公正并重的观念。司法公正包括程序公正和实体公正两个方面。程序公正作为“看得见的正义”，比实体公正更直接、更直观地影响当事人和社会公众的感受。有的案件当事人上访并不是对司法机关的实体处理有意见，而是认为自己的诉讼权利没有得到应有的尊重和保护。

“重实体、轻程序”是中国法律文化的传统，其影响至今尚未全面改观。长期以来，理论和实务部门都把程序视为一种工具，认为法律的程序设计只是为了更好地实现法律的实体目的和价值，目的正当就可以忽略程序的合法性，而未对程序的独立价值给予足够重视。

鉴于在司法实践中长期存在着“重实体轻程序”的惯性和程序虚无主义，有必要强调程序的重要性，强调重视程序公正保障实体公正的重要意义。程序不仅是实现实体公正的手段，更是防止、限制司法权被滥用，保障诉讼参与人的合法权利并提供救济途径的重要机制。重视程序的价值，维护程序正义是法治进步、司法文明的重要标志。从长远的角度看，经正当程序生产司法产品是更高效的机制，既保障了人权、维护了公平正义，又消除了潜在的社会不稳定因素。要切实维护正当程序的严肃性,必须加强对违反程序规定的行为的监督、纠正、责任追究力度。走程序虽然需要时间,有时候也很麻烦,有时候还会遇到来自上级、社会、舆论的压力,但是严格按照法定程序办案,可以避免发生严重错误,避免发生错案、冤案。违反程序办案,往往为冤假错案埋下祸根。佘祥林、杜培武、赵作海等冤假错案的出现,都与违反法定程序办案,采取刑讯逼供等非法手段获取口供有关。这方面血的教训是非常深刻的。

(五)司法文明论

人类社会从蒙昧走向文明的基本标志是国家与法律的出现。社会冲突的法律解决机制避免了人类在冲突和战争中分崩离析,有效保障和维持了文明的发展。董必武同志指出:"说到文明,法制要算一项。简单地说,国家没有法制,就不能成为一个国家。"[3]

法治文明及其司法文明是现代社会文明的基本标志。法治是现代政治文明的基本表征,社会主义社会应是政治文明高度发达的社会。政治文明在人类社会的全部文明中占有十分重要的地位,它是人类改造社会的成果,表现为社会制度和体制的进步,法律和其他社会规范体系的发达,个人权利和自由的扩大。政治文明的核心内容是民主法治建设,法治确立了政治文明的基本内容并使之制度化、规范化和强效化。一个没有法治的社会,不能说是步入了现代政治文明门槛的社会。江泽民同志曾经指出:"依法治国是社会进步、社会文明的一个重要标志,是我们建设社会主义现代化国家的必然要求。"[4]

司法文明是法治文明的核心内容。胡锦涛同志指出:"法治是以和平理性的方式解决社会矛盾的最佳途径。"[5] 司法的理性内涵奠定了司法文明在人类文明中的基础性地位。司法是依法治国的重要环节,是党和国家通过法律手段处理社会事务的重要方式。

司法为社会矛盾提供解决与导流、分流机制，引导公众把各种利益诉求和社会冲突转化为法律范围内的权利博弈，防止在法律之外积累、爆发，是人类社会管理文明程度提高的表现。人类社会越是文明，司法在社会中的地位越是凸显。

司法文明是一个不断发展的过程。当今世界各国都将司法文明作为本国法治实践的根本任务和基本目标。当代中国司法文明建设，与中国政治文明、社会文明的建构具有密切关系。推进司法文明建设，既是我国法治建设的需要，也是深化政治体制改革的必然趋势。推进司法文明建设，要注重继承和发扬中国古代优秀司法传统，注意借鉴吸收国外司法的有益经验；要紧紧围绕司法文明所赖以维系的五个支点：科学的司法理论、先进的司法制度、公正的司法运作、卓越的司法精英、理性的司法文化。其中，司法文明理论和司法理论体系的建构是司法文明的首要条件。

三、中国特色社会主义司法理论体系的基本理论

中国特色社会主义司法理论体系中的基本理论包括司法制度论、司法职业论、司法模式论、司法改革论、司法公信论，它们与司法的核心理论共同建构起逻辑一致、结构完整的中国特色社会主义司法理论体系。

（一）司法制度论

中国特色社会主义法律制度及其司法制度是中国特色社会主义制度的重要组成部分。中国特色社会主义司法制度是根据宪法和法律设定的。《宪法》和《人民法院组织法》、《人民检察院组织法》、《民事诉讼法》、《刑事诉讼法》、《行政诉讼法》、《法官法》、《检察官法》等法律确立了司法机关的法律地位和职权职责，司法权独立行使原则，以事实为根据、以法律为准绳的原则，明确了司法要合法、及时、准确等基本要求；确立了侦查制度、检察制度、审判制

度、监狱制度等司法制度，并确立了具体的审判制度，诸如公开审判制度、合议制度、人民陪审员制度、辩护制度、诉讼代理制度、回避制度、司法调解制度、司法救助制度、两审终审的审级制度、死刑复核制度等。其中，人民调解制度、人民陪审员制度、死刑复核制度、审判监督制度、司法解释制度以及案例指导制度等独具中国特色。司法制度属于政治体制范畴。中国特色社会主义司法制度是人民代表大会制度之下的司法制度，与“三权分立”体制内的司法制度存在根本区别。人民代表大会制度是我国司法制度运行的政治基础和社会基础。邓小平同志明确指出：“在政治体制改革方面有一点可以肯定，就是我们要坚持实行人民代表大会的制度，而不是美国式的三权鼎立制度。”〔6〕江泽民同志指出：“建设社会主义民主政治，最重要的是坚持和完善人民代表大会制度。”〔7〕人民民主专政的国体和人民代表大会制度的政体，决定了我国司法制度的人民性，并在具体制度设计上让普通民众有更多机会知晓司法、参与司法、监督司法，实现司法民主。

我国人民代表大会制度是党领导的人民民主制度，司法制度的首要特征就是坚持党对司法工作的领导。在宪法和其他法律的制度框架内，在中国共产党的领导下，法院与其他国家机关既依法制约监督、更有力协同配合，以准确有效地执行法律。这是中国特色社会主义司法制度的政治优势、法律优势和工作优势所在。而在“三权分立”体制内，司法制衡议会与行政是司法定位的一般特点。现代政治是政党政治，司法作为国家政治格局中的一部分，绝不可能处于真空绝缘状态，完全摆脱政党政治的影响。综观西方各国政党与司法制度，不难发现其政党与司法之间千丝万缕的关系，议会（国会）、政府和法院三个机构有时由一个政党控制，有时由不同政党分别控制。它们经常以牺牲民众的利益为代价争吵不休、推诿延宕。

司法制度是司法文明的制度化表现和载体，中国特色社会主义司法制度充分体现了社会主义制度文明，在总体上具有无可比拟的优越性：彻底的人民性、普遍的公平性和有效的协调性。例如，公开审判、合议和人民陪审员制度体现了司法民主，在制度设计上确保公正、廉洁司法，司法救助、辩护、诉讼代理、回避等制度充分保证当事人得到主张权利的平等机会，进而充分地保护当事人的正当实体权利。实践表明，中国特色社会主义司法制度总体上与我国经济社会和民主政治的发展要求相适应，符合司法权运行的基本规律，在实现社会主义现代化的伟大进程中，将发挥越来越重要的作用。

（二）司法职业论

司法职业是以司法工作为核心的一系列职位的总称，包括法官、检察官、警官等。在现代社会，专门的社会分工越来越发达，司法职业化程度越来越高。一方面，司法是一门精巧的技艺。法律所调整的社会关系越来越广，技术性也越来越强，对从业者的任职资格提出严格要求。从业者必须具有系统、深厚的法律知识和技能，掌握法律推理、法律解释、法律论证等法律方法，形成特有的思维模式和话语系统。另一方面，在法治社会，司法必须承担起制约权力特别是行政权力的重要职能，封建社会司法与行政合一的模式必然转变为司法与行政分离的模式，并要求司法人员所属的机构具有较强的独立性，因此司法职业必须与具有较强隶属性和依附性的行政职业严格区分开来，而成为一个独立的职业。司法还是一门公正善良的艺术。邓小平同志特别指出："一般资本主义国家考法官、考警察，条件很严格，我们更应该严格，除了必须通晓各项法律、政策、条例、程序、案例和有关的社会知识以外，特别要求大公无私、作风正派。"[8]司法从业者必须认同崇尚法律真实、崇尚程序公正、崇尚自律精神的职业伦理，恪守司法职业道德，发扬追求真理、追求公正、追求和谐的职业精神。当代中国的司法职业者还应当坚持社会主义法治理念和法治精神，坚持党的事业至上、人民利益至上、宪法法律至上。

当代我国司法职业的形成与改革开放以来的现代化进程紧密相关。第一，民主法治的发展与司法事业的恢复重建必然要求司法告别大众化的非专业化时代。邓小平同志多次指出："我们的干部有一千八百万，缺少的是专业干部，技术人员、管理人员和其他各种专业人员，如果能增加一百万司法干部，……那就比较好了。"[9]"现在我们能担任司法工作的干部，包括法官、律师、审判官、检察官、专业警察，起码缺一百万。"[10]第二，法学教育的复兴为司法职业的形成奠定人才基础。法律事务相当专业化和复杂化，需要系统训练方能掌握。1985 年，在同彭真同志谈话时，邓小平同志强调指出："法律院校要扩大，要发展。我们从建国以来就对办法律学校注意不够。在一些国家，大学毕业以后还要上法律专科。经济发达国家的领导人当中，许多是学过法律的。建设一个社会主义法制国家，没有大批法律院校怎么行呢？所以要大力扩大、发展法律院校。"[11]在上世纪 90 年代初和新世纪以后，出现了两次法律院校的建设高潮。截至 2011 年底，全国设立法学专业的高等学校已经超过 640 所。法学教育在数量、规模、内容上都发生了翻天覆地的变化。第三，上世纪 90 年代以后，《法官法》、《检察官法》、《律师法》的实施奠定了司法职业规范化建设的基础，逐步形成了严格的司法职业准入制度、遴选制度、考核制度等。统一司法考试制度进一步促进了司法职业共同体的形成。新世纪以后，司法职业化建设的步伐加快。以 2002 年最高人民法院发布《关于加强法官队伍职业化建设的若干意见》为标志，法官职业化建设全面进行。经过坚持不懈的努力，我国司法队伍不断充实和发展，整体素质显著提高，知识结构、年龄结构、职务结构日趋合理，呈现出人才济济的喜人景象，司法职业共同体已经形成。

（三）司法模式论

司法模式是由司法理念、司法传统、司法制度、司法与社会的关系等因素决定的。我国的司法模式具有鲜明的中国特色和时代特征。

民主司法模式。民主司法是体现中国特色社会主义司法权本质的司法模式，是中国特色社会主义司法制度人民性的集中体现。民主司法模式包括两个方面：就内部而言，我国司法制度是以司法民主为核心建构起来的，法院的合议庭、审判委员会、院长会议、党组会议等都是司法民主的载体；就外部而言，人民陪审、司法公开、司法调解、法院向人大报告工作等工作模式都是民主司法的具体体现。

科学司法模式。科学司法是科学执政、科学理政在司法领域的必然要求。科学司法，首先要求遵循司法的客观规律。其次要求高度重视科技进步对司法理念的启迪和影响，密切关注科学技术手段对司法方法的渗透和充实，大力倡导科学技术成果对司法手段的更新和提高，从而提升司法的效率和水平。我国司法机关认真研究互联网时代的司法模式，充分利用互联网进行网上立案、网上调解、远程审判、远程取证等活动，提高司法效率，最大限度地方便当事人诉讼，减少当事人的诉讼成本和讼累。再次要求在司法实践中弘扬求真务实的科学精神，最大限度地做到法律真实与客观真实的一致性。最后要求提高司法机关的信息化水平。

独立司法模式。独立司法是司法权本质特征决定的司法权运行模式。独立司法是指：就国家机构性质、功能和职权分工而言，人民法院是国家的审判机关，国家的审判权只能由人民法院统一行使，其他机关、团体和个人都无权行使此项权力。人民检察院是国家的法律监督机关，国家的检察权只能由人民检察院统一行使，其他机关、团体和个人都无权行使此项权力。人民法院依照法律规定独立行使审判权，不受行政机关、社会团体和个人的干涉。人民检察院依照法律规定独立行使检察权，不受行政机关、社会团体和个人的干涉。人民法院和人民检察院处理案件必须严格依照法律规定，正确适用法律。

能动司法模式。服务大局是社会主义法治的重要使命，是社会主义司法理念的基本要求。中国特色社会主义司法作为中国特色社会主义事业的重要组成部分，要为经济社会发展的大局服务，不断回应人民群众日益增长的司法需求，必然要求遵循回应型的能动司法模式。能动司法是服务型司法、主动型司法、高效型司法。它主要体现在司法政策上，越是上级法院越应当重视和研究能动司法，及时出台司法政策或司法导向，各级法院的领导干部应当准确把握最高人民法院的能动性司法政策。

联动司法模式。联动司法是坚持中国特色社会主义政治制度的基本要求，也是发挥中国特色社会主义司法制度优越性的重要经验。联动司法是指，人民法院在行使国家审判权、履行国家审判机关职能、服务经济社会发展大局的过程中始终坚持党的领导、依靠党委统揽全局、协调各方的政治优势；自觉接受人大及其常委会的监督，依靠人大的支持排除非法干涉，维护司法权威；主动争取政府的支持和配合，实现司法与行政执法的有效衔接；积极促成法院与社会的良性互动，提高司法公信力；努力实现法院系统内部上下级法院之间、不同地区和行政区域的法院之间、普通法院与专门法院之间的互相配合、互相支持。2008 年以来，人民法院创造了许多联动司法的经验和理论。例如，诉讼与非诉讼相衔接的多元纠纷解决机制、“党委领导、人大监督、政府支持、各界配合、法院主办”的综合治理“执行难”的联动执行工作格局，以及“党委领导、法院理诉、政府解难、多元化解”的处置涉诉信访的工作机制。这些经验是对中国特色社会主义司法理论和实践的丰富和发展。

和谐司法模式。从十一届三中全会果断宣布阶级矛盾和阶级斗争不再是我国社会的主要矛盾，到十六届六中全会做出《关于构建社会主义和谐社会若干重大问题的决定》，司法战线告别了“专政模式”、“斗争模式”，逐步确立了和谐司法模式。和谐司法是构建社会主义和谐社会总纲领总目标对司法的具体要求，体现了司法的基本职能。司法的基本职能在于，通过调整利益关系以解决社会矛盾和纠纷，这就要求司法模式能够立足和谐，促进和谐，减少、化解社会矛盾和纠纷对正常社会秩序的冲击。无论是司法系统内部，还是政法机关之间，都要建构和谐的司法模式，共同形成推进社会和谐的合力。当前，有必要弱化职权主义与当事人主义这两种司法工作模式的分立，要更多地发挥司法机关的主导作用，正确处理好判决与调解的关系，使社会矛盾与纠纷能够以一种更为和谐的方式得到解决。

（四）司法改革论

我国的司法改革是中国特色社会主义司法制度的自我完善和发展，是司法事业发展进步的必由之路。司法改革的合法性与合理性在于，一是现行制度的预期合理性随着社会经济和民主政治的发展已经穷尽，需要从司法体制和制度本身改革。二是由于认识、机制、技术、人员等因素，限制了合理性的发挥，预期的合理性没有体现出来，需要通过机制、方式方法的改革让制度的优越性充分发挥出来。我国的司法改革正是针对这两方面开展的，其中，制度问题带有根本性、长期性，制度创新是核心内容。作为政治体制改革的司法改革不能“摸着石头过河”，确立清晰的目标模式可以保障改革的方向性、连续性，对于司法改革有重要意义。深化人民法院司法改革，就是要克服现有司法体制和工作机制的弊端，通过优化司法职权配置等措施，建立公正高效权威的社会主义司法制度。

中国特色社会主义理论体系是司法改革的指导思想。中国特色社会主义理论体系是改革的理论体系，是发展的理论体系，是通过改革推动发展的理论体系。这个理论体系运用于司法工作,必然要求解放思想,改革创新。作为中国特色社会主义理论体系重要组成部分的中国特色社会主义法治理论和法治理念,是直接指导司法改革的理论基础,它不仅决定了司法改革的政治方向,也构成了司法改革的战略策略、理论坐标和检验标准。司法改革的具体理论基础是司法民主、司法独立、司法公正、司法高效、司法权威、司法公信的理论以及和谐司法的理论。

司法改革的根本目的是解放和发展司法能力,更好地满足人民群众日益增长的司法需求。随着改革的深化、开放的扩大、社会的发展,人民群众日益增长的司法需求与司法供给之间的矛盾日益突出。这些矛盾必须通过改革来解决。而且,司法机关也主要从人民对司法的新要求新期待中寻找改革的目标和任务,从最不满意的地方改起。人民群众的司法需求是不断增长的,这构成了司法改革的不竭动力。改革是司法事业发展的永恒主题。

改革开放以来三十多年的司法改革经历了从恢复重建到体制机制改革,从零敲碎打到整体纵深推进这样一个与时俱进的过程。回顾和总结这一过程,司法改革坚持正确的指导思想和政治方向,必须坚持党的领导,坚持中国特色社会主义道路;司法改革必须从中国国情出发,不能超越社会主义初级阶段的基本国情,不能脱离全球化的时代背景;司法改革作为政治体制改革的组成部分,必须依法推进,合法合宪,坚持积极稳妥、循序渐进的改革方略。

(五)司法公信论

党的十七届六中全会提出要大力推进司法公信建设。司法公信是司法机关通过职权活动在整个社会当中建立起来的一种公共信用,集中表现为人民群众对司法的信任、信赖、尊重和维护。司法公信与政府公信共同构成整个社会信用体系的基石。司法公信力主要有以下衡量指标:一是社会公众是否信赖通过诉讼渠道实现权利救济、正义伸张、矛盾化解。二是司法的权威性。三是当事人对裁判结果的认同度。四是法院和法官在社会舆论特别是民间舆论、网络舆论中的口碑。五是法院的工作报告在人民代表大会上的赞成率。

司法公信是社会主义司法制度的优越性得以充分发挥的前提条件,建设公正、高效、权威的社会主义司法制度必然依赖于司法公信力的培育、树立和强化。当前,尤其需要注意司法公信与司法权威的关系。二者相辅相成,没有公信,权威难以树立;没有权威,公信也无从谈起。当前司法事业的进一步发展面临诸多“瓶颈”,这些难题均与司法权威不高相关,并严重损害了司法公信。诸如依法独立行使审判权的宪法原则在一些地方仍未得到有效落实,法院抵御、克服影响公正司法的各种干扰面临较大压力;维权诉讼立案难、判决难,这突出地表现在行政诉讼领域;民事、行政执行难,“法律白条”、“裁判折扣”等执行不彻底的现象仍然较为突出;一些群众“信访”不“信法”,涉诉信访案件数量居高不下,处理难度加大,有些已经终结的案件又回流到诉讼程序;少数案件在网络推手的炒作下持续发酵,诉讼中的非理性因素越来越构成对司法裁判和法律尊严的冲击;等等。这些现象充分说明迫切需要尊重司法权威,提升司法公信力。

由于司法公信是法院整体工作成果的集中体现,提升司法公信力的途径也是多元的。第一,要从提升司法核心公信力入手,首要的任务是维护司法公正。人民群众对法院的最大期待是公正司法,司法不公是损害司法公信力的最严重的“毒瘤”。第二,规范司法。规范司法行为是深化司法体制改革的重要方面,司法行为不规范一方面有悖司法文明,另一方面也是司法腐败的开始。司法活动中的各种疏漏或瑕疵,虽然可能并没侵害当事人的诉讼和实体权利,但极可能引起对依法公正审判的合理怀疑。第三,高效司法。迟来的正义不是正义,如果效率低下,案件久拖不结,当事人在疲惫不堪的情况下拿到一个所谓“公正”的判决，对司法机关不可能产生公正感、信任感。第四，廉洁司法。在法治社会，公众对法官寄予极高的期许，个别法官司法不廉往往能够迅速瓦解公众对司法公正的信心，严重损害法院信誉和法官声誉。第五，大力加强司法文化建设。要以社会主义法治理念为统领，大力弘扬社会主义法治精神，始终坚持党的事业至上、人民利益至上、宪法法律至上，自觉增强对中国特色社会主义司法制度的理论认同、感情认同和实践认同，努力践行“忠诚、为民、公正、廉洁”的政法干警核心价值观，使司法更加依法理性，更加有效地定分止争，更加有力地惩恶扬善。

四、结语

在改革开放新时期，中国特色社会主义司法理论体系逐步确立了其在我国司法工作、司法改革、司法建设实践中的指导性地位。但理论创新永无止境，理论体系要与时俱进。马克思主义认为，实践产生理论、检验理论、发展理论。当前，我国正处于社会转型期，也是社会矛盾凸显期。在坚持依法治国基本方略、建设社会主义法治国家的进程中，随着法律成为治理国家、管理社会、配置资源、分配利益和解决纷争的基本手段，随着“诉讼社会”超乎人们预期而提前到来，社会矛盾纠纷越来越多地以司法案件的形式涌入法院。尤其是中国特色社会主义法律体系形成后，法治建设和法律实践的重心从立法转向执法、司法，进一步强化法律实施的要求更加突出和紧迫。形势的发展变化和司法实践推动着我们与时俱进，对司法实践中的重大理论问题进行开拓性研究，并坚持在实践中应用、检验、修正、完善理论。

在充分阐述和认定中国特色社会主义司法理论体系基本形成的同时，必须清醒地看到中国特色社会主义司法理论体系虽然已经基本形成，但其逻辑体系建构与核心概念、理论观点的深化与学术加工任务仍很艰巨,提升其成为具有主导意义的话语权更是任重道远。我们将以中国特色社会主义理论体系为指导,以理论创新和发展为第一要务,以中国化、科学化为根本标准,努力创建富有中国特色、中国气派、中国风格的司法理论体系,加快提升中国特色社会主义司法理论在当代世界司法理论与实践中的话语权和影响力。

注 释

〔1〕《江泽民文选》(第1卷),人民出版社2006年版,第511页。

〔2〕《邓小平文选》(第2卷),人民出版社1994年版,第176页。

〔3〕《董必武法学文集》,法律出版社2001年版,第381页。

〔4〕《江泽民文选》(第1卷),人民出版社2006年版,第513页。

〔5〕"胡锦涛会见出席第22届世界法律大会代表",载《光明日报》2005年9月6日,第1版。

〔6〕《邓小平文选》(第3卷),人民出版社1993年版,第307页。

〔7〕《江泽民文选》(第1卷),人民出版社2006年版,第111页。

〔8〕《邓小平文选》(第2卷),人民出版社1994年版,第286页。

〔9〕《邓小平文选》(第2卷),人民出版社1994年版,第196页。

〔10〕《邓小平文选》(第2卷),人民出版社1994年版,第263页。

〔11〕彭真:《论新时期的社会主义民主与法制建设》,中央文献出版社1989年版,第288页。

关于中国特色社会主义司法制度的若干重大理论问题*

围绕如何做好这个课题的研究工作，我讲四点。

一、课题的成果形式

这个课题将来应该出两个成果。一是为整个中国特色社会主义司法制度建构长期管用的理论。研究不要拘泥于我们自己的工作总结，不要拘泥于我们最高法院正在做的事情，以前做的和正在做的都要上升到理论，纳入这个理论体系里边来。现在领导一讲完话，我们搞研究的就容易把这个东西当成正确，其实将来院长一换就没有多少用了，如果把我们正在做的叫作中国特色社会主义司法制度，这只是一种愿望。二是紧紧围绕这样一个课题或整个的人民法院工作，研究在十二五规划里面和在明年正式启动起草的党的十八大报告里面，怎么去表述司法这一块。要能够把研究成果概括为几句比较经典的话，像十七大围绕司法提出深化司法体制改革，优化司法职权配置，规范司法行为，建设公正高效权威

* 本文是作者 2010 年 10 月 29 日在长春举行的最高人民法院“中国特色社会主义司法制度的理论”课题组座谈会上的发言。

的社会主义司法制度,确保人民法院、人民检察院独立行使审判权、检察权等。十五大、十六大、十七大的提法是连贯的,而且都很清晰。十五大提出司法改革,围绕公正高效等。十六大提出司法体制改革,当时司法体制改革的落脚点是通过司法体制改革,保障人民法院、人民检察院依法独立行使审判权、检察权。到了十七大提出深化司法体制改革,同时又加了两句话,即优化司法职权配置,规范司法行为。所以我们现在提出的公正、高效、廉洁执法,都来源于党的十七大提出来的规范司法行为。所以我们吉林省高院审判管理理念讲两个紧紧围绕,一是紧紧围绕审判工作的质量、效率、效果,二是紧紧围绕着规范司法行为,这也是来源于党的十七大。那么,经过了十五年的司法改革,十八大在政治文明建设里面,或者说在社会主义民主政治建设这样一个总的篇章中,法院的声音能不能体现出来,这个非常重要。

真正的理论建构都不需要写很多,十万字左右。现在一写都几十万字,像中政委编写的社会主义法治理念读本,一开始非常庞大,后来压缩到十万字以内。这次写的纲要又进一步简练了,大约四五万字,这个也是国家社科基金重大课题。所以我们这个东西出两个成果,理论方面要非常精。这段时间我写了一篇十七大以来人民法院司法理念的与时俱进。我把建国以来历任院长的文选看了一遍,然后把 80 年代以来的最高人民法院的工作报告有选择地看了一下,才写出来的。后来在中国法学会召开的"社会主义法治理念与中国法治之路"学术研讨会和法学理论骨干培训班上讲了。其内容实际上是我们最高人民法院在党的十七大以来司法理论的创新、司法理念的转型和司法工作方针所体现的新时代的特征。

最近在北京参加了全国人大法工委的一个会议,全国人大也在考虑党的十八大。党的十六大、十七大都讲科学立法、民主立法,形成中国特色社会主义法律体系。党的十六大提出"基本形成”，十七大提出“形成”。全国人大常委会今年年底就要宣布形成了中国特色社会主义法律体系。下一步全国人大在立法方面、在监督方面到底怎么做表述，都有超前谋划，行动得比较快。怎样为党中央关于司法的决策建言，非常重要。围绕本课题出这两个成果，课题的意义和分量就大了。能够在党的十八大报告里边有一段话体现出来，那就真正发挥了社科基金重大项目的作用了。这是我想说的第一点。

二、司法理论的构成

司法理论怎么写？目前提纲写的是中国特色社会主义司法制度理论基础、司法制度的运行理论、司法制度的优越性，然后建设公正高效权威的社会主义司法制度。这几个部分的互相衔接如何处理？我认为第四章社会主义司法制度的优越性实际上不是一个理论，当然这个也要写出来，但是不是要作为一章来写要再考虑。我倒是觉得我们中国传统法治文化里边有关司法的理论应该有。因为提纲里边讲了中国特色社会主义法律思想，这个中国特色社会主义法律思想是一个严格范畴。我现在正在主持一个课题，中国特色社会主义法学体系研究，这也是重大课题。中国特色社会主义理论指的就是邓小平理论、三个代表重要思想、科学发展观，是改革开放以来指导我们改革和建设的理论体系，所以中国特色社会主义法律思想只能是邓小平以后。那么，在邓小平之前我们党在井冈山时期、在延安时期到建国以后这一段以毛泽东思想所表现出来的司法理论怎么写，这里好像遗漏了。在这之前的博大精深的中国传统法律文化里边所包含的那些仍然具有生命力的、仍然对我们有价值的理论，即使不能照搬过来用，但是它体现了民族文化的一脉相承。中央政法机关的领导最近几年的讲话都会引用几句《论语》、《春秋决狱》、《唐律疏议》里边的话。他们看到了这个东西。包括现在调解优先、调判结合，甚至包括宽严相济，说实在的，在我们传统法律文化里边都有这方面的种子、精华。我们传统法律文化里边，古书记载的“明德慎刑”等内容，和我们现在宽严相济、依法治国和以德治国相结合一样，在司法里面你怎么去体现。依法治国和以德治国有机结合说到底就是明德慎刑。所以我觉得像这些东西至少要专门作为一个问题来写。要这样的话，就不能叫“社会主义司法制度的理论基础”，因为马克思主义可以作，中国特色社会主义理论体系可以作，但西方资本主义就不能作，我们中国传统文化也不能作为理论基础。所以这个题目要改。可以考虑为“文化渊源与理论基础”。特别是在刑法、宪法里边，你要找一找，从秦、唐、宋等，肯定都有，有一些没能充分体现。

中国特色社会主义司法制度理论中有运行理论，还应该有个本体理论。提纲整个没有讲本体啊。七个子课题里面有没有啊？也就是我们司法制度的宏观样态是什么样的，怎么对人民群众讲我们的司法制度，我们的司法制度是什么，有哪些司法规律性的东西，它存在的依据、发展的规律等，这些都属于本体论的范畴。这样就可以讲中国司法制度的演化，新民主主义革命司法制度，社会主义革命司法制度的演化。讲到中国特色社会主义司法制度就是我们当前的司法制度。那么这里边有狭义的司法，有广义的司法。从广义上来讲，司法的范畴就要回答这样几个问题。一是什么是司法的问题。从中国特色社会主义理论的角度，站在我们当前人民法院工作的立场上来讲什么是司法。接下来一个问题是什么是司法权。理论上优化司法职权配置，就是强化人民法院的审判权，强化人民法院对检察和公安的最后制约。因为它是最后一道制约和保障。所以十七大以来以弱化法院的职权为前提而进行的职权配置的改革如果继续走下去，是非常危险的。比如检察机关可以换掉审判员，哪个国家检察机关可以这样干预法院的？合议庭是由院长指定的，检察机关只可以提出工作建议，在国家检察权过大的问题上，我们不能忘记苏联的教训。必须首先从理论上搞清楚，检察权是一种法律监督的权力。检察机关是国家法律监督机关，其监督权里边有一部分是公诉权，就是代表国家公诉。这个问题的关键就是对司法权、司法的理论的本体论缺乏研究。先弄清本体论问题，弄清在中国特色社会主义司法制度里边司法权是什么样的，然后才去谈怎么优化，谁弱就加强谁。现在整个社会都可以向法院的判决甚至最高法院的终审判决发出挑战，质疑它的公正性。媒体也可以发表，甚至政法委、人大都可以批示一些东西，然后终审判决的东西又回流到我们司法程序中，这样的话变成一个怪圈，裁判没有终局性。在一个法治社会里，所有的争端，最激烈的争端，最终的裁判权就在法院。所以不能搞司法的多元化，不能搞审判权的多元化，不能谁都可以对法院的判决说三道四，领导同志也不行。这在国外是大忌。

至于司法的构架也不行，谈不上司法的运行理论，可以放到本体论里边。说司法腐败的时候人家都不说我们是司法机关，那单指法院；一说司法权，那我们也是司法机关，我们也优化司法职权配置。所以我觉得在理论上必须搞清楚司法、司法权。对中国特色社会主义司法制度的理论建构这个课题要重视，这一块的理论研究必须要加强。中国特色社会主义司法制度的优越性这一部分内容可以放到本体理论里。

我认为还应该有关于中国特色社会主义司法制度的价值体系的论述。因为司法制度的价值体系还不清楚，何谈核心价值？所以我觉得我们最高法院在这个问题上应该倒过来，社会主义司法的价值体系怎么去表述，然后从中凝练出核心价值。就像先讲我们中国整个的政治制度怎么构成，然后才能说共产党是领导核心，一样的逻辑。我本来也想写一个关于社会主义司法价值体系的文章，但是现在涉诉信访、人大代表关注案件牵扯很大的精力。我们有个案子四月份就送到最高法院了，最高法院搞内审，到现在为止没回，什么结果也没有，最高法院讲公正高效，高效在哪里？这就涉及司法的运行问题了。审级之间应该是独立的,审级独立的话,每级法院遇到复杂疑难案件,它才真正地负责任。因为有责任追究啊。我们司法制度的运行,审级还是要独立。独立是指独立行使审判权,这一点是司法制度的规律性的东西,司法的规律性不能违背。坚持审级独立,第一,可以保障当事人完整的诉讼权利,上诉、申诉的权利。第二,每一级法院都对自己做出的判决负实体的责任,绝对不能说这个案件是最高法院内审的,出了错案说那是最高法院的,那不行。最高法院还是业务指导,但业务指导不能用内审的方式。遇到疑难复杂案件可以用批复或者请示,对不对。第三,促进整个审判权力体系的良性运行。因为有审级独立才有审判监督。本来这个制度构架挺好的,所以我在我们省院审委会上讲,我们原则上不向最高法院请示汇报,除非是有文件规定的,除非是这个案件极其重大,影响社会稳定,等等。否则等于我们去向最高人民法院上交矛盾。实际上很多都是上交矛盾。

再谈谈司法制度的价值体系和核心价值。关于社会主义司法制度的核心价值在党的十七大提出社会主义核心价值体系之后,各个部门各个行业都提出自己的核心价值,咱们中央提出社会主义核心价值体系但到现在为止也没拿出来,光说是马克思主义为指导的意识形态,爱国主义为核心的民族精神,以改革创新为时代精神。但社会主义核心价值体系不能是爱国主义啊,也不能是改革开放啊。到底是什么?我们吉林高院提出研究司法的核心价值和价值体系比较早。我认为研究社会主义司法的核心价值体系应当有三个参照,第一个是我们中国社会主义核心价值,当代中国的价值体系核心价值到底是什么样的,这是一个参照;第二个参照是西方的特别是近代以来的价值体系;第三个是传统文化中的司法的核心价值体系,自古以来我们中华民族关于司法的一种评价、标准,等等。以这三个方面为参照,从人民法院新的使命、新的历史责任出发,归纳出为什么需要司法、司法的意义。司法的价值不是人民法院自己谈我们的核心价值是什么，实际上法院、司法的核心价值是老百姓说了算，我们为什么需要一个司法体系？我们为什么需要一个人民法院？那好了，那你从那里面去找，最后能找出你的核心价值。比如廉洁，根本谈不上是司法的核心价值，廉洁怎么能说是司法的核心价值呢？我们为什么需要司法，回答的这个问题，不是说司法怎么去运行，所以说这涉及第三个大的理论，社会主义司法的价值论体系。这个东西要是研究透了，我们很多刑事政策、民事政策，很多很多司法中的方针政策都迎刃而解，因为司法价值是解决为什么需要司法，然后所有的方针政策都是我们怎么去干司法，怎么去开展司法活动，紧紧围绕着司法的价值意义而展开的。所以我觉得这个问题也非常非常重要，在某种意义上比司法的运行理论更重要。

最近我有篇文章“和谐精神的导入与中国法治的转型”，是《新华文摘》全文转载的。在我来看，司法的核心价值在当代中国是和谐精神。我认为和谐是所有价值理念的元价值，是价值的价值。比如我们过去讲公正，说到底我们需要的是一个和谐的公正，对所有人都公正。党的十六大、十七大都讲，各个阶层都各得其所，又能协调相处。在当代中国，对富人不公正不行，对特困户不公正也不行。所以我们现在的公正是面对整个社会的公正，是对每一个阶层每一个群体的公正，杀富济贫也不是一种公正。所以公正是和谐的公正。又比如秩序，我们需要的秩序是和谐的秩序，和而不同的秩序，和谐的本质就是和而不同。我们有共同的理想，共同的价值追求，但是我们又有自己的特殊之处，这样的话才充满活力，才是和谐的秩序，而不是封闭的、僵死的，把人们管得没有任何思想的自由、言论的自由、活动的自由的那种秩序。党的十七大讲，要充满活力。另外像效率也是，需要的是和谐的效率。效率最主要的是财富的增长。和谐的效率说的是惠及全体人民的共同富裕。所以我说包括社会主义司法的核心价值里，要把和谐放进来。

因为和谐是我们当代中国的时代精神，因为我们构建社会主义和谐社会。而且就司法来讲，我们一直在强调宽严相济的刑事政策，最大限度地减少不和谐因素，减少对抗，反复讲调解优先，调判结合，又反复讲案结事了，这不都是一种追求和谐的目标吗？所以我们吉林省提出和谐政法、和谐司法。最高法院也提出过和谐司法，但当时提出的和谐司法和现在理解不一样，现在理解的和谐司法是以促进社会和谐为目标，用文明规范的司法方法来实现当事人之间的和谐，群体之间的和谐，维护社会公平正义，等等。我认为价值体系这块要好好研究研究公正的地位，因为咱们过去讲公正和效率，现在讲为民，讲廉洁。

三、司法制度及其构成

回过来讲社会主义司法制度。要讲哪几个问题呢？

一要把它放在整个中国特色社会主义政治制度范畴中来讲，你看中央讲到司法的时候基本上都是放在社会主义民主政治，或者在社会主义政治文明中讲司法。十五大是讲社会主义民主政治，十六大是讲社会主义政治文明。那么我们讲社会主义司法制度，尤其是中国特色社会主义司法制度，必须把它放在我们当代中国的政治制度范畴里来讲，它是我们中国的政治制度的组成部分。这里面就涉及党的领导，法院和党的关系，司法和党的关系。我有一个观点，司法权是党的执政权的组成部分，属于党的执政权。法院服从党的绝对领导，依据就在这里。然后是法院和人民代表大会的关系。实际上司法的审判权或笼统来讲司法权来源于人民的权利，人民代表大会是最高权力机关，司法权来源于这个最高权力，这个统一的国家权力，从属于它，由它派生，所以法院要向人民代表大会负责，要接受人民代表大会监督。但是我们吉林又加了一句话：依靠人民代表大会支持。

把中国特色社会主义司法制度外在的东西都讲清楚了，党的领导，人大，然后和政府的关系，都要界定得比较清楚。政府的行政权和法院的司法权是并行的。就权力本身来讲是平行的，不存在谁高谁低的问题。政府可以给法院少拨款，但是法院也可以判政府败诉。行政诉讼把这个问题都解决了。直到80年代中期司法的行政化或者司法隶属于行政比较明显。因为除了法院院长是人代会选举以外，副院长、法官都是政府任命的，后来1982年宪法之后，特别是1989年行政诉讼法的制定、1990年正式实施之后这个问题就真正解决了，把法院和政府、司法权和行政权之间的关系理清了。从政治制度上来讲，政协不是国家的权力机构，但是在中国政治系统里边，它还有民主监督、政治协商等作用。在政治协商里边，司法是一个重要的协商力量，所以我们一直推进在人民政协设立一个法律界，现在人民政协没有法律界。医药卫生、教育、工商联都有，就是没有法律界。人民政协成立的时候，法律界是一个界别。后来不知道什么原因没成。这是司法制度的外在关系。

二要讲内部的制度，这里边有一个司法的构架问题。司法的构架里边又有几个问题。如大司法、小司法。我觉得里边不要过多地涉及公安、检察等，虽然我们研究中国特色社会主义司法制度，但是主要是从法院为视点来写。可以在司法里边简要的写中国特色社会主义司法制度，比如公安、检察、司法行政。有的时候我们讲司法改革，广义上都包括在内了，实际上是一个政法的概念。这个说完之后，主要就讲法院内部的体制和机制问题。从两个方面，一个是实证的角度，但是还要从完善、创新和发展中国特色社会主义司法制度、从公正高效权威的社会主义司法制度这样一个建设目标出发。不能说现有的就是中国特色社会主义司法制度，要考虑中国特色社会主义司法事业的发展。所以现在这个制度是什么样的，这个制度存在什么体制性、机制性的问题，过去学界提的很多东西都是可以考虑的。比如法院到底是两审终审制还是三审制。咱们法院现在没有终审，形式上有但实际上没有，我们有个案件最高人民法院都确认为无理访,我们省政法委、人大还督办呢。它已经不是涉诉信访而是社会的信访了,已经从司法程序出去了,已经不涉诉了,但还在督办。再比如案例指导的问题。刚刚通过的一个国家社会基金重大课题,报的是“司法判例指导制度研究”,全国人大不同意用“制度”,后来改为“中国特色司法案例指导问题研究”。我的意见是能不能改为“案例指导制度”,但全国人大有关同志还是不同意用制度。所以涉及制度问题,这不是最高法院可以说的。最高法院无权确定这样一个制度,这就涉及立法权问题了。全国人大认为如果已经形成一种制度的话,就涉及司法权的配置,涉及上下级法院的关系。这个问题只有宪法或人民法院组织法写进去,法院才能够这么讲。至于学者们讲案例指导制度、判例指导制度,那怎么说都行,最高法院的领导不能讲要确立案例指导制度,尤其是主要领导不能讲这样的话,那样的话就违宪了。我认为要把我们目前的制度写得非常好,它体现了我们中国特色社会主义司法制度的基本特征,它的优势,这样一种制度设计怎么能确保公正、廉洁,确保司法公正、司法效率,怎么样能够保证人民群众的诉讼权利,等等。

司法制度的第三个问题,是司法制度与中国的诉讼制度。由于讲司法制度大家容易理解成体制性的东西、结构性的东西,但实际上司法制度和诉讼制度还是有区别。所以我想要把这个问题讲清楚,因为一讲到诉讼制度,它涉及司法之外的很多。比如人民群众的诉权问题,这不能说是司法制度的内容,但属于诉讼制度。又比如政府,一般作为管理人来讲,但政府也可以作为申请人,作为原告。广州就有地方政府诉企业,法院也受理了。过去以为行政诉讼就是民告官,现在这个解读就不对了,民告官同时也可以官告民。像这些问题讲中国特色社会主义司法制度也能讲,但很勉强。要在诉讼制度里边进一步明确司法制度。为什么这么研究?因为只有在诉讼制度里面讲司法制度,才能把法院的崇高地位揭示出来。因为整个诉讼制度是以法院为核心，但你讲司法制度以法院为核心，在政治上也不好。有的说司法制度以当事人为核心，说当事人是上帝。顾客是上帝说得通，但当事人怎么是上帝呢？败诉的人是不是上帝？胡搅蛮缠的人是不是上帝？杀人犯是不是上帝？有的地方法院真是敢讲。所以说要思考怎么样才能把法院的地位和司法权问题的关系揭示出来。我们的这个课题说到底还是要为法院的工作服务。因为整个诉讼制度还是以法院为核心的，也是以法院为终极的裁判者。

参加全国人大法工委的会议以后，我也琢磨着十八大。公正高效权威，我觉得目前这么写可以，但是往前看的话，我想要把和谐加进去，公正高效权威和谐的司法制度。包括司法制度内部的和谐，司法制度外部的和谐。如果觉得“和谐”低，也可换成“文明”。十八大关于司法的改革，我觉得最高法院领导应该把主要的精力放在十八大怎么为人民法院写几句话。因为现在都不研究司法，司法变成我们自己的研究了。像十二五规划，大家不满意，尤其咱们司法界不满意。吉林省更是，司法两个字都没有出现，光是公正廉洁执法。后来我跟他们建议这里面加上司法，或者说法治环境这样的表述。课题是后年出，后年十八大召开，别出来的时候就落后了。所以我觉得第五章标题可以改为“中国特色社会主义司法制度的发展”，或者说“推进中国特色社会主义司法制度的发展与进步”，这里边，可以把十七大目前的情况写进去，然后在未来看看怎么样，至少把最高法院这几年的思想提炼出来。

四、其他重要理论

有一些重大理论问题要阐述清楚。首先就是法院工作的指导思想。咱们党的基本路线也好，指导思想也好，比较经典的表述，从建国以来到 1978 年改革开放结束，是以阶级斗争为纲，然后 1978 年以后是以经济建设为中心，党的十七大以后是以人为本、全面建设小康社会、五大建设。你看十二五规划，虽然主要是经济社会发展纲要，但提的是科学发展观，全面建设小康社会。那么从以阶级斗争为纲到以经济建设为中心，再到以人为本，整个体现了我们党的世界观、社会观，也体现了党的方法论。人民法院的工作指导思想也是应该沿着这个思路。

具体来讲，第一，“三个至上”。上次我在法学理论骨干培训班讲了“三个至上”，大家纷纷向我提问题，讲能不能提“三个至上”。有人认为人民利益至上，绝对没问题。党的事业至上，不好说。为什么呢，“文化大革命”，我们党的九大、十大、十一大，通过的那么多的文件都是以阶级斗争为纲、无产阶级专政为指导。正是因为我们坚持了党的事业至上，才造成了“十年动乱”。如果我们坚持以人民利益至上，那么就要考虑考虑搞动乱是不是符合人民利益。宪法法律至上也不妥，只要宪法至上，何谈法律至上？宪法和法律并行，都是至上？另外还有“三个至上”之间，出现矛盾怎么办？我认为三者之间是内在统一的，到现在为止还没有出现人民利益、党的事业和宪法法律冲突的，至少是党的十五大提出建设法治国家以来没有矛盾。所以“三个至上”在我们这个课题里面应是一个旗帜，这是第一。

第二，“二为”主题。为大局服务、为人民司法，可以倒过来说。严格来讲还是为人民司法、为大局服务。司法是本质属性，服务是司法职能派生出来的。法院工作主题要写进这个课题，我非常认可这个理论。这个比公正与效率的工作主题要高得多，公正与效率可以作为审判工作主题，但作为法院工作主题低了一点。所以我们的提法是公正高效办案，和谐司法为民。还是要为民。所以我说法院工作指导思想从一心为民、公正司法然后升华到“三个至上”，很完整。

第三，能动司法。最高法院提出能动司法，在学界比较普遍地遭到质疑。我也跟他们解释，我说法院坚持不告不理，这是个案来讲。比如人家两口子过得好好的，不能鼓动人家离婚。再一个，现在法院已经是不堪重负了，还主动地去承接那么多的社会矛盾；不去分流矛盾，还去能动的接受这些矛盾，这更不行了。所以我说能动司法主要从哪个角度来讲呢，就是法院在整个社会生活中不能是无所作为，不能仅仅是去孤立办案。法院作为中国特色社会主义司法事业的组成部分，作为社会主义政治制度的组成部分，作为上层建筑的重要组成部分，要为经济基础服务，要为社会发展提供服务。在这个意义上，法院的工作本质上是能动的，所谓能动就是影响社会进程，回应社会期待。大家都讲司法影响社会进步，《南都周刊》对我的采访的标题就是“司法改革引领中国社会进步”。所以我觉得能动司法的问题始终在理论上阐述得还不够，不是社会上不接受，而是还没有让社会足以接受。

还有人民司法、民主司法也要讲清楚。怎么理解司法民主这个概念。因为民主本身有它的内在含义。对民主，我是从三个意义上来谈的。第一，从目的性意义上讲，司法为民。排忧解难也是为民，化解矛盾也是为民，促进社会和谐也是为民，维护社会公正都是为民。第二，司法的过程，从程序的意义上来讲也是民主性的。开放、公开、知情、对媒体全方位开放等都是民主的。第三，就是协商。司法的协商性是在所有整个政治框架内最鲜明的，而这正是我们民主的最鲜明的特点。例如我们现在特别是群体性的诉讼，无论是调解也好，和解也好，实际上是一种协商民主。通过协商民主获得的主要不是一种结果，协商民主的价值主要在于过程。比方说我虚心听取你的意见，我省有一个常年的上访老户，我下午还要接待他一下。我每一次接待，他每一次受感动。因为他感受到一种尊重，有尊严，这是协商的价值。再一个，在协商过程中，不一定能够形成一个一致的东西，不一定能够达成共识，但这个过程本身是很好的。过去咱们讲合理，这个合理有两个含义，一个是合乎道理，另一个层面是合乎情理。合乎道理有一个是非的判断，公正与不公正的判断；合乎情理，处理事情有一种善。比如我们调解案件，不一定是合乎道理的，而有的时候是合乎情理的。这就是说于法无据，但又在情理之中。所以协商民主的过程价值非常重要，这就是咱们司法民主魅力所在。这就是一个法官有没有亲和力，有没有智慧，最主要的体现是他会不会运用协商民主的机制来处理案件。所以我觉得这些理论还都是要写进来。

再一个，司法的大众化，不一定太好，我们可以讲司法的民主化。大众化是在什么意义上来讲呢，如果是司法的社会化，那就成问题了。

最高法院还有一个很好的提法，是从法治进程的规律上讲回应型司法，积极回应社会的期待、人民的要求，积极的回应社会的变迁对人民法院提出的要求。

还有一个理论要写进去，“独立司法”。过去十五大提依法独立公正，十七大也有独立。独立是司法权运行的根本规律。我有一篇文章讲人民法院司法改革的理论基础，其中有司法独立的理论。司法独立讲的不是脱离党的领导，也不是脱离人大的监督。讲的是司法权行使过程中谁来行使司法权的问题。说实在的，没有独立，何谈权威。法院的判决是终审的判决，向法院的判决挑战就是向法律挑战。特别是对政治家们。在西方法治国家，包括宣誓，都是法院院长领着他们宣誓的。没有一个政治家对不利于他的判决敢于公然地向法院挑战。因为人们想到的是，如果这个案子他敢于向法院判决挑战，那么今后他违宪的话还有什么地方能制裁他。

现代性与后现代性之间的中国司法

——诉讼社会的中国法院*

对当下的中国司法状况，可以从不同的角度审视和评论。例如，中国特色社会主义司法制度与当代中国司法（侧重司法制度以及运行）；法治中国格局内的中国司法（全面推进法治中国建设战略布局中的司法改革与建设）；变革时代的中国司法（中国司法在社会变革中面临的挑战与机遇）；政治文明和法治文明进程中的中国司法（司法文明与法治文明、政治文明、社会文明的关联）；处于积弊陈伤之中的中国司法（侧重暴露中国司法的尴尬与困境及其原因），等等。本文选取一个比较特殊、相对具体的角度来审视和评论中国司法，即处于诉讼社会的中国司法，其中又以中国法院为例。

---

* 本文发表于《现代法学》2014 年第 1 期，作者曾于 2013 年 4 月 20 日以“诉讼社会境况下的中国司法”为题在复旦大学作学术演讲，于 2013 年 5 月 26 日在现代性与中国法律文化学术研讨会作题为“法治现代化与诉讼社会”的主题发言，于 2015 年 1 月 18 日以“中国已进入诉讼社会”为题出席中国影响性诉讼论坛作主题演讲，以及在最高人民法院应用法学研究所举办的大法官论坛上演讲，本文吸收了这些演讲中的部分内容。

一、诉讼社会是社会转型和法治现代化的必经阶段

诉讼社会是社会转型和法治现代化进程中的必经阶段。20 世纪 60 年代以后,美国等西方国家陆续进入诉讼社会,或呈现出诉讼社会的诸多特征。1984 年我在美国哥比亚大学法学院访学期间,曾写过一篇题为"美国:诉讼社会"的短文,描述并分析了诉讼社会的一般特征:"所谓'诉讼社会',它的表现是:人人都在告状,到处都有官司,诉讼就像'流行病'一样到处蔓延。"[1] 文章也分析了美国进入诉讼社会的原因。在写这篇文章的时候我根本不可能预料到 30 年后的中国社会超乎人们预想地提前进入"诉讼社会"。

"诉讼社会"这一概念表征一个社会呈现涉法纠纷急剧增长、诉讼案件层出不穷的态势。根据法律社会学的理论模型和统计方法,一般而言,如果一个社会每年约有 10% 的人口涉诉,则该社会即可被认定为"诉讼社会"。按照这一模型和方法,可以认定中国已经进入诉讼社会。

中国进入诉讼社会的根本原因在于,1978 年开启的改革开放,使中国以 30 多年的时间基本完成了西方国家 200—300 年才完成的社会现代化和法治现代化历史转型。在这个转型过程中,随着工业化、城镇化、信息化、农业现代化的深入推进,随着经济市场化和快速融入全球化,中国社会各种新问题新矛盾大量涌现、互相叠加,社会矛盾纠纷以司法案件的形式大量地涌入法院,致使中国社会持续呈现诉讼"井喷"、诉讼"爆炸"。20 世纪 80 年代初期,全国法院每年受理的各类案件总量大约在 40 万件左右,到 2010 年全国法院一年受理的案件超过 1200 万件,几乎是 30 年前的 30 倍。最近几年,我国每年约有一亿人(次)牵涉各类诉讼或准诉讼、类诉讼程序(准诉讼主要指各类仲裁机构受理的纠纷和诉求,类诉讼主要指各种调解组织受理的调解案件)。根据最高人民法院院长王胜俊 2013 年 3 月 19 日在第十二届全国人大第一次会议上所做的最

高人民法院工作报告,自 2008 年到 2012 年五年间,最高人民法院受理案件 50773 件,审结 49663 件,分别比前五年上升 174% 和 191%,审结内结案率 82.4%;地方各级人民法院受理案件 5610.5 万件,审结、执结 5525.9 万件。全国各级人民法院受理案件 56155700 件,每年约 1125 万件,同比上升 29.3%。我们姑且以每一个案件平均涉及 6 个当事人及直接利益关联人计算,每年约有 7000 万人(次)涉诉,约占全国人口总数的 5.24%。[2] 五年之内约有 35000 万人(次)涉诉,约占全国人口总数的 25%。同时,根据国务院法制办、国务院新闻办等官方统计数据,最近几年全国各级行政机关作出行政处罚、受理行政复议、进行行政调解等案件 1200 余万件,经济仲裁和劳动仲裁部门受理合同及财产纠纷仲裁、劳动纠纷仲裁、土地承包权纠纷仲裁 100 万件,人民调解组织处理各类民间矛盾纠纷 767 万件,各级政法机关处理涉法涉诉信访约 180 万件(人)。上述这些准诉讼和类诉讼活动中相当一部分是多人诉、多人访、群体诉、群体访,以每案 2.5 人计算,则涉及的人员约为 5500 万人(次)。把上述这些诉讼、准诉讼、类诉讼所涉人数累加在一起,则每年涉诉人口达到 1.2 亿,占全国人口的 9.2%;如果再把人民群众诉诸行业协会等非政府组织调处的涉法矛盾纠纷加进来,则涉诉人口比例将更高。以总人口和涉诉人口比例不变来计算,十年之内就将有超过 10 亿人(次)与诉讼沾边——被别人起诉(成被告),或起诉别人(当原告),主动或被动地充当证人,或者因为与案件有直接利益关联而涉诉,或者作为集团(群体)诉讼案件中的当事人之一。由此,我们可以得出这样一个结论:每年全中国大约有 10% 人口直接或间接涉诉。

二、诉讼社会的现代性与后现代性表征

诉讼社会表征着法律与社会的现代性,也使中国司法呈现出现代性与后现代性的双重特征。

第一，诉讼社会彰显公民理性和社会文明。在传统中国，老百姓是“忌讼”、“厌讼”的，他们把邻里之间打官司看作“丢脸”、“丢人”、“恶心”的事情，遇到官府迫害多数情况下是忍气吞声。然而，最近十多年，随着社会主义法治国家建设进程的进一步加快，随着权利时代的到来，人民群众的维权意识和诉讼观念显著提升，人们越来越习惯于从法律的角度提出利益主张和诉求，越来越寄希望于通过司法程序解决矛盾纠纷。这表明在法律与社会现代化过程中，公民理性和社会文明显著提升。设想一下，如果遇到矛盾纠纷，遇到违约、侵权、伤害等，不是到法院打官司，而是直接实施报复，或者借助讨债公司索债，或者求助黑恶势力保护，或者将矛盾纠纷与怨恨积累在一夜之间突然爆发，那样的局面会是什么样子？就是野蛮。根据马克思主义历史唯物论基本原理，特别是依据大量考古和文献资料，人类社会从野蛮到文明的主要标志，就是诉讼与审判的出现，亦即法律与国家的出现。

第二，诉讼社会彰显现代司法的价值和公信。诉讼社会的到来，使人民法院成为各种利益的竞技场、各种社会矛盾的集散地，人民法院成为社会矛盾纠纷化解的主渠道。据吉林省政法委统计，2011 年吉林省全省排查汇总的各种社会矛盾纠纷 49 万余件，同年全省法院受理各类案件 26 万件，这就意味着 50% 以上的社会矛盾纠纷是通过法院审判和司法调解得以化解的。全国各地的情况也大体相当。这也充分说明人们对司法的普遍信任，越来越多的老百姓选择诉讼程序，把定分止争、维护公正的最后诉求付诸人民法院，寄希望于人民法官，就是对法院的信任。他们至少相信法院是可以定分止争、惩恶扬善、维护公正、伸张正义、救济权利的。如果不是这样，就不会到法院打官司了。法院也在立案、审判、执行的过程中实现着司法的价值。法院获得信任，司法的价值得以体现，这正是法治现代化的基本标志。特别是最近十年，与人身权、人格权、社会保障权、环境权、发展权等人权问题关联的诉讼呈现攀升趋势,从一个方面表明了司法保护人权的法律现代性。

第三,诉讼社会彰显法律与司法的公正性与确定性。公正性以及公正基础上的确定性是现代法律的又一基本特征。矛盾纠纷可以通过各种方式解决,采取诉讼方式虽然成本可能高一些、程序复杂一些,但司法无疑是最能够定分止争并保证公正的制度。因为:首先,法院是中立机构,法官是超然于利益冲突的裁判者,不像行政复议,主导行政复议的仍然是政府,本质上仍是矛盾纠纷的一方;其次,公正的基础是依据事实和法律理清权利、义务和责任,明辨法律上的是非对错,而法院裁判正是建立在证据(法律事实)基础上并依据法律规则做出的是非判断,其作用在于恢复被模糊或破坏的法律关系;再次,严密而公正的诉讼法律程序保证证据采信与法律适用的合法性与正当性,特别是一系列正当程序的设计和审判程序的全程公开,基本保证了裁判的公正性;最后,由于以上三点,矛盾纠纷的解决具有了确定性,当事人和社会关注者也相应地有了合理预期和公正的信心。

第四,诉讼社会推动了司法现代化。首先,推动了法律职业共同体的形成和发展。随着"诉讼爆炸"、"诉讼井喷",为诉讼当事人提供法律服务的律师职业蓬勃发展,律师从业人数从 20 世纪 80 年代初期的 1 万余人发展为 23 万余人。律师职业的发展促成了由法官、检察官、律师、法学教师为主体的法律共同体的形成和发展。律师大量参与诉讼程序,促动法官和检察官不断提升其职业素质和职业能力。其次,推动了诉讼法律制度的现代化。诉讼法律制度是司法制度的核心。我国的诉讼法律制度形成于 1979 年制定的《刑事诉讼法》。刑事诉讼法出台之后,适应民事诉讼和行政诉讼的需要,先后制定了《民事诉讼法》和《行政诉讼法》。在规模庞大的诉讼群体的强力推动下,《刑事诉讼法》和《民事诉讼法》两次进行大修,《行政诉讼法》的修改也将提到人大常委会审议程序。诉讼法的每一次大修都注入了现代诉讼理念和诉讼机制。例如,2012

年修订后的《刑事诉讼法》以尊重和保障人权为主题,完善和发展了人权司法保障制度机制,使之更加充分地体现以人为本、权利神圣的现代法治精神和法治理念;以确保程序正义为主线,创新和完善了刑事诉讼程序,使之更加民主化、法治化、科学化;以严格的证据规则为基石,全面完善了证据制度,使证据的获取、采信、排除等更具有合法性、合理性。再次,推动了司法思维的现代化。司法思维是以法官为主体的司法群体在法律适用过程中的一种创造性活动。司法思维的现代化集中体现为司法官员以保护公民权利为目的的权利推理。权利推理体现为:一是权利发现或权利体系扩充。任何法律或者专门的权利立法都不可能像流水账那样把人们应当享有的权利一一列举出来,所以人们的权利不限于法律明文宣告的那些,而是有很多没有“入账”的、没有列入“清单”的权利,或者被“遗漏”的权利。这些权利要靠法官通过法律推理来发现、拾取和确认。二是自由推定——法不禁止即自由。凡是法律没有禁止的,都是允许的;凡是法律没有禁止的,都是合法或准许的;每个人只要其行为不侵犯别人的自由和公认的公共利益,就有权利(自由)按照自己的意志活动。由此,法官在司法活动当中通常秉持权利推理的思维方法去保护法不禁止的公民的自由。三是保护弱者。在诉讼社会,权利受到侵害的个人以及在刑事诉讼中处于被告地位的个人都可能是弱者。在法律适用中,法官对弱者实行一系列特殊保护,例如民事诉讼中的权利救济,刑事诉讼中的“有利被告”,行政诉讼案件中的举证责任倒置等。最后,无罪推定,疑罪从无,宽严相济等。

当然,在表征法律与社会现代性的同时,诉讼社会也呈现出后现代的各种“乱象”。诉讼社会在显现后现代社会乱象的同时,也使中国法院面临各种挑战和尴尬。

第一,法院由最后一道防线瞬间演变为第一道防线。许多本应由、以前也是由基层单位、社会组织、行政机关化解,或者通过行政、经济、社会等手段更能有效化解的矛盾纠纷,诸如家庭矛盾、邻里纠纷,土地承包、偶发轻伤、劳动争议以及企业改制、征地拆迁、土地承包、教育医疗、社会保障引发的矛盾,却由于农村、企事业单位社会职能弱化,一些社会组织不愿管事,政府机关不负责任、互相推脱、不作为,而集中涌入司法渠道。同时,也由于道德、习惯的调节作用下降和约束力松懈,道德、习惯"防火墙"坍塌,使得许多原本属于道德、习惯的问题转化为法律问题而进入诉讼程序,这致使人民法院背负了太多的社会责任和压力。

第二,诉讼活动中的非理性因素导致司法机制扭曲、司法尊严和权威严重削弱。理性是法律现代性的基本标志,法律就是定分止争的实践理性。在我国当下的诉讼中,当事人利益博弈的心理、争取利益最大化和胜诉的欲望十分强劲,许多案件的审理结果往往是胜败皆怨,败者不服可想而知,而胜者由于未必是百分之百胜诉,即使百分之百胜诉,也未必能够获得百分之百的执行而对法院审判和执行不满,以致上诉率、申诉率和涉诉信访率居高不下。就涉诉信访而言,据中央有关部门的统计数据显示,进入新世纪以来我国信访案件大量增加,其中反复访、长期访、激烈访、进京非正常访中70%是涉法信访,其中涉诉信访又占到70%左右。2008年以来,全国法院每年处理涉诉信访案件在100万件以上,相当于法官人均处理涉诉信访案件7.15件。由于处理涉诉信访的工作机制不完善、不合理,加剧了信访不信法、信上不信下、信钱不信理的社会心理,助长了"闹大维权"的社会风气;一些地方出于降低"信访排序"和"维稳"的需要,超越法律界限和公正底线,花钱买"息访";个别地方的党政领导甚至对于已经做出无理访甄别的信访案件作出重新审理的批示,致使许多已经终结司法程序的案件回流到司法程序;凡此种种,都严重损害了司法的尊严和权威,进而严重损害了法律的尊严和权威。

第三,司法地方化倾向加剧,严重损害司法公正和社会公平正义。国家法制的统一性是通过统一司法来体现和保证的。地方各级法院是中央设立在各省(区、直辖市)、市(州、地)、县(市、区)的法院,而不是“地方的法院”。然而,由于历史、经济、政治、国家治理体系等原因,我国司法呈现着明显的地方性特征。进入 20 世纪 90 年代以后,随着市场经济的发展,各个地方政府的经济利益和利益集团的利益对司法产生了前所未有的影响,地方保护主义对司法施加的压力日趋加重,构成对司法统一、司法公正的巨大挑战。在这种情况下,一些地方法院丧失其中立性、公平性本质而沦为地方利益的保护伞,甚至成为地方政府和地方商业利益集团巧取豪夺、暴力征用的工具,严重损害了司法的形象和声誉,损害了社会公平正义。同时,由于司法“属地化”使得各地司法保障不均衡,一些法院为了“养家糊口”、“维持生存”而“办案为钱、为钱办案”,插手经济纠纷,滥收费,助长司法腐败,损害司法公信,破坏法制尊严。针对地方保护主义积弊,中央和地方采取了一系列司法改革,但由于缺乏体制性、制度性建构,成效甚微。

第四,司法行政化日益严重。后现代的社会特征之一是各行各业行政化趋势普遍增强,与此同时,法院的行政化倾向也日趋严重。法官和法院工作人员按照行政机关“官本位”层级模式定级,法官群体因被划分为不同等级而存在上下级隶属关系,院长对副院长、副院长对庭长、庭长对法官是一种领导与被领导、支配与被支配的关系。这就为法院各级领导影响和干预法官办案留下了制度空间。由于来自外部的党政机关干预和利益集团的影响主要是通过法院内部各级“领导”施加的,所以,审判庭庭长、分管院长,甚至院长直接插手合议庭和法官审理案件、干预合议庭和法官裁决情况时有发生,在一些法院甚至常规化、人情案、关系案由此发生。由于领导行政式地干预办案,法官审判的责任心有所下降,审判质量不高。特别是有些法院的审判委员会一年终天讨论案件,代替合议庭做出裁判决定或指导意见,判审分离的情况相当普遍。

司法行政化不仅表现在一个法院内部,也表现在法院系统内部。上级法院过多地干预下级法院的审判工作,事前干预、审理过程干预、审判之后继续干预,也有扩大的趋势。超越法律规定的各种名堂的“内审”,不仅拖延了审判期限,而且滋生司法腐败。上级法院对下级法院行政化绩效考核中的改判率、发挥重审率等指标,也迫使下级法院(法官)不得不经常“请示”上级法院(法官),以避免改判或发挥重审。

第五,司法公信力严重缺失。司法公信力指公众对司法(包括司法制度、司法机构、司法活动、司法结果等)的信任程度以及司法机关获取公众信任的能力。信任有多种表现形式,诸如认可法院裁判、信赖司法活动、尊重司法机关和司法人员、维护司法权威和司法公正等。司法公信与政府公信共同构成整个社会信用体系的基石。一个社会如果失去了司法公信,那么这个社会的信用体系就会土崩瓦解。在权威主义弱化的后现代社会,司法公信力和政府公信力下降是普遍现象,中国亦不例外。在中国,衡量司法公信力的核心指标有多项,其中各级法院的工作报告在人民代表大会表决时的赞成率是最关键的,也是全社会高度关注的。在过去十年间,最高人民法院的工作报告在全国人民代表大会全体会议上的赞成率一直在 70%—80% 之间徘徊。在 2013 年第十二届全国人大第一次全体会议上,投票当天实到代表 2943 人,赞成票 2218 人,反对的 605 人,弃权的 120 人,通过率为 75. 24%。这意味着四分之一的全国人大代表不满意法院工作,也等于说是四分之一人民不满意法院工作。在中国国情之下,这么低的赞成票意味着法院的公信力确实不高,有的学者更是认为司法公信力面临危机。

司法公信力下降,既有内在的原因,也有外在的原因,更有体制性原因。从内在方面,法院案多人少的矛盾日益加剧,导致审判质量有所下降。从 20 世纪 80 年代初期到新世纪,全国法院受理的各类案件增加了 30 倍,新增的案件多数又是市场经济、社会转型和全球化背景下的新型案件、疑难案件、棘手案件，而法官人数却没有同步增加，一些法院实际办案法官人数甚至有减无增。案多人少、案件难度增加、法官心理压力沉重，必然导致审判质量下降。裁判失衡、有失公允、释法明理不清，久拖不结的超审限案件增多，上诉改判、再审改判、发回重审的案件增多，叠加起来形成严重负面影响。冤假错案时有发生和曝光，在公众眼中法院的公信力一落千丈。侦查阶段为了破案、特别是那些犯罪线索不清的案件，侦查人员滥用职权，野蛮办案、体罚虐待、刑讯逼供，公诉机关明知是非法证据却出于某些原因不愿排除非法证据，审判机关不敢依法行使审判权、排除非法证据，结果导致“问题案件”和冤假错案频发。发生在湖北的佘祥林冤案、河南的赵作海冤案、浙江的张辉和高平冤案、云南的李昌奎错案，可以说都是由于司法体制、司法理念、司法惯性、司法能力、司法作风等方面的问题而造成的典型案件，给司法带来了难以挽回的负面影响和损害。“执行难”损害司法公信力。社会上有关“赢了官司输了钱”、“判决书等于一张法律白条”的说法虽然欠妥，但法院裁判执行兑现率低、债权人的权利未能完整实现、人民群众对法院裁判的执行不满意确是不争的事实。根据执行案件统计分析，执行案件平均执行兑现率约在50%左右。当事人到法院打官司，并非仅仅就是要讨个公道的说法，更重要的目的是寻求司法救济其合法权利。如此低下的执行兑现率，法院裁判的司法公信力焉能不受影响。司法公信力在很大程度上取决于法官群体的人格魅力。人们之所以选择到法院打官司，除了相信法律，就是相信法官能够秉公执法作出裁判。所以，法官在人们的心目中应当是公正廉明的形象。然而，极少数法官和法院工作人员行为不端、吃喝嫖赌、违法乱纪、徇私舞弊、贪赃枉法，在社会上造成了极其恶劣的影响，真是“一粒老鼠屎坏一锅汤”，对司法公信力造成致命的危害。尽管社会对法院的评价有失客观全面和公正的地方，但也确有法院自身的问题导致司法公信力下降。

从外在方面，司法日渐成为社会热议和媒体批判与炒作的焦点领域。大众媒体、自媒体对法院的负面报道和批评声音时常出现，某些普通案件的裁决，甚至法院和法官工作中的瑕疵，都有可能迅速转变为社会热点问题，并呈现出交织放大的局面。由于网络炒作和某些报道有意“抹黑”，使得法院伤痕累累，威风扫地。想当年具有很高社会声望的法官职业，如今失去了光环，由此导致大量优秀法官流失。学界普遍认为如今的法院成为公共权力体系当中的“弱者”，法官则成为“弱势群体”。

诉讼社会所表征的中国司法的现代性与后现代性在某种意义上是中国社会前现代性、现代性与后现代性交织的表现。20 世纪的中国社会经历了巨大的变迁，21 世纪的中国社会仍处在转型之中。在这个转型过程中，前现代、现代、后现代实际上是混杂糅合在一起的，因为我们面临的是社会主义现代化的历时性问题，解决起来却要多个时代问题共时性进行。作为有五千年历史，历经奴隶社会、封建社会、半封建半殖民地社会、新民主主义社会和社会主义初级阶段的世界上最大的发展中国家，我们既有封建主义和半封建半殖民地的历史包袱，也有长期计划经济及与此相适应僵化的行政与社会管理体制的弊端，又有改革开放新时期和社会转型新阶段所无法避免的现代化过程中衍生的后现代性的大量社会和生态问题及其法律问题，前现代、现代、后现代三个甚至多个时代的问题交织在一起，从传统社会向现代社会转型之中不可避免地遭遇到后现代社会思潮与社风的袭击，因而中国司法不可避免地带有多个时代的特征与历史问题。当然，中国社会的主导趋势是现代化，是中国特色社会主义发展道路，是体现现代文明的中国特色社会主义制度。经过三十多年的改革与变迁，与市场经济、民主政治、先进文化、和谐社会、生态文明同步发展、以现代性为主要特征的中国特色社会主义司法制度已经基本形成，前现代、后现代的问题必将在司法现代化历史进程中得到消解。党的十八届三中全会决定实施的全面深化司法改革的各项举措,必将加快司法现代化和法治中国建设,公正高效权威的社会主义司法制度必将更加完善和发展。

注 释

〔1〕 张文显:"美国:诉讼社会",载《张文显法学文选》(卷九 · 学术评论集),法律出版社 2011 年版,第 30 页。

〔2〕 每件案件平均涉及 6 个当事人及直接利益关联人的判断,是以吉林省法院审理诉讼案件的统计分析为依据的。2009 年,吉林省全省法院共受理各类案件 266858 件,其中刑事案件 18443 件,被告人 30036 人。在每个刑事案件中,被告人数为 1.6 人,以被害人数与被告人数 1:1 来测算,则每个刑事案件涉诉人数为 3 人,而实际上,在许多刑事案件中,特别是黑恶势力犯罪和非法吸收公众存款、集资诈骗、非法传销等涉众型经济犯罪案件中,被害人是被告人的数倍、数十倍,乃至上百倍,例如吉林"海天"集资诈骗案中,受害人达 3 万多人(当然这些受害人中,有许多也直接或间接参与了集资诈骗,他们既是受害人,也是违法者,又是案件的证人和附带民事诉讼的当事人)。这一判断也考虑到一审与二审和再审的案件比例关系。即使最简单的离婚案件,除了当事人夫妻之外,可能还涉及子女、老人、财产利益相关人等。

新时期政法工作的实践辩证法*

在近期召开的中央政法工作会议上，习近平总书记深刻阐述了新时期政法工作的实践辩证法。

坚持与改进。既要坚持党对政法工作的领导不动摇，又要加强和改善党对政法工作的领导，不断提高党领导政法工作的能力和水平。要正确处理坚持党的领导与确保政法机关依法独立公正行使职权的关系，党委政法委要善于运用法治思维和法治方式领导政法工作。

坚持与完善。我国的司法制度总体上是适应我国国情和发展要求的，必须增强对中国特色社会主义司法制度的自信，增强政治定力。同时，我国司法制度也需要在改革中不断发展和完善。司法体制改革要坚持正确的政治方向，应该改又能够改的，就要坚决改；不应该改的，就决不能改。

民主与专政。要正确认识和处理民主与专政的关系，只讲专政，不讲民主是不对的；只讲民主，不讲专政也是不对的。面对各种敌对势力的渗透破坏颠覆活动、暴力恐怖活动，要坚决果断地拿起专政的武器。同时，对人民内部矛盾，要善于运用法治、民主、协

---

* 本文是作者为《法制与社会发展》撰写的“法学时评”，发表于《法制与社会发展》2014 年第 2 期。

商的办法进行处理。

政策与法律。党的政策和国家法律在本质上是一致的。党的政策通过法定程序成为国家法律后,实施法律就是贯彻党的意志,依法办事就是执行党的政策。政法工作要确保党的政策和国家法律得到统一正确实施,如果两者之间出现矛盾,就要努力做好统一正确实施。

法律与道德。我们要坚持依法治国与以德治国相结合。我国历史上历来就有德刑相辅、儒法并用的思想。法是他律,德是自律,需要二者并用,为全民守法夯实深厚的道德基础。

活力与秩序。要讲究辩证法,处理好活力与秩序的关系,管得太死,一潭死水不行;管得太松,波涛汹涌也不行。不能简单依靠打压管控、硬性维稳,还要重视疏导化解、柔性维稳。

维稳与维权。维护社会大局稳定是政法工作的基本任务。从一般意义上讲,维权是维稳的基础,维稳的实质就是维权。单纯维稳,不解决群众合理合法的利益诉求,那是本末倒置。

文明与严格。严格文明公正执法是一个整体,文明执法、公正执法要强调,严格执法也要强调。既不能粗暴执法,也不能对违法行为过于迁就,不然的话,就会产生“破窗效应”。

信念与能力。政法干部必须有坚定的理想信念和职业良知,也必须有过硬的本领和业务能力。有才无德会败坏党和人民的事业,但有德无才也同样会贻误党和人民的事业。

监督与干预。党政领导干部和新闻媒体都要处理好监督与干预的关系。对于来自群众反映政法机关办案中存在问题的举告,领导干部可以依法按程序批转,但不得提出倾向性意见,不能替政法机关拍板定案,更不能徇私枉法。政法机关要自觉接受媒体监督,新闻媒体要加强对执法司法工作的监督,对尚未或正在办理的司法个案可以报道,但要防止形成“舆论审判”。

关于司法规律的若干认识问题*

今天的场合虽然是“大法官论坛”，我还是要立足于学术，以便使我的讲演具有反思性、批判性和开放性。我讲三个问题。

一、对司法规律研究之重大意义的认识

党的十八大以来，在全面推进中国社会主义现代化，包括全面推进依法治国的整个过程中，习近平总书记反复强调要坚持辩证唯物主义和历史唯物主义，遵循客观规律，指出：历史和现实都表明，只有坚持唯物主义，才能不断加深对共产党执政规律、社会主义发展规律、人类社会一般规律、人与自然和谐共存规律的认识，提高对规律的认识水平。在法治问题上，认识和遵循客观规律，就是要不断深化对法治规律的认识，按照依法治国、依法执政、依法行政、依法自治的客观规律办事，充分发挥法治在治国理政中的基本方式作用。习近平总书记总是注重从规律性上论述厉行法治的必然性，揭示法治的规律性，凝练出重大法治理论命题和学理判断。

---

* 本文是作者 2016 年 3 月 18 日在西南政法大学中国大法官讲坛（第十一讲）上的演讲，此前于 2015 年 3 月 26 日在司法规律学术研讨会暨第 11 期金杜明德法治沙龙上作过同一主题的发言。

在强调法治建设要遵循客观律的基础上，习近平总书记多次强调司法改革一定要遵循司法规律。在三中全会、四中全会、中央政法工作会议、中央深改领导小组会议上，总书记都强调了这一点。例如，他指出："完善司法制度、深化司法体制改革，要遵循司法活动的客观规律，体现权责统一、权力制约、公开公正、尊重程序的要求。司法体制改革事关全局，要加强顶层设计，自上而下有序推进。要坚持从实际出发，结合不同地区、不同层级司法机关实际情况积极实践，推动制度创新。"[1]完善人民法院司法责任制，"要坚持问题导向，遵循司法权运行规律，着力改进审判组织形式、裁判文书签署机制、审判委员会制度。"[2]

但是，在司法改革实践中，我们对于司法规律以致法治发展的规律的研究应当说还是不够的。当前理论界和实务界，有关司法规律共识还未真正形成。涉及司法规律的文献有一千多篇，经过梳理发现，学术界和司法实务界对于司法规律的认知和概括差距很大。如果说司法改革的理论准备不足，那么，最突出的莫过于对司法规律的研究不足、不深、不透，还没有形成有关司法规律的非常清晰的、科学的认知成果，更没有形成理论和实践共识。因而，深入研究司法规律，为司法改革提供学理支撑和理论指导，事关司法改革的根基是否牢固、改革路径选择是否合理，事关司法改革的成败得失。

具体而言，为什么要认真研究司法规律呢？

第一，为司法改革提供学理支撑和理论指导。

中央正式提出司法改革是在十五大，但实际上从建国之初我们就进行了司法改革。我国的司法改革经历了三个大的阶段，第一个阶段是革命性的司法改革。当时，我们废除了国民党的旧法统，摧毁了国民党时期的司法制度，赶走了一大批旧的司法人员，我们要建立一个新的司法制度，所以，在 1950 年，我们党提出了司法改革。我认为这次改革是破旧立新的改革，是以一种历史类型的司法制度代替另一种历史类型的司法制度的革命,可以定性为革命性的司法改革。我们党和国家的创始人之一董必武同志是这场改革的领导人和推动者。

第二个阶段是"文化大革命"之后,"文革"十年砸烂公检法,我们的司法体制遭到了严重的破坏,作为中国社会主义司法制度组成部分的检察制度实际上是被废除的,因为检察机关作为检察制度的载体不存在了,所以检察制度实际上是被废除的;审判机关也一度被压缩为审判组并入公安机关,而公安机关则一度实行军管。"文革"以后,为了保障人权,为了恢复被破坏的社会秩序和法律秩序,为了推进社会主义民主的法律化、制度化,我们党提出要恢复社会主义法制,与此相适应的就开始了恢复性、重建性的司法改革。这个阶段不是简单的恢复和重建,而是一种改革创新意义上的重建,体现在 1982 年《宪法》,体现在《人民法院组织法》、《人民检察院组织法》、《刑事诉讼法》、《民事诉讼法》以及之后出台的《行政诉讼法》中,重建、完善和创新了我们的司法制度、诉讼制度。不是简单恢复的例证之一,就是改革法院、检察院与政府的关系,行政权受司法权的监督和制约,以前除了法院院长、检察长是由人民代表大会选举之外,其他的官员都由同级政府来任命,《行政诉讼法》出台之后,彻底打破了这样一种司法与行政人事高度合一的局面,由人民代表大会常委会来决定任免法院和检察院组成人员。

第三个阶段是进入新世纪之后,我国的司法改革转向体制性改革。2002 年,党的十六大首次明确提出开展司法体制改革。2007 年,十七大提出了深化司法体制改革。2012 年,十八大提出了进一步深化司法体制改革。司法体制改革的目标是建设公正高效权威的社会主义司法制度,确保司法机关依法独立公正地行使司法权,让人民群众在每一个司法案件中都感受到公平正义,不断提高司法公信力。在深化司法体制改革的情况下,如果继续"摸着石头过河",就显得力不从心了,所以,要探索司法规律,尊重规律,更要遵循规律。以研究司法规律为问题导向,用科学语言和理论表述出来的司法规律来评判我们司法制度(包括总的体制和具体制度),评判我们司法体制机制是不是符合司法规律,进而为深化司法改革提供新的参照、新的标准、新的导向。这项工作可不是发表几十篇文章、写几本专著,而是要给司法体制诊断,给司法改革开处方,为司法改革输入正能量。

第二,用司法规律研究来凝聚改革共识和改革力量。

实事求是地讲,无论是在司法机关内部、政法系统内部,还是在全国党政系统,远没有就司法改革形成广泛共识。要去地方化,要去行政化,这都是按照司法规律进行的改革,但是阻力却很大。究其原因,除了利益左右和利益羁绊之外,更重要的是对一些规律性的东西没有说清楚,没有给有关机关讲清楚。人类司法文明的普遍规律是什么？司法的共同属性是什么？这些问题,无论是法学界,还是改革的顶层设计单位,都没有向全社会说清楚,所以很难凝聚共识。我们在很多问题上,例如民事执行权的执行主体问题,检察机关自侦案件对犯罪嫌疑人采取强制措施(包括批捕)的正当性问题,看守所管理权的归属等问题,公检法之间就没有形成共识,更没有共同主张。其他很多问题上也是意见纷呈。我觉得凝聚司法改革共识,很大程度上要靠研究司法规律。

第三,遵循司法规律是深化司法改革、推进司法文明的必由之路。

大家注意到,在中央政法工作会议上,在中央通过的司法改革的一系列决定中,都明确地提出了要深化司法改革,司法改革要坚持符合中国国情与遵循司法规律相统一,要创造出高水平的社会主义司法文明。这是把遵循司法规律和推进司法文明,与建设高水平的社会主义司法文明连在一起的。是不是可以这样理解:遵循司法规律本身就是司法文明的标志,也是推进司法文明的要求,也可以说是深化司法改革、推进司法文明的必由之路。从建设比资本主义更高水平的社会主义司法文明的目的出发，也必须加强司法规律研究。

二、关于司法规律的本体论认识

研究司法规律，首先遇到的就是司法规律的本体论问题。我认为，其中有这样几个问题：

第一，要把规律和本质区别开来。规律讲的是事物在运行过程中表现出来的必然联系。如果说本质是静态的一种反映或描述的话，规律这个范畴则是对事物发展变化的一个动态的反映或描述。规律和本质有联系，但不是一个东西，在研究规律的时候，避免把本质性的问题、特征性的问题作为规律来概括。

举一个例子，社会主义法律是人民的意志和党的主张的结晶，我们的法律，既反映了人民意志，又体现了党的主张，这是一个关于法的本质性的概括，就是哲学、法哲学所说的本体论。规律性的概括是什么呢？如何准确地把党的主张和人民的意志结晶为国家意志、制定成为法律，使我们的法律里面能够有机地体现党的意志和人民意志的结合，这就提出了科学立法与民主立法的问题。科学立法和民主立法是把党的主张、人民意志上升为法律必须遵循的基本规律。我举的这个例子不一定很恰当，总的来讲，本质是对于事物的一种静态的反映或描述，规律是对事物运行发展的一种理论概括，这就是两个不同范畴的内涵。

第二，弄清客观规律和科学规律的关系问题。有的时候，我们是从科学规律直接出发的，未必一定是从零做起。自然科学中的物理学、化学、生物科学、社会科学里面都有一些现成的表述规律的科学原理，这样一些表述规律的科学原理，我们称之为科学规律。诸如达尔文的进化论、爱因斯坦的相对论、马克思的剩余价值论、科斯的交易费用论、毛泽东的矛盾论，都是揭示和表述客观规律的科学规律，亦即科学原理。弄清客观规律与科学规律的关系，意义在于:科学规律是我们深入把握客观规律的逻辑起点。今天研究司法规律,我们绝不是从零做起,实际上我们是从已有的科学认知、科学规律出发的。所以,这里就有一个怎样对待有关司法规律的范畴、原理、学说和理念的问题。要摒弃司法规律的虚无主义,不要轻易地说这是某个资产阶级法学家提出的,这是某个资本主义国家的学说,而是要看它是不是对规律的科学表述,是不是科学规律。如果因为不是我们中国共产党人提出的,就加以质疑或者断然否定,我们就不得不回到数千年前,一切从零做起。2014 年 12 月 23 日,习近平总书记在党的十八届四中全会第二次全体会议上指出:"坚持从我国实际出发,不等于关起门来搞法治。法治是人类文明的重要成果之一,法治的精髓和要旨对于各国国家治理和社会治理具有普遍意义,我们要学习借鉴世界上优秀的法治文明成果。"[3]"和平、发展、公平、正义、民主、自由,是全人类的共同价值。"[4]"普遍意义"、"共同价值"就是揭示了法治的客观规律的科学规律。

第三,要把司法规律放在更大的范围来探索。我认为司法规律集中体现了法治规律,是人类政治文明和法治文明在司法领域的特殊形式,也可以说是国家治理规律的具体展开。放在法治文明、政治文明、国家治理现代化这样一个大的范围、大的背景来考虑,概括出来的司法规律就更加贴近人类社会的文明,更加贴近国家治理现代化的发展规律。习近平总书记指出,司法改革是国家治理体系和治理能力现代化的重要组成部分,因此,要概括司法规律,就不能脱离开国家治理体系和治理能力。把司法规律与国家治理现代化规律连接起来,概括出来的司法规律,或者说陈述出来的科学规律,意义就非常重大,而不是局限于一些直接的、在狭小范围内起作用的东西。我们看到在报纸杂志上有各种各样关于司法规律的概括,总觉得大都是细微、枝节的东西。

第四,怎样理解"符合中国国情和遵循司法规律相结合"?时下,经常听到有人说"中国特色的司法规律"、"中国特色的社会主义司法规律”。这就提出一个问题:究竟存在不存在“司法的中国规律”?我以为讲“司法制度的中国特色”、“司法体制的中国特色”,都是言之有理的。但是如果说司法的中国规律,可能难以理解和把握。习近平总书记说司法改革要做到中国国情与司法规律的有机结合,对二者是相提并论的。我觉得讲符合中国国情就是从实际出发,我们的中国国情,就司法和法治领域而言,包括了三千多年的法治文明,我国是处于初级阶段的社会主义社会,现代中国以公有制为主体、多种所有制经济共同发展的社会主义基本经济制度,以中国共产党的领导、人民代表大会制度、共产党领导的多党合作和政治协商为鲜明特色的社会主义政治制度,这就是中国国情。我们现在搞司法改革,符合国情,就是要坚持基本经济制度和政治制度,就是要实现司法权对行政权的制约和监督,以及司法权内部的分工与制约,这就是从中国国情出发。在这个前提下,我们讲遵循司法规律,就是遵循司法的一般规律,是不是就没有太多的必要在遵循司法规律的时候,再来重复一遍符合中国国情的内容,这里我没有想好,因为这里涉及规律和规律的实现形式。

我的导师、著名哲学家高清海先生对这个问题讲得很清楚。他说规律是一回事,规律的表现形式和实现形式是另一回事。我们可以想一想,比如说保证司法公正,大家讲得比较多的是独立司法,这是司法权运行的客观规律,但是这样一种公正,这样一种独立,它在中国的实现形式,在美国的实现形式,在英国的实现形式,可以是不同的。这就是规律实现形式的环境和条件,都是独立性、公正性的规律,但是,在不同的政治体制下,在不同的文化背景下,实现形式可以是多样的。我想,能不能从规律的一般原理出发,准确地理解符合国情和遵循规律这两个方面。

三、概括司法规律的方法论

概括司法规律的方法论,指的是如何发现和表述司法规律。

方法论是研究司法规律的逻辑起点。首先,要明确规律研究的对象和范围。我认为,不要扯得太远,如果说得很远,概括出来的司法规律就难以把握,另外也突出不了重点。我们今天讲司法规律,核心是司法权的运行规律、司法活动的一般规律,这就是我们讲的司法规律的对象和范围。

那么,什么是司法?什么是司法权?什么是司法?国内外有各种观点。习近平总书记在通常的语境下是把司法作为包括侦查、检察、审判、执行等活动在内的一个概念来理解,例如"司法体制"、"司法公信力"、"司法腐败"、"司法改革"等。我国的司法机关包括哪些部门?也有不同观点。习近平总书记明确指出:在我国,司法机关是包括公安机关、检察机关、审判机关、司法行政机关等在内的,并要求"优化司法职权配置。健全公安机关、检察机关、审判机关、司法行政机关各司其职,侦查权、检察权、审判权、执行权相互配合、相互制约的体制机制"。[5]

什么是司法权?更是有不同的理解。习近平总书记基于对"司法"、"司法机关"的理解,对司法权也做出了符合司法规律和中国实际的科学界定,指出:"司法活动具有特殊的性质和规律,司法权是对案件事实和法律的判断权和裁判权。"[6]将司法权界定为"判断权和裁判权",一方面,给了司法权一个开放的结构,司法各个环节都行使着对事实和法律的判断权。另一方面,又强调了在司法权力当中具有决定意义的审判权。审判权的核心是裁判权,无论是侦查,还是检察,说到底都服务于定罪量刑,都是裁判的前期准备工作;司法行政机关执行的是人民法院的裁判,只有裁判才是典型意义、终局意义上的司法。基于这样的认识,可以说,司法改革、司法体制改革,都不单单是法院的改革,不是裁判权的改革。司法权的运行规律,首先指的司法权力体系的运行规律,从司法权力体系的运行规律产生出了司法权优化配置等一系列的改革任务。但是,在司法权体系当中,具有决定意义的是审判权,而审批权的核心是裁判权。所谓的裁判，就是在查明事实真相的基础上，依据法律以及道德、情理、政策等外部性因素做出判决，这是定分止争的判决，是实现权利救济的判决，是维护（恢复）公平正义的判决。在这个意义上来讲，研究司法权的运行规律，着力点要放在研究裁判权的运行规律上，从裁判权的运行规律辐射到了司法权力体系的运行规律，所以司法改革既是全方位的改革，又是以审判为中心的改革。

其次，是要确立参照。我想讲一讲概括司法规律应有的几个重要参照。

第一个重要参照，是人类司法文明的经验和科学认识。从这些经验和科学认识当中反映出自古以来司法规律的一些普遍性的、本质性的东西。人类司法文明的经验和科学认知，体现在许多国家的宪法文本当中，体现在司法制度的文献当中，也体现在联合国有关司法的决议当中。这是我们重要的文化资源和文献资源，必须挖掘出来。看一看世界范围内都是怎么概括司法规律的，算一算哪些项目在全世界范围内被概括得最多。这些东西需要实证研究。关于联合国的有关文献，参与的国家有哪些？制定起草这些文献的法学家都是哪些人？中间有无修改？把这些都研究一遍。诸如无罪推定、疑罪从无等，这么重要的文献肯定不是凭空想象出来的；世界范围内绝大多数法治文明的国家都接受的概括，是有说服力的；中国加入的联合国公约、多边协定，或者中国直接参与起草、审议的文献也是这样表述的，我们更是要持肯定态度。

第二个重要参照，是建国以来特别是改革开放以来党中央主要领导同志关于司法的论述中对司法规律的重要提法、观点，中央文件当中代表官方正式的提法，比如，董必武同志在上世纪 50 年代讲公检法之间分工负责、互相制约；要建立公正、高效、权威的社会主义司法制度，关键词有“公正”、“效率”、“权威”。这几个词语不是随便写出来的，而是代表了全党同志、特别是政法系统领导同志关于社会主义司法制度的规律性认识。再如,党的代表大会和中央委员会的决定中反复强调确保人民法院,人民检察院依法独立公正地行使审判权、检察权,其中的“依法”、“独立”、“公正”三个关键词也体现了我们党对司法规律的科学认知。这些关键词,有的涉及司法的性质与定位问题,有些是涉及司法的价值问题,也有一些是涉及司法的基本要求。显然,应当作为我们的重要的理论依据。

第三个重要参照,是国内外比较经典的法学文献。包括国内外著名法学家、大法官、大检察官、大律师在其著述和言论中关于司法规律的阐述。大家提到了很多,例如柏拉图、亚里士多德、孟德斯鸠、罗尔斯、哈特、孔子、荀子、沈家本等等。还有其他学科领域的思想家,他们对于司法也有很深的研究,有过很精彩的提法,例如英国哲学家培根。

当然,最重要的参照还是中国司法实践,特别是中国特色社会主义司法实践。有很多,例如,以审判为中心的诉讼制度,司法机关之间分工负责、互相监督、互相制约。

从以上提到的主要参照系当中,结合我国学者这些年来对司法规律的概括和论述,我们是有可能提出一个有关司法规律的文本,我们逐条进行阐述,逐条作出论证。在总结全球 75000 名法学家以及 30 个国家的法学研究机构对法治问题调研基础上形成的世界法学家协会《德里宣言》,确认法治的原则包括:第一,立法机关的职能在于创造和维持使个人尊严得到尊重和维护的各种条件。第二,法治不仅要防范行政权力的滥用,而且还需要有一个有效的政府来维持法律秩序,借以保障人们具有充分的社会和经济生活的条件。第三,法治要求正当的刑事程序。第四,审判权、检察权独立和律师自由。我们写司法规律的文本时,也要将这些依据列得清清楚楚。每概括出一个规律,后面都要列出文献的清单:党和国家领导人怎么说的,党的文献怎么说的,著名法学家怎么论述的,国际上、国外的宪法和重要的法典、文献是怎么写的。

一个时期以来,学术界和实务界在司法规律的概括方面难以达成共识,一个重要的原因是“司法规律”这个概念的语义指向不同。根据习近平总书记关于司法规律的论述,以及党的十八届三中全会、四中全会、中央政法工作会议、中央深改领导小组会议关于司法改革应遵循司法规律的具体论断,可以说在中国的语境下,习近平总书记多次强调这一点。司法规律指的是“司法活动的客观规律”、“司法权运行规律”。以此为基点,就容易形成关于司法规律的理论概括和理论共识。

四、司法权运行的根本规律和基本规律

依据上述方法论,可以从两个层面概括司法规律,把司法规律分为根本规律和基本规律。

(一)司法根本规律

司法权既是统一的国家权力体系的组成部分,又是一种相对独立的国家权力。司法权运行既有权力运行的一般规律,又有其特殊规律。其最显著的特殊规律就是司法权行使(运行)的独立性。审判权与检察权独立行使,是最根本最普遍的司法规律。我国宪法、三大诉讼书、法院组织法、检察院组织法,以及党中央一系列重要文件和文献都明确规定司法权依法独立公正行使。习近平总书记更是强调指出:“要确保审判机关、检察机关依法独立公正行使审判权、检察权。……司法不能受权力干扰,不能受金钱、人情、关系干扰,防范这些干扰要有制度保障。”〔7〕“政法机关……只服从事实、只服从法律。”〔8〕我们所实行的“司法独立”并不是西方“三权分立”政治体制下的司法独立。其意味着:第一,国家的司法权只能由国家司法机关统一行使,其他机关、团体和个人都无权行使此项权力。很多国家的宪法都是这样规定的。例如,美国《联邦宪法》第3条第1款规定:“合众国的司法权属于最高法院及国会

随时制定与设立的下级法院。”日本《宪法》第76条第1款规定：“一切司法权属于最高法院及由法律设置的下级法院。”第二，法院、检察院依照法律规定独立行使审判权、检察权，不受行政机关、社会团体和个人的非法干涉。第三，司法机关审理案件必须严格依照法律规定，正确适用法律。

司法权独立行使不意味着司法机关不受监督和制约。坚持司法机关依法独立行使职权原则，并不意味着司法机关行使司法权可以不受任何监督和约束。司法权如同其他任何权力一样，都要接受监督和制约，不受监督和制约的权力必然产生腐败。在我国，各级司法机关必须正确处理好与党委、与权力机关、行政机关以及与人民群众的关系。要服从党委对司法工作的领导，使司法权的行使有政治保证；要接受权力机关的监督，对权力机关负责，维护和实现人民的意志；要接受上级司法机关的监督和指导，保证司法权的统一行使；要接受其他机关、团体和人民群众的监督，以便正确地适用法律，防止司法腐败现象的发生。特别是要正确认识和处理法院与人大的关系。我国宪法、监督法等法律都明确规定人民法院由人民代表大会产生、向人民代表大会负责、受人民代表大会监督。人大及其常委会对法院的监督是法院独立审判不受干扰的基本保证，也是实现司法公正和效率的基本保证。

值得说明的是，司法权独立行使不仅是司法权运行的根本规律，也是一项基本人权。1948年12月10日联合国大会通过并宣布的《世界人权宣言》第10条规定：“人人完全平等地有权由一个独立而无偏倚的法庭进行公正的和公开的审讯，以确定他的权利和义务并判定对他的任何刑事指控。”联合国大会1966年12月16日通过的《公民权利和政治权利国际公约》第14条也明确规定：“在判定对任何人提出的任何刑事指控或确定他在一件诉讼案中的权利和义务时，人人有资格有依法设立的合格的、独立的和无偏倚的法庭进行公正的和公开的审讯。”这两个联合国人权文件明确强调司法的独立性。联合国人权委员会就《公民权利和政治权利国际公约》通过的一般性意见认为，上述规定要求法庭必须依法成立，宪法和有关立法中应有关于司法、行政、立法部门相互独立以及如何设立法庭、如何委任法官以及委任的条件、任职期限、晋升、调职、停职的条件等规定。站在人权的高度，任何对司法权独立行使的干预不仅妨碍司法权健康运行、有损司法的权威和尊严，而且从根本上也是对人权的粗暴践踏。

（二）司法基本规律

在揭示司法权独立行使这一根本规律的基础上，习近平总书记进一步指出，遵循司法规律要体现“权责统一、权力制约、公开公正、尊重程序”，[9]并在其他讲话中多次提出“裁判终局性”。这五条可以说是对司法基本规律的科学概括。

权责统一。权责统一是任何权力正确运行的基本规律，司法权力的运行尤其如此。针对司法权力运行中存在的突出问题，习近平总书记提出，要“健全司法权力运行机制……完善主审法官、合议庭办案责任制，让审理者裁判、由裁判者负责”。[10]

权力制约。司法权力之间的制约或制衡，就是司法权分别由不同机关行使。例如，在刑事诉讼活动中，公安机关行使侦查权，人民检察院行使检察权，人民法院行使审判权，司法行政机关行使刑罚执行权。“推进公正司法，要以优化司法职权配置为重点，健全司法权力分工负责、互相配合、互相制约的制度安排。”[11]

公开公正。司法是维护社会公平的最后一道防线，司法公正是社会公平的底线，维护公平正义是司法与法治的核心价值。如果说公正是司法的本质特征和价值目标所在，那么，公开透明则是确保司法公正的必然要求。

尊重程序。在某种意义上，法治就是程序之治。在司法领域，尊重程序，按照法定程序行使司法权，是确保司法公正和司法公信的客观规律和必然要求。尊重程序，一是要求程序公正合理，二是遵循正当程序。

裁判终局。裁判权是司法权的核心，裁判终局就是强调司法权应有终局性。习近平总书记指出："司法审判本来应该具有终局性的作用。"[12]涉法涉诉信访回归司法程序，就是回归到了司法终局性规律中。司法权的终局性具体表现为两个方面：一是裁决效力的至上性。即对于司法机关作出的生效裁决，除经司法机关依法改判外，其他任何机关、组织或个人均不得变更或撤销。二是裁决效力的终结性，即司法机关对一纠纷作出最终生效裁决后，不得再将这一纠纷纳入司法裁判的范围。正如美国学者埃尔曼所说："具体的言行一旦成为程序上的过去，即使可以重新解释，但却不能推翻撤回。经过程序认定的事实关系和法律关系，都被一一贴上封条，成为无可动摇的真正的过去。"[13]

学术界关于司法权运行基本规律还有两条比较通行的概括，即法官（断案）中立、律师（执业）自由。

法官（断案）中立，法官中立是司法权独立行使在法官身上的一种特殊体现和要求。司法权独立行使必然要求法官中立、裁判居中。法官的中立性根源于诉讼当事人的复合型、对抗性，法官必须在双方或多方当事人之间保持独立和中立地位，而不受其他任何因素的干扰而偏袒一方当事人，唯有此，才能做出公正的判决，所以说法官中立是保证司法公正的必然要求。法官中立也决定于司法的受动性或被动性，受动性或被动性的简明表达就是"不告不立"，不告不立案、未告的事项不由法官提起。美国法学家戈尔丁将法官中立性归纳为三项原则，即与自身有关的人不应是法官；结果中不应含纠纷解决者个人利益；纠纷解决不应有支持或反对某一方的偏见。法官中立意味着法官应在发生争端的各方当事人之间保持一种超然和无偏袒的态度和地位，而不得对任何一方存在偏见、偏好；法官行使司法权审判案件，只服从事实、只服从法律，正如马克思所说,“法官除了法律就没有别的上司,……法官既不属于自我,也不属于政府。”[14]也正如美国法学家卢米斯所说:“在法官作出判决的瞬间,被别的观点,或者被任何形式的外部权势或压力所控制或影响,法官就不复存在了。”[15]为了维护法官中立,必须建立完善有效的法官职业保障制度。

律师自由,即律师职业和执业自由。律师队伍是法治的一支重要力量,在保障法律正确实施、维护当事人合法权益、维护社会公平正义、支持司法机关定分止争、提高司法公信力中能够发挥十分重要的作用。从司法权独立行使的根本规律和普遍规律出发,从律师职业的社会功能和法治功能出发,必然要求律师自由。1959年1月10日世界法学家大会结束时,通过了关于法治问题的《德里宣言》。该宣言指出:为维护法治起见,必须有能自由处理业务的有组织的法律职业,但是亦应有从事法律职业的管理条例,以保障每个律师能够毫无顾虑地“为顾客办案”,不怕国家干涉,不怕金钱、名誉和地位的损失。1990年9月7日联合国第八届预防犯罪和罪犯待遇大会通过的《关于律师作用的基本原则》指出:律师的作用是“为一切需要诉讼的人提供法律服务以及与政府和其他机构合作,进一步推进正义和公共利益的目标。”其目的在于“充分保护人人享有的人权和基本自由,无论是经济、社会和文化权利或是公民权利和政治权利”。因此,律师的独立和自由是律师能抗衡权力和捍卫人权的基本条件。《关于律师作用的基本原则》第14条还规定:“律师在保护其委托人的权利和促进维护正义的事业中,应努力维护受到本国法律与国际法承认的律师自由,并在任何时候都根据法律和公认的准则以及律师职业道德,自由和勤奋地采取行动。”当然,律师自由并不是律师可以为所欲为,律师执业是受到法律规范和律师行业自治规范双重约束的。

注 释

〔1〕 “以提高司法公信力为根本尺度 坚定不移深化司法体制改革”,载《人民日报》2015 年 3 月 26 日,第 1 版。

〔2〕 “增强改革定力保持改革韧劲 扎扎实实把改革举措落到实处”,载《人民日报》2015 年 8 月 19 日,第 1 版。

〔3〕 习近平:“加快建设社会主义法治国家”,载《求是》2015 年第 1 期,第 5 页。

〔4〕 习近平:“携手构建合作共赢新伙伴 同心打造人类命运共同体——在第七十届联合国大会一般性辩论时的讲话”,载《人民日报》2015 年 9 月 29 日,第 2 版。

〔5〕 “中共中央关于全面推进依法治国若干重大问题的决定”,载《〈中共中央关于全面推进依法治国若干重大问题的决定〉辅导读本》,人民出版社 2014 年版,第 21 页。

〔6〕 习近平:“在中央政法工作会议上的讲话”,载《习近平关于全面依法治国论述摘编》,中央文献出版社 2015 年版,第 102 页。

〔7〕 习近平:“在十八届中央政治局第四次集体学习时的讲话”,载《习近平关于全面依法治国论述摘编》,中央文献出版社 2015 年版,第 69 页。

〔8〕 “坚持严格执法公正司法深化改革 促进社会公平正义保障人民安居乐业”,载《人民日报》2014 年 1 月 9 日,第 1 版。

〔9〕 “以提高司法公信力为根本尺度 坚定不移深化司法体制改革”,载《人民日报》2015 年 3 月 26 日,第 1 版。

〔10〕 “中共中央关于全面深化改革若干重大问题的决定”,载《〈中共中央关于全面深化改革若干重大问题的决定〉辅导读本》,人民出版社 2013 年版,第 33—34 页。

〔11〕 习近平:“加快建设社会主义法治国家”,载《求是》2015 年第 1 期,第 7 页。

〔12〕 习近平:“在十八届中央政治局第四次集体学习时的讲话”,载《习近平关于全面依法治国论述摘编》,中央文献出版社 2015 年版,第 67 页。

〔13〕 季卫东:《法治秩序的建构》,中国政法大学出版社 1999 年版,第 18 页。

〔14〕 《马克思恩格斯全集》(第 1 卷),人民出版社 1956 年版,第 180 页。

〔15〕 转引自[英]罗杰·科特威尔:《法律社会学导论》,华夏出版社 1982 年版,第 236—237 页。

关于司法公信建设的若干问题 *

一、为什么要全面推进司法公信建设

第一，全面推进司法公信建设是党中央对司法工作和司法改革目标的政治要求。

司法公信是社会公众对司法制度的认同，对司法权运行过程及结果的尊重与信服。司法公信是司法工作的政治要求，是党的领导、人民当家作主、依法治国有机统一在司法领域的具体要求。胡锦涛总书记在党的十七大报告中提出，司法改革的目标是要"深化司法体制改革，优化司法职权配置，规范司法行为，建设公正高效权威的社会主义司法制度，保证审判机关、检察机关依法独立公正地行使审判权、检察权"，检验这一目标是否实现以及实现程度如何的最终标准就是司法公信力。司法公信与政府公信共同构成社会信用体系的基石。党的十七届六中全会上提出，要大力推进政府诚信、商务诚信、社会诚信和司法公信建设。最高人民法院提出"从严治院、公信立院、科技强院"的工作方针，将"公信立院"作为人民法院的安身立命之本。2011 年 12 月，全国高级法院院长会

---

* 本文是作者 2012 年 2 月 22 日在吉林省法院系统开展司法公信力建设相关工作会议上的讲话节选。

议又指出,当前人民法院维护司法权威、提升司法公信力的要求更加紧迫,要求着力加强司法公信建设。

第二,全面推进司法公信建设是人民法院人民性的本质要求。

“民为国之本,众为邦之基。”在谈到司法工作的性质时,我们总会强调“人民法院”、“人民司法”。人民性是人民法院的本质特征和司法工作政治属性的集中体现,从人民法院诞生之日起,为人民服务就是法院的根本宗旨。司法公信是人民法院人民性的本质要求,是人民法院的生命力所在,也给人民法院提供持续的正当性基础。如果法院丧失公信力,就会影响人民委托行使的司法权的合理运行。胡锦涛总书记在同全国政法工作会议代表和全国大法官、大检察官座谈时指出:“政法工作搞得好不好,最终要看人民满意不满意。”人民满意是法院工作的出发点和落脚点,同时也是检验法院工作的根本标准。我们是不是交了一份让人民群众满意的答卷,则要看司法公信力特别是司法核心公信力。

第三,全面推进司法公信建设是充分发挥人民法院职能作用的现实要求。

司法公信是人民法院整体工作成果的集中体现,是法院充分发挥职能作用的充分条件。几年来,在全省法院系统全体法官干警的辛勤工作与不懈努力下,各级党委对人民法院的工作总体上是满意的,广大人民群众和社会各界对法院工作的评价总体上是良好的。从省十一届人大二次会议到五次会议,四年来,法院工作报告均高票通过,特别是今年取得94.1%的支持率,在以按表决器方式表决工作报告的全国二十二个高级法院中名列第五,进入先进行列。延吉市法院的工作报告更是取得100%按表决器表决支持率的骄绩。

但我们也要清醒地认识到,在社会主义初级阶段,由于我国的法治建设还存在较大的发展空间,人民法院的外部司法环境还不是十分完善,人民法院自身的科学发展还有待进一步提高,司法的公信力是十分脆弱的。作为司法公信的前提条件，人民法院依法独立行使审判权的宪法原则在一些地方仍未得到有效落实。一些群众“信访”不“信法”，涉诉信访案件数量居高不下，处理难度加大，特别是非正常访、重复访、越级访、进京访数量较多，给法院正常的审判工作带来较大影响。新兴媒体迅猛发展，社会公众对审判工作更加关注，少数案件在网络推手的炒作下持续发酵，造成不良影响。一些法官司法能力不强、一些案件裁判不公、个别干警作风不端、司法不廉等问题严重损害了法院信誉和法官声誉。我们的司法公信力与党中央和最高人民法院的要求、特别是与人民群众对司法工作的期待和我们所要实现的工作目标相比，还存在一定的差距，人民法院全面提升司法公信的现实要求更加紧迫。

二、如何全面提升司法公信力

第一，始终坚持以公正司法建公信。

公平正义是社会主义法治的价值追求，是社会主义法治理念的重要组成部分。司法公正是社会公平正义的底线。是人民群众对法院的首要价值诉求，是提升司法公信力的关键所在。司法公正包括实体公正和程序公正。一定要牢固树立实体法与程序法并重的观念，坚持把程序公正作为实体公正的重要保障。要注重由司法效率来保证司法公正，树立“迟来的正义不是正义”的理念。如果效率低下，案件久拖不结，在当事人疲惫不堪的情况下拿到一个“公正”的判决，此时的当事人对司法机关已经没有什么感激，更谈不上什么公正感、信任感。因此应坚持公正与效率的辩证法，以公正统领效率，以效率保障公正，始终把确保办案质量作为人民法院工作的生命线，坚持以司法公正保障社会公平正义的实现。

第二，坚持以公开司法促公信。

司法公开是一种自信，一种力量，是树立和提升司法公信的重要途径。通过司法公开可以全面保障人民群众的知情权、参与权、表达权和监督权，使司法权在阳光下运行、在规范和监督下运行、在公众信任的氛围中运行。在当今网络信息时代，公众对司法信息需求量越来越大，对司法公开的信息及时性要求越来越高，司法领域的热点多、触点多、燃点低。实践表明，越是公开，越容易消除人民群众对司法工作的疑虑、误解甚至不满，越容易及时正确回应人民群众的司法需求，司法公信也就越牢固。因此，我们不仅要通过审判活动实现司法公正，而且要以人们看得见的方式实现司法公正，让裁判或认定的过程变成当事人感受民主、客观、公正的过程。去年全省法院开展的司法公开促进年社会反响很大，效果良好，今年要把这项工作继续深入开展下去。

第三，坚持以廉洁司法保公信。

在法治社会，司法被看作是维护社会公平正义的最后一道防线，所以一方面人民群众往往对法官寄予极高的期许，甚至高于政府工作人员，另一方面对司法不廉难以容忍，对司法腐败极为痛恨。法院系统出现的极少数腐败案例往往具有负面的放大效应，迅速瓦解公众对司法公正的信心，损害法院的形象与威信。“公生明，廉生威”，必须坚持抓好队伍建设，加强惩治和预防腐败体系建设，大力开展社会主义核心价值体系和政法干警核心价值观教育实践活动，夯实廉洁司法根基，树立良好司法形象，以清正廉洁守住公平正义底线，以“靠得住、信得过、有本事、高素质”的法官队伍保障司法公信力不断提升。

第四，坚持以严格司法提公信。

严格规范的司法行为是提高公众获得公正判决信心的重要因素。司法行为不规范极有可能引起公众对法官依法公正审判的合理怀疑，在一定程度上阻碍公众对司法信任感的建立。如果当事人对审判结果毫无把握，公众对法律适用毫无预期，那么司法公信必然大打折扣。所以我们一定要严格遵守以事实为根据、以法律为准绳、以政策为导向的法律原则，切实把握证据关、事实关、法律关、政策关。一定要严格遵守法律程序,规范司法行为。要深入推进法律适用的统一,探索建立法律适用不统一的发现、解决、反馈工作机制,充分发挥典型案例的审判指导作用,深入推进量刑规范化改革,正确行使自由裁量权,确保罪责刑相适应。这是防止法官恣意擅断滋生腐败的有效途径,也是避免公众对相似案件产生量刑畸轻畸重直观印象的有效途径。

第五,坚持以和谐司法筑公信。

和谐司法是司法公信状态良好的最终表现。其内涵包括:司法目的和谐,司法职能和谐,司法过程中各个主体之间和谐,司法工作模式和谐。和谐司法要注重法律效果与社会效果的有机统一,努力实现案结事了人和。要强化联动司法,注重发挥社会主义司法的政治优势和工作优势。要切实尊重、维护当事人的诉讼权利及选择,并避免当事人之间在诉讼结构关系上的失衡。要进一步丰富和发展司法便民措施,通过诉讼引导、案件查询、巡回审判、假日法庭、判后答疑等工作,使群众感受到司法的亲和力,增进对法院的感情认同。要进一步加大司法救助力度,积极协调有关部门推进司法救助基金,加大对加害人无力赔偿、被执行人无财产可供执行的各类案件受害人以及其他涉诉困难群众的社会救助力度。要深入贯彻落实"调解优先、调判结合"原则,进一步加强司法调解与行政调解、人民调解和各种社会调解的有效对接,充分发挥人民法院在大调解格局中的主力作用和多元纠纷化解机制中的主导作用,全力化解矛盾纠纷,促进社会和谐。

三、如何评价司法公信建设水平与成效

司法公信建设涉及法院工作的方方面面,司法公信力水平的检验标准是多重的,概括地说,可以包括法院外部评价标准和内部评价标准两个方面。具体而言,主要是以下几个指标:

一是人民法院工作报告在人民代表大会上的通过率。这是由

我国人民代表大会的基本政治制度决定的。我们要努力使通过率保持在高位,避免大幅波动。

二是社会各界的日常议论。要力争在群众中间树立人民法院的良好口碑。司法公信要以人民群众的认可度作为最终评价标准,敢不敢把人民群众的评价直接摆在面前,敢不敢把人民群众的评价与我们所做的工作进行比对,是真正的试金石。这首先需要研究建立由社会调查机构进行民意调查、评估机制,以全面了解社会各界对法院工作的评价。

三是是否出现引起社会高度关注的负面报道,或者出现后是否迅速妥善处置扭转为正面影响。在当今"人人是麦克风"的信息时代,个别司法丑闻往往长时间重创司法公信力,在这方面,河南赵作海案、云南李昌奎案、南京彭宇案给我们的教训是深刻的。所以我们一定要加强与各类媒体包括新兴媒体的合作,掌握主动权和话语权。对影响性诉讼要做好舆情分析工作,坚持正确的舆论导向,参与舆论形成的商谈、对话过程,营造理性、平和的法治舆论氛围和司法环境,防止情绪化、非理性化的社会舆论贬损司法公信力。

四是服判息诉率。司法权运行良好的一个具体表现就是案结事了人和,生效判决能够自动履行。所以我们要提升裁判说理说服能力,尽最大努力降低上诉、申诉、抗诉比例,减少向党委、人大和上级法院信访总量,遏制涉诉信访高发势头,最大限度地满足人民群众的司法需求。

五是执行情况。严格依法执行,不仅可以有效保障胜诉当事人的权益,维护法律尊严和司法权威,而且可以维护社会主义市场经济秩序,促进和完善社会信用体系建设。要切实加大执行力度,加强执行联动机制建设,妥善化解执行积案。

六是"调解优先、调判结合"原则落实情况。要充分发挥调解在人民群众中化解矛盾、促进和合的传统优势,确保多元纠纷解决机制运行良好，大量民商事纠纷能够在诉前得到有效化解，最大可能地减轻人民群众讼累。

七是廉政建设情况。个别法官干警违法违纪的反面案例会给法院的司法公信造成“硬伤”和“重创”，这方面的经验教训是深刻的。我们一定要警钟长鸣，最大限度地防止违法违纪情况的发生。

全面推进依法治国应当倍加重视司法*

党的十八大做出了全面推进依法治国的政治宣言和战略部署,使中国特色社会主义法治建设进入新时代新阶段。

全面推进依法治国,应当倍加重视司法。人们发现,十八大报告对司法的重视程度是前所未有的,在十八大报告当中,“司法”一词出现九次之多,而作为关键词出现的也有七个,包括“司法公信力”、“公正司法”、“司法体制改革”、“司法公开”、“司法公信”、“司法基本保障”、“坚持和完善中国特色社会主义司法制度”等。这预示着“司法”将是未来中国法治关注的重点和核心问题。

一、倍加重视司法的客观原因和内在依据

全面推进依法治国,应当也必然要高度重视司法。这样的判断,有其客观依据和内在逻辑:

第一,中国特色社会主义法律体系形成之后,法治建设的重心转向了以司法为主要内容和根本保证的法律实施。司法机关作为国家专门的法律适用机关,在全面推进依法治国进程中所承载的社会历史使命空前加强。

---

* 本文是作者 2012 年 12 月为中央领导机关提供的咨询报告。

第二，新世纪以来，我国进入全面建设小康社会的新时期，同时也进入了社会矛盾的凸显期。与此同时，人民群众越来越习惯于从法律的角度提出利益主张和诉求，越来越寄希望于通过司法程序解决矛盾纠纷，致使社会矛盾纠纷以司法案件的形式大量地涌入法院，人民法院去年受理的案件超过1200万件，持续呈现诉讼“井喷”、诉讼“爆炸”的态势，我国超乎预料地提前进入“诉讼社会”，人民法院成为各种利益的竞技场、各种社会矛盾的集散地，成为定分止争、惩恶扬善、维护公正、促进社会和谐的核心领域，成为全社会高度关注并极易引发社会热点和舆论炒作的敏感地带。

第三，随着我国依法治国进程加速，人民群众对司法的需求越来越多元化，对司法的期望值也越来越高。但司法机关化解矛盾纠纷、救济合法权益、维护公平正义、促进社会和谐的司法能力远不适应人民群众日益增长的司法需求。社会日益增长的司法需求与人民法院司法能力相对不足这一基本矛盾在新的历史阶段还将长期存在，并可能更加突出。

二、应在七个方面关注和重视司法

结合党的十八大报告和我国司法现状，应从以下七个方面高度关注和重视司法，推进司法改革和司法建设。

（一）切实加强和改进党的领导

十八大提出要加强和改进党对政法工作的领导，非常重要、十分及时。司法权是党的领导权和执政权的重要组成部分，司法是党依法执政的重要途径。这就决定了必须切实加强和保证党对司法的绝对领导，以保持司法机关的政治本色、政治方向、政治责任。当前，除了继续加强党对司法的政治领导和思想领导之外，必须更加重视组织领导。为此，建议：把法院院长、检察长、公安厅（局）长共同作为同级党委政法委的副书记；鉴于人民法院既是救济权利、定分止争、维护公正的最后一道防线，也是维护法律尊严和权威的最后一道防线，人民法院院长是诉讼案件质量的最后把关人，有条件的地方可以试行由同级党委常委或副书记兼任法院院长；推行下级法院领导干部由上级法院党组与地方党委共管的模式，扩大上级法院党组在法院干部选拔任用上的话语权，特别是下级法院院长应由上级法院提名、并由上级人大任命；国家大法官、大检察官（含首席大法官、首席大检察官）经人大选举公告之后由国家主席颁发任命书。

在加强党对司法领导的同时，要切实改进党对司法的领导。一是各级党委要善于运用法治思维和法治方式领导司法，提高领导司法的法治化水平，要尽可能不用行政领导的方式领导司法，避免司法行政化趋势。二是要真正尊重和遵循司法规律，不断提高领导司法的科学化水平，司法权既是统一的国家权力体系的组成部分，又是一种相对独立的国家权力。司法权运行既有权力运行的一般规律，又有其区别于立法权和行政权的特殊规律。各级党委要深入研究司法规律，尊重和遵循司法规律。三是要旗帜鲜明地支持司法机关依法独立公正地行使审判权和检察权，防止以党代司、以言废判（决），支持司法机关抵制地方保护主义、部门保护主义、特权保护主义对司法的干扰。

（二）树立和维护司法的尊严和权威

十八大报告多次强调要维护法制的统一、尊严和权威。随着中国特色社会主义法律体系的形成，切实保障宪法和法律的有效实施，切实维护法律体系的尊严和权威，成为全党全社会面临的突出问题。实事求是地说，当前无论是在全社会的法治观念和行为习惯中，还是在司法实践中，法律被尊重和遵从的程度远远低于现代法治国家的平均水平。因此，树立和维护我国法律体系（法制）的尊严和权威，就显得尤为重要和迫切。

维护法律的尊严和权威的重要条件是树立人民法院的尊严和权威。在法治国家中,法院是维护法律尊严和权威的有力保障和最后环节,而一旦法院缺乏应有的尊严和权威,法律的尊严和权威必将一落千丈。树立人民法院的尊严和权威,基础是要树立人民法院生效裁判的尊严与权威。法院的裁决是适用法律的结果,最高人民法院的裁决具有终局效力。尊重法院的裁决、特别是最高人民法院的终审裁决就是尊重法律,反之,就是藐视法律。当前人民法院的尊严和权威受到种种挑战,难以履行捍卫法律尊严和权威的神圣职责。例如,民告官案件审判难挑战法院权威,民事裁判执行难挑战法院权威,信访浪潮挑战法院权威。多年来,涉诉信访始终居高不下,主要原因在于许多信访案件经过人民法院逐级审查确认为无理访、已被排除在司法程序之外,但是时常因为维稳的压力又回流到司法程序。久而久之,老百姓信访不信法,司法的尊严和权威、特别是最高人民法院的尊严和权威随之受到不应有的损害。

树立人民法院的尊严和权威必须全面深化司法体制改革,确保人民法院依法独立公正行使审判权。党的十五大首次正式提出司法改革以来,历次党代会都把保证(确保)审判机关、检察机关依法独立公正地行使审判权、检察权作为司法改革的目标定位,这样的改革定位是符合司法规律的,也是顺应了人民群众日益增长的司法需求,更是抓住了我国司法改革的“牛鼻子”。人民法院依法独立公正行使审判权,既是党的意志和主张,也是广大人民群众的期望和要求。树立人民法院的尊严和权威必须把人民法院置于党的领导和人大监督之下,依靠党的领导这一政治优势,依靠人大的监督排除对审判权运行的非法干扰。树立人民法院的尊严和权威必须全面加强人民法院自身建设,确保人民法院公正高效廉洁行使审判权,迅速提高人民法院的公信力。树立人民法院的尊严和权威,首先要树立最高人民法院的尊严和权威。如果最高人民法院没有尊严和权威,其尊严和权威不能真正树立起来,那么地方各级人民法院的尊严和权威就更加无从谈起,法律的尊严和权威也就无法保障。

(三)深化司法改革,坚持和完善中国特色社会主义司法制度

继党的十五大、十六大、十七大之后,十八大再次把司法改革作为政治体制改革和实施依法治国基本方略的重大任务提出来,足见这个问题任重道远。

改革开放三十多年来,我国的司法改革经历了从零敲碎打到整体纵深推进的过程,中国特色社会主义司法制度得以形成并不断完善和发展,中国特色社会主义司法制度的优越性也得到有力展示和发挥。根据十八大关于司法改革、政治体制改革、全面推进依法治国的论述,结合当前我国司法领域的突出问题,建议适时推进新一轮的司法改革。新一轮的司法改革应把以下问题作为改革的着力点:第一,以坚持和完善中国特色社会主义司法制度、完善和创新司法体制为目标,适当修改宪法关于司法的有关条款,启动《人民法院组织法》和《人民检察院组织法》的修订。第二,以强化对行政相对人的诉权保障为核心、畅通行政诉讼救济渠道为出发点,抓紧《行政诉讼法》的修改,使行政诉讼法有效引导人民群众以理性合法的方式表达诉愿,通过司法程序、在法律范围内实现权利救济、正义伸张、矛盾化解,最大限度地预防矛盾纠纷在司法程序和法律范围之外聚集蔓延,以致酿成恶性事件或群体性事件。第三,着力建立诉调对接、多种调解方式有机衔接的多元化纠纷解决机制。司法源于纠纷,其基本功能也在于化解纠纷。因此,司法改革要以有效解决诉讼纠纷为立足点,以法律形式保证诉讼调解机制建设、诉调对接机制建设、多元纠纷解决机制建设的依法推进,并确保化解社会矛盾、促进社会和谐的职能作用得以充分发挥。

第四，完善法律援助和司法救助制度。第五，加快推动民事执行制度改革，把执行权和执行工作从人民法院剥离出去赋予司法行政机关，实行审执分离，为从根本上保障人民群众胜诉权益、破解执行难问题提供法律依据和制度保障。第六，以审判权为中心，进一步优化司法机关职权配置，实现司法职权配置科学化。就司法权力体系而言，审判权是司法权的核心。在司法改革中，突出审判权这一核心，侦查权、检察权、执行权和司法行政权都应当围绕审判权来设置和运作，确保司法机关之间的职权配置更加符合司法的客观规律，更加符合司法事业的发展方向，更加有利于维护法律的尊严和权威，有利于保障人权。第七，积极探索法院体系改革，实现法院组织体系最优化。一是优化上下级法院之间的关系，总的考虑是以保障各级法院独立行使审判权为前提，探索建立紧密型的审判监督、业务指导、干部共管和条件保障机制。二是适应保护生态环境和生态文明建设的需要，保护知识产权和建设创新型国家的需要，适应专业化处理这两个领域的权利交易、权利救济、责任风险承担和利益冲突，有必要设置统一法院体系之下的环境法院、知识产权法院等专门法院及上诉法院，形成相对独立的审判体系和诉讼制度，以更加有效地应对日益增长的多元化、复杂化的司法需求。

（四）全面推进司法文明建设

十八大提出要加快建设社会主义法治国家，发展社会主义政治文明。在发展政治文明的过程中，要大力推进司法文明建设。司法文明是现代政治文明的核心内容和主要标志，也是社会文明的基本标志和重要保障。司法文明有五个支点，即科学的司法理论，先进的司法制度，公正的司法运作，卓越的司法精英，理性的司法文化。

推进司法文明建设，一要探索科学的司法理论。科学的司法理论是司法文明的思想源泉，也是司法文明建设的理论指南。要以中国特色社会主义理论体系和法治理论为指导，总结改革开放以来我国司法改革、司法建设、司法工作的实践经验，回顾和总结中国特色社会主义司法道路，在此基础上，加快形成中国特色社会主义司法理论体系，增强司法理论对司法实践的指导性，提高中国特色社会主义司法理论体系在世界司法理论和实践当中的话语权。二要建构先进的司法制度。先进的司法制度是司法文明的根本保障。要善于吸收借鉴中华传统司法文化的优秀基因和人类社会司法制度的优秀成果，积极回应人民群众的司法需求，深化司法体制机制改革，不断完善和创新中国特色社会主义司法制度。三要促进公正的司法运作。公正的司法运作是司法文明的轴心和基石。司法公正性依赖于其独立性，独立性根源于诉讼当事人的复合型、对抗性，法院必须在双方或多方当事人之间保持独立和中立地位，而不受其他任何因素的干扰而偏袒一方当事人，唯有此，才能做出公正的判决，所以说司法权独立行使是保证司法公正的必然要求，没有司法权独立行使就没有司法公正。司法的公正性也依靠有效的监督，要构建人大法律监督、党委政法委执法监督、纪检机关法纪监督、检察机关诉讼监督、政协民主监督和广泛的社会监督融一体的监督体系，把司法运行置于监督之中。四要培养卓越的司法精英。卓越的司法精英是司法文明的人力和智力支撑。要进一步推进司法精英化建设，提升职业能力、锻造职业精神、培养职业自律；同时进一步深化司法人才培养机制改革和政策创新，培养造就大批具有执著信念、优良品德、丰富知识、过硬本领的高素质司法卓越人才，努力建成具有独特职业意识、职业技能、职业道德和职业地位的司法职业共同体。五要培育理性的司法文化。理性的司法文化是司法文明的社会基础。要在全社会深入开展司法文明的宣传教育，弘扬社会主义法治精神和司法理念，努力形成全社会理解司法、认同司法、信任司法、善用司法、支持司法、维护司法权威的良好司法文化。

(五)加强司法公信建设,提高司法公信力

十八大报告既将司法公信作为道德领域需要专项教育和治理的突出问题,又把司法公信力不断提高作为依法治国、政治文明和全面小康社会的基本目标。可以说,这是有的放矢、切中要害、抓住关键。

加强司法公信建设、提高司法公信力,要突出做好这样几个方面的工作:第一,坚持以公正司法建公信,公正是司法的最高价值,也是司法的本质要求,更是当事人和全社会的期盼,公正是司法公信的基石,司法机关必须坚守公正底线,最大限度地做到公正司法,维护法律公正和社会公正。第二,坚持以公开司法促公信。要坚持司法公开,增加司法透明度,让司法权在阳光下运行。为此,要严格贯彻落实法律和中央司法机关关于司法公开的一系列规定,充分保障当事人的知情权利,保障社会的监督权。第三,坚持以严格司法提公信。严格司法,正确理解和适用法律,是司法公信的根本前提。佘祥林、赵作海等冤假错案的发生是对司法公信的极大杀伤,根子在于没有严格司法。为确保严格司法,司法机关必须坚持依法独立行使司法权的宪法原则,坚持以事实为依据,以法律为准绳,以政策为指导,绝不允许徇私枉法、贪赃枉法,同时要敢于抵制和排除以言代法、以权压法、以"协调"判案等的干扰和压力。要加强和创新审判管理和审判监督,建立科学的案件质量监督管理机制,严把案件质量关,下大力气解决少数案件办案质量不高,徇私枉法、裁判不公的问题。第四,坚持以廉洁司法保公信。廉洁司法是司法公信的道德基础。要更加突出司法机关的反腐倡廉建设,确保法官队伍清正廉洁,坚决防止"人情案、关系案、金钱案"的发生,严厉查处办案中的违纪违法问题,避免司法腐败对司法公信的杀伤。第五,坚持以和谐司法筑公信。以和谐的理念、和谐的模式、和谐的方法,最大限度地化解矛盾纠纷,最大努力地促

进社会和谐。要牢固树立司法为民的理念,认真落实利民惠民便民措施,有效减少人民群众诉讼成本;要进一步加大司法救助力度,积极协调有关部门推进司法救助基金建设;要深入贯彻落实“调解优先、调判结合”原则。总之,要通过和谐司法使群众感受到司法的亲和力,增进对司法机关的认同度、信任度和满意度。

(六)加强司法队伍建设

党的十八大报告提出要加强政法队伍建设。在政法队伍建设中,法官、检察官队伍建设具有不同于公安警察队伍建设的特殊性,不能按照一个思路、一种模式来抓政法队伍建设。就司法队伍建设来说,一是要深入开展“社会主义核心价值观”、“政法干警核心价值观”、“社会主义法治理念和司法理念”主题教育实践活动,坚持不懈地强化政治建设、思想建设、作风建设、廉政建设、道德建设。二是要以贯彻实施《法官法》、《检察官法》为主线,深入推进法官职业化和检察官职业化,以适应我国工业化、信息化、城镇化、农业现代化条件下法律技术化、信息化、高智化和案件复杂化对司法专业化的迫切需求。三是重点加强基层法院、检察院队伍建设,把真正学法懂法、崇尚法治、具备法律思维和法律实务技能的人才充实到基层法院和检察院,彻底解决基层法院、检察院案多人少、素质偏低、人心不稳、流失严重的问题。四是全面提升法官、检察官的司法能力,既要提高他们采信证据、适用法律的能力,也要重视提高他们把握社情民意的能力、群众工作的能力、定分止争的能力。五是在法官、检察官中树立追求真理、追求公正、追求和谐,坚持党的事业至上、人民利益至上、宪法法律至上的法律职业精神。

(七)强化司法基本保障,优化司法环境

十八大报告明确提出要强化司法基本保障。司法基本保障包括硬件和软件两个方面,一是物质保障,二是司法环境保障,二者

具有同样重要的意义。

关于物质保障。最近几年，司法的物质保障有了较大改善，但仍存在较为突出的问题。第一，由于高级人民法院和中级人民法院的办案经费没有纳入中央财政的支持范围，致使部分高级法院和大部分中级法院在受理案件剧增、办案支出扩大而同时诉讼费用锐减的情况下办案经费紧张。第二，城区法院的物质保障水平远远低于县级法院。为此，建议尽快研究建立人民法院经费保障长效机制，将人民法院人员经费、公用经费、办案经费全额纳入财政预算，与诉讼费收入彻底脱钩；加大中央和省级财政转移支付力度，有效保障高级法院、中级法院和城区法院正常运转和法庭建设、信息化建设、基础设施建设、装备建设。

关于司法环境保障。当前，依法独立公正司法的环境有待改善。一些地方司法环境不优的问题比较突出。地方保护主义、部门保护主义的干扰，以权压法、权大于法、迫使司法机关滥用职权、违法办案的现象时有发生，导致司法不公、冤假错案，甚至引发大规模群体性事件，特别是在土地征用、房屋拆迁、社会保障、高速公路建设、新农村建设等领域尤为突出。越是往下，司法机关依法独立公正办案的压力越大。优化司法环境，必须充分发挥中国特色社会主义司法制度的政治优势，紧紧依靠党委的坚强领导、人大的有力监督和支持，依靠政府的积极支持和配合，依靠舆论的正确导向和支持。

人民法院在社会建设和社会管理中的定位和作用*

推进社会建设,创新社会管理,是全面建设小康社会的题中之义,是实现中国社会现代化的战略举措。人民法院在社会建设和社会管理中应当发挥而且可以发挥巨大作用。

一、人民法院在社会建设和社会管理中的定位

第一,人民法院是依法管理社会的重要形式。加强社会建设,创新社会管理,是党的十七大以来中央一以贯之的指导思想,尤其是党的十七届五中全会以来,中央把加强和创新社会管理摆在了更加突出的位置,作为各级党委和政府的一项重要的中心工作。加强和创新社会管理,首要标志是依法管理。人民法院工作是党和国家通过法律手段管理社会事务的重要方式,是社会建设和社会管理的重要组成部分,在社会建设和社会管理中的基本任务就是通过定分止争、惩恶扬善、弘风阐化、权利救济、人格恢复、社会矫治等方式来引导社会从失范无序到规范有序,把社会建设和社会管理纳入法治的轨道,协调社会关系,化解社会矛盾,促进社会

---

* 本文是作者为中国法学会审判理论研究会2012年年会撰写的论文。

公正，维护社会稳定，实现社会的长治久安。

第二，人民法院是实现公平正义的最后防线。社会管理创新必须建立在公平正义的基础上，建立在法治的基础上。公平正义，是社会主义法治的价值追求，是社会主义司法理念的核心。十六大提出，社会主义司法必须保障在全社会实现公平与正义，明确指出了社会主义司法制度的根本价值。这对社会主义司法提出了更高的标准和要求。人民法院在社会建设和社会管理中必须坚持把公平正义作为司法的价值追求。牢固树立实体法与程序法并重的观念，坚持把程序公正作为实体公正的重要保障。严格遵守以事实为根据、以法律为准绳、以政策为导向的法治原则，切实把好证据关、事实关、法律关、政策关。切实维护法律权威，规范司法行为，深入推进法律适用的统一，探索建立法律适用不统一的发现、解决、反馈工作机制。始终把确保办案质量作为人民法院工作的生命线，以司法的权威保障公平正义的实现。

第三，人民法院是化解矛盾纠纷的必由之路。社会管理的重要方面是及时、有效化解社会矛盾纠纷，促进社会和谐。当社会矛盾纠纷大量增多而私力救济无法解决的时候，就需要有一种超越当事人的公力救济来解决矛盾纠纷，法院由此应运而生。法院产生的直接原因就是社会出现了矛盾纠纷。因此，解决社会矛盾纠纷就是法院最基本的职能。现阶段，随着经济体制深刻变革、社会结构深刻变动、利益关系深刻调整、思想观念深刻变化，社会矛盾日益凸显，对人民法院依法妥善协调各方面的利益关系，最大限度地化解社会矛盾纠纷，提出了更迫切、更现实的要求。形成矛盾纠纷的原因是多方面的，解决矛盾纠纷的途径和方法也应该是多元化的，但无论选择怎样的解决途径和方法，其最终目的都是要定分止争、案结事了、息事宁人。就人民法院而言，案结事了是实现审判工作法律效果和社会效果相统一的基本标志，是社会矛盾纠纷通过司法渠道得到有效化解的最终表现形式。以我省为例，年均受理各类民事案件 16 万件，涉诉涉法人数上百万人，90% 以上服判息诉，实现了人与人、人与社会的和平共处、和谐相处。

二、人民法院参与社会建设和社会管理的方式

第一，以执法办案为立足点，推动社会建设和社会管理。执法办案如同农民种地、工人做工、官员办公、教师育人，是人民法院的第一要务，处理各类案件化解矛盾纠纷的过程，本身就是发现社会问题、弥补管理漏洞的过程，就是参与社会管理、理顺社会关系的过程。人民法院推进社会建设和社会管理，首先就是要立足本职工作，充分发挥审判职能，把受理的案件审理好、执行好。从我国三大诉讼角度看，人民法院的主要职能有三项：通过审理刑事案件，惩治刑事罪犯，打击和抑制犯罪分子及其犯罪活动，维护和保障社会稳定；通过审理民商事案件，平息和化解各种利益纠纷和冲突，使人民群众的合法权益得到维护，受到损害的社会关系得以修复；通过审理行政案件，化解行政争议，监督和支持行政机关依法行政，调节和平衡各种社会关系。人民法院作为社会矛盾处理的终局机关，通过依法审理案件，回应社会诉求，解决社会纠纷，维护社会公正，实现对社会秩序的有力调控，这正是人民法院参与社会管理的核心职能所在。

第二，以司法为民为着力点，推动社会建设和社会管理。人民法院推进社会建设和社会管理创新，要始终坚持司法为民宗旨，围绕司法为民多做文章、做好文章。要优先审理好涉及民生问题的案件，着力保护人民群众最关心、最直接、最现实的合法利益。当前，要密切关注物价上涨及房贷等政策变化对民生的影响，依法妥善审理好劳动就业、社会保障、教育、医疗、住房、消费等领域的涉诉案件，切实维护人民群众切身利益。审慎处理在推进城镇化建设进程中发生的土地征用、房屋拆迁等行政争议案件，正确行使好决定相关非诉行政执行的司法审查权力，既要积极支持政府民生

工程的推进，更要有效避免群众利益受损。依法扩大简易程序适用范围，进一步提高司法效率，最大限度地减轻当事人讼累。进一步完善司法便民、利民工作机制。在认真总结经验的基础上，进一步加强立案信访窗口建设，完善功能设置，规范工作制度，继续广泛推行假日法庭、巡回审判、就地听证等灵活性审判工作方式，入村进厂就地就便审理案件。进一步完善法律援助制度，让确有经济困难的群众打得起官司，要确保有理有据的当事人打得赢官司，让打赢官司且有条件执行的当事人及时实现其权益。要推进司法救助制度，在政策和法律范围内，加大对刑事被害人的司法救助和社会援助。

第三，以维护和谐稳定为目标，推动社会建设和社会管理。涉诉信访问题既是法律问题，也是社会问题。如果说诉讼是社会矛盾在司法领域的客观反映，那么涉诉信访则是在这些社会矛盾的基础上又叠加了新的矛盾，对社会稳定的影响更大。涉诉信访工作作为人民法院通过司法手段化解社会矛盾的最后一道关口，如果不能使这些矛盾得到及时有效的化解，就极有可能使矛盾激化升级，成为影响社会稳定和社会发展的突出问题。处理涉诉信访的过程既是依法化解社会矛盾的过程，也是积极参与社会管理的过程。就涉诉信访工作而言，包含着三个方面的要素：一是有效化解和减少涉诉信访，维护社会秩序，促进社会和谐；二是把涉诉信访纳入法治的轨道，既确保人民群众有依法表达诉求的机会，也确保有获得权利救济的途径，促进涉诉信访问题以和平、理性的法律程序和司法手段妥善化解；三是对缠访、闹访、无理访问题，通过建立涉诉信访终结机制进行分流稳控、依法处置，以规范信访行为，维护信访秩序。上述这三个方面的要素都是加强和创新社会管理的必然要求。所以，我们一定要从推进社会建设、创新社会管理的战略高度来充分认识加强涉诉信访工作的重要意义，以涉诉信访工作的理念、体制、机制和方式创新推进社会管理创新。

第四，以加强自身管理为动力，推动社会建设和社会管理。要更好地运用司法功能，推进社会管理创新，必须依赖于法院内部司法理念、方法、机制乃至作风的创新，由此方能实现由内而外创新的传递，形成内部和外部管理创新的良性互动。要用自身管理的成效支持社会管理，把创新社会管理作为推进自身管理的动力。按照加强社会建设和创新社会管理的要求，积极推进司法改革。切实加强基层基础建设，进一步发挥基层法院、人民法庭在化解矛盾纠纷中的重要作用，最大限度地把争端化解在萌芽状态。加强审判管理与审判监督，拓宽错案发现渠道，加大错案问责和追究力度。扩大司法公开，以公开提升质量、促进公正、保障廉洁、树立公信，为人民群众提供更多理性和平表达诉求、及时有效解决问题的程序空间。加强组织领导，严格落实责任，通过自身有效的管理与监督保障公正廉洁文明司法，在社会建设和社会管理中发挥更大的作用。

论司法维稳*

就当前和今后一个时期的司法维稳工作,我讲两点意见。

一、深刻认识司法维稳的特殊重要意义,认真做好司法维稳大文章

最近一个时期,我也在思考如何做好法院维稳工作,如何创新维稳工作机制,在这个过程中形成了两个概念:一个是“以法维稳”,再一个就是“司法维稳”。

“以法维稳”就是通过法律来维稳。我们知道,社会稳定既是社会发展的必要前提和重要保障,也是社会管理和社会建设的重要目标追求。维护社会稳定是党和国家中心工作的重要组成部分,是包括司法机关在内的各级党政机关的一项十分重要的职责。维护社会稳定是一项系统工程,也是一项长期的任务,需要建立和完善长效工作机制,这个长效机制就是以法维稳的机制。邓小平同志在总结“文化大革命”无法无天,以及建国后屡次运动导致的社会动荡不安的教训之后,反复强调国家的稳定和长治久安,不能寄托在一两个人身上,搞人治危险的很,而搞法制才靠得住。小平

* 本文是作者 2012 年 1 月 18 日在吉林省全省法院维稳工作会议上的讲话节选。

同志还指出，为了保障人民民主，必须加强法制，必须使民主制度化、法律化，使这种制度和法律具有稳定性、连续性和极大的权威，并且这种制度和法律不因领导人的改变而改变，不因领导人的看法和注意力的改变而改变。由此，小平同志把社会主义法制建设作为我们党和国家坚定不移的指导方针，并有了后来江泽民同志提出的依法治国、建设社会主义法治国家的基本方略。这些深刻的道理说明，社会稳定必须建立在法治的基础上。以法维稳，构建维护社会稳定的法治机制，这是历史的经验，是客观的规律，也是当代中国的必然选择，甚至可以说是唯一的选择。

通过法律实现社会稳定，首先是立法维稳，以宪法和法律的原则和规则，把我们的各项制度特别是基本制度法律化。我们的政治制度，比如党领导的政治制度、人民代表大会制度，政治协商制度、选举制度、民族区域自治制度等加以宣告和定型；我们的经济制度，主要是社会主义市场经济、以公有制为主体、以按劳分配为主体的经济制度等等；我们的文化制度，包括马克思主义意识形态的主体地位、社会主义核心价值体系等等，以及社会管理方面的制度法律化、制度化，使各项制度具有合法性、神圣性和不可侵犯性，这就从根本上建构了社会秩序，保障了社会稳定和国家长治久安。

其次是司法维稳。司法维稳有这样几个特点和优势：第一，司法产生于社会冲突。国家、法院、司法机关的产生，就是因为社会有了矛盾，而且这种矛盾是不可调解的。正如恩格斯所说，在原始社会，没有宪兵和警察，没有贵族、国王、总督、地方官和法官，没有监狱，没有诉讼，而一切都是有条有理的，一切问题都由当事人自己解决，在大多数情况下，历来的习俗就把一切都调整好了。但是随着生产力的发展，出现了私有制和阶级，对抗性矛盾和社会冲突增多，社会自身再也无力解决这种对立的冲突了，为了不使这些对立面、这些经济利益相互冲突的阶级、群体在无谓的斗争中把自己和社会消灭，就需要一个凌驾于社会之上的力量，把这种冲突控制在“秩序”的范围内，由此就产生了国家和法。国家和法律产生的主要标志之一就是有了审判机关。

第二，法律是用和平理性的方式解决社会矛盾的最佳途径。胡锦涛总书记在2005年会见出席第22届世界法律大会的部分国家和地区的大法官、司法部长、检察长时说，法治是人类文明进步的重要标志，是用和平理性的方式解决社会矛盾的最佳途径。在法治社会，影响社会和谐稳定的矛盾纠纷，大都会以诉讼和准诉讼的形式进入司法程序，通过司法的方法化解或终结。由此，司法就成为化解或终结矛盾纠纷、维护社会稳定的决定性、终局性因素。所以有的学者指出，真正的社会稳定只能通过司法途径产生。如果一个社会没有畅通的诉讼渠道和司法救济机制，当事人不能通过诉讼来解决争议和冲突，那会是一种什么样的局面。权利受到侵害的人，司法渠道不畅通，他就只能选择歪门邪道，就会借助于黑社会、地痞流氓、私人的讨债公司等各种非法的机构和手段来实现自己的权利，或者就是赤裸裸的暴力报复。

第三，在当代中国，维稳是一个否定性的概念。维护社会稳定的核心是化解或者调解社会不稳定因素，而司法的功能正在于此。最近几年，各种不稳定因素大量涌现，许多社会问题燃点低，极易引发不稳定因素。诸如因房地产交易，城镇房屋拆迁，建筑工程质量和工程款结算引发的不稳定因素；因土地征收征用引发的不稳定因素；因三农问题引发的不稳定因素；因劳动就业、劳动合同、基本生活保障等问题引发的不稳定因素；因传销、制假售假等问题引发的不稳定因素；因集资、证券、储蓄、保险等金融问题引发的不稳定因素；因矿产资源、水利水电工程、危险化工工程建设引发的不稳定因素；因环境污染、生态破坏和自然灾害事故引发的不稳定因素；因企业改制、破产清算引发的不稳定因素；因有毒有害食品、药品引发的不稳定因素；因重大安全事故引发的不稳定因素；因医疗问题和医患纠纷引发的不稳定因素；因基层组织和领导干部工作方法、工作作风问题引发的不稳定因素；因行政侵权执法、野蛮执法引发的不稳定因素；因司法不公不廉引发的不稳定因素；因军转干部安置和工作问题、大中专学生就业生活引发的不稳定因素；因民族、宗教问题引发的不稳定因素；因虚假新闻和恶意宣传引发的不稳定因素；等等。面对如此众多复杂的问题，人民法院要善于引导人民群众把各种利益诉求、甚至各种不满情绪转化为诉讼请求，通过司法个案途径加以解决或缓和。最近几年，全省法院畅通诉讼救济渠道，加大对人民群众的诉权保护力度，对符合受案条件和受案范围的案件及时立案，在依法保障人民群众诉讼权利的同时，也有效地引导了人民群众以理性合法的方式来表达诉求，最大限度地实现了在法律的范围内化解矛盾纠纷，有效防止了社会矛盾纠纷在司法程序之外、在法律的渠道之外积累、蔓延和在一定时间内的爆发。在这个意义上，司法是社会的稳定器。

二、充分发挥司法维稳的重要职能作用，切实打好司法维稳攻坚战

当前和今后一个时期，司法维稳要着力抓好以下几项工作：

第一，以严打维稳，即严厉打击严重刑事犯罪，确保国家政治稳定和社会大局稳定。当前，刑事犯罪高发仍然是影响社会和谐稳定最严重的因素，特别是严重刑事犯罪涉及广、影响大，严重危害国家政治、经济、文化安全和社会大局的稳定，所以维护社会稳定，首要的任务是严厉打击刑事犯罪，特别是严重刑事犯罪。刑事审判的政治效果、法律效果和社会效果是否做到了有机统一，关键看是不是有利于维护社会稳定。今年，全省法院刑事审判要在法律的范围内，在保证案件质量的前提下，从重从快，绝不姑息，绝不手软。要充分运用刑事审判权，依法严惩危害国家安全、恐怖活动、邪教组织、黑社会性质组织犯罪等严重影响国家安全和社会稳

定的犯罪;依法严惩杀人、抢劫、爆炸等影响群众安全感的严暴犯罪;依法严惩传销、非法集资、网络诈骗、危险驾驶等损害人民群众切身利益的犯罪;依法严惩为黑恶势力充当“保护伞”以及重大安全生产事故、食品药品安全事件背后的职务犯罪等人民群众深恶痛绝的犯罪;严厉打击横行乡里,滋扰百姓、欺行霸市的乡村恶势力(地痞、流氓、村霸等)犯罪。刑事审判的法律效果与社会效果和政治效果是否做到了有机结合,关键就是看是不是维护了社会稳定。

第二,以促和维稳,即以定分止争来维稳。通过司法手段妥善调和矛盾、定分止争,促进社会和谐,筑牢社会稳定基础。在当前经济转轨和社会转型的特殊历史时期,经济领域和社会领域的矛盾相互作用、相互影响,各种矛盾纠纷错综复杂、积聚叠加。随着社会主义法治国家建设进程的不断加快,人民群众法治观念和维权意识的不断提升,人们越来越习惯于从法律和权利的角度提出利益主张,越来越要求通过法律途径解决矛盾纠纷,致使大量的社会矛盾以诉讼的形式积聚法院。近几年,全国法院每年都要审理近千万件民商事案件,涉及数以亿计的当事人和其他关联人。单一司法个案对社会和谐稳定的影响可能有限,但如此庞大的矛盾纠纷总量和涉诉群体,则必须引起我们的高度重视。大量社会矛盾纠纷如不及时得到调处化解,当事人之间、当事人与社会之间的和谐关系将被打破,必将严重影响社会和谐稳定。特别是许多类型化的群体性案件,处理不当,极易造成群体性事件和极端恶性事件,对社会稳定造成严重影响。全省各级法院都要结合司法实践中显现出的问题,更加密切地关注社会矛盾纠纷,特别是涉及广泛社会群体、易于产生社会不稳定因素的社会矛盾纠纷的发生、发展特点,采取有效司法措施和综合手段,切实化解社会矛盾纠纷。要密切关注扩大内需、控制物价等宏观调控政策实施中的新情况新问题,增强司法服务的针对性和前瞻性;要妥善审理中小企业因资金链断裂引发的劳动争议、合同违约案件和企业因经营困难引发的破产重整案件，一方面尽最大努力保障企业正常运转，另一方面要切实保护职工权益生计，防止给社会稳定造成不利影响；要继续加强民生案件审判工作，积极参与食品药品安全专项治理，依法妥善审理医疗、教育、婚姻家庭等民事案件；妥善处理好涉及民族、宗教事务等问题的敏感案件；积极应对房地产政策调整可能引发涉房地产案件的大幅增长的问题，妥善审理房地产买卖合同纠纷案件；审慎处理劳动和社会保障、农村土地征收等行政案件，强化行政纠纷的实质性解决工作；审理好国家赔偿案件，切实保障赔偿请求人的合法权益；依法审慎执行土地征收征用、房屋拆迁等执行案件，防止引发群体性事件和极端恶性事件。要继续加强调解工作，深入贯彻“调解优先、调判结合”方针，进一步提高坚持“调解优先、调判结合”原则、深入开展调解工作的自觉性、主动性和积极性，不断丰富和发展调解工作的理念、做法和经验，促进司法调解科学化、规范化建设。同时，要进一步加强司法调解与行政调解、人民调解和各种社会调解的有效衔接，推动构建“党委领导、社会参与、各司其职、协调联动”化解社会矛盾的工作格局，完善矛盾纠纷多元解决机制，形成有效化解社会矛盾纠纷的强大合力。要注重把矛盾化解在基层，防止来省进京访；化解在初始状态，防止矛盾由小变大、有个别演变为局部；化解在平缓阶段，防止矛盾由非对抗演变为对抗性。

第三，以维权维稳。即依法纠正和制裁危害人民群众的违法犯罪行为，切实保障人民群众的合法权益。当前，维稳与维权处于一种非常微妙的状态之中。一方面党和政府关注维稳，强调稳定压倒一切，维稳高于一切，维稳是第一责任，是硬任务，不惜一切代价维稳，坚决防止发生重大政治性事件、非法聚集事件、大规模群体事件、暴力恐怖事件；坚决遏制群体访、越级访、进京访、缠访、闹访等。从中央到地方都成立了维稳工作领导小组和相应的办事机构，一般都是省委书记或省长担任组长，政法委书记担任常务副组长，统一领导和协调维护社会稳定的问题，处理社会稳定当中的突出问题和突发事件。所以，维稳是压倒一些的政治责任。胡锦涛总书记也讲了稳定是第一责任，发展是第一要务。发展是硬道理，维稳是硬任务。另一方面，广大人民群众、公民、法人和社会组织更加关注的是维权，维护正当权益和权利，经济上的、政治上的、文化上的、生活上的、劳动方面的正当权益和权利。特别是切身利益受到严重侵害的社会弱势群体，他们奋力维护自身权利，为权利而诉求，为权利而呐喊，为权利而抗争。维稳与维权本质上是一致的关系，但在某些情况下会出现紧张或者叫张力。这个关系怎么处理，这是我们必须正视的一个问题。我认为，除了极个别、极少数人借助维权或者打着维权的旗号制造事端，大多数、绝大多数维权行为是正当的。维权问题得不到应有的重视和妥善处理，维稳问题就不可能得到有效解决。例如，在诸如三聚氰胺乳制品、有毒馒头、致癌茶油等大规模涉稳案件中，在众多房屋拆迁、土地征用、企业改制、破产清算案件当中，首先要维护广大人民群众和受害者的生命权、健康权、财产权，在此基础上，才可能有效维护社会稳定。

在维稳工作中，只有善于把各种社会矛盾和纠纷纳入到法律的框架之内，并通过司法维权的方式得到及时的化解，维稳才具备最起码的社会前提和评价基础。从这个意义上讲，若要维稳，首先要维权。当前维权诉求主要发生在社会弱势群体当中，特别是表现为农民维权、工人维权、个体工商经营者维权、出租汽车司机维权等等。只有尊重和保障人民群众的合法权益，才能妥善处理好当前影响社会稳定的很多问题，才能有效避免影响社会稳定的恶性事件、群体性事件和极端访事件。

第四，以公正维稳。要深刻认识到维护社会公平正义对于维护社会稳定的重大意义，没有公正就没有稳定。在我国，几乎所有的不稳定因素，都与社会不公有着直接或间接的关联。这种社会不公包括分配不公、机会不公、执法不公、司法不公等等。法院在维护公正上要重点做好三个方面的工作：一是维护社会公正，给权利受到侵害的人一个公正的说法，替他们伸张正义；二是司法本身的公正；三是程序公正，做到公开透明。人民群众始终期盼公平正义，经济社会发展也要求公平正义的社会氛围。如果社会缺失广泛的公平正义，人们的不满和不安情绪积累发酵，就极易产生社会对抗，破坏社会和谐稳定。人民法院通过行使司法权，使遭到破坏的社会关系得到及时修复，受到侵害的合法权益得以有效补偿，使社会公平正义得以维系和弘扬，这本身就维护了社会的和谐稳定。反之，司法不公、司法不严不但无法化解社会矛盾，还会派生出新的矛盾即次生矛盾，成为新的社会不和谐、不稳定因素。通过公正严格司法维护社会和谐稳定，既是能动司法理念在维稳工作中的形象反映，也是司法维稳的重要作用形式。全省各级法院都要深刻认识公正严格司法对于维护社会和谐稳定的重大意义，充分运用、规范行使司法权，化解社会矛盾，减少社会对抗，真正"消民怨、解民忧"，全力维护社会公平正义。在这些方面，人民法院大有可为。一是要严格规范司法行为，从法院工作的细微处着手，坚决杜绝审判程序有瑕疵、裁判结果不准确、司法运作不公开、案件处理不及时、司法行为不规范、释法明理不到位等问题，持续推进审判工作质量、效率、效果的全面提升，确保司法公正、高效、廉洁、文明。二是要始终坚持司法为民宗旨，把人民利益放在首位，把真心倾听、妥善处理人民群众合理诉求作为人民法院工作的第一任务，进一步增强为人民群众解决问题的诚心、决心和信心，全心全意维护人民群众的合法权益，带着深厚感情为人民群众排忧解难，切实做到洞察民情、知晓民意、关注民生、维护民权。三是要进一步推进司法便民的相关工作，扩宽司法服务渠道，丰富为人民群众提供司法便利的方式方法和工作措施，继续推进立案信访窗口建设，加强诉讼引导、诉讼指导和司法关怀。坚持和谐司法理念，以和谐的理念、和谐的措施、和谐的手段、和谐的作风对待涉诉群众，和谐化解矛盾纠纷，维护公平正义，促进社会和谐稳定。

第五，以息访维稳。当前，涉诉信访是人民法院面临的影响社会稳定最突出的问题，也是人民法院着力解决的事关法院整体工作最紧迫的问题。从这个意义上，化解涉诉信访是人民法院维护社会稳定的第一要务。当前涉诉信访总量仍在高位运行，重复访、进京访、集体访数量虽然有所下降，但形势依然严峻。我们现在经常会遇到一个词叫“信访社会”，与诉讼浪潮相比，信访洪峰更是来势凶猛，给社会稳定敲响了警钟。大量的社会矛盾积聚法院，转化为涉诉矛盾，致使涉诉信访总量始终居高不下。据中央有关部门的统计数据显示，进入新世纪以来我国信访案件大量增加，其中反复访、长期访、激烈访、进京非正常访中 70% 是涉法信访，其中涉诉信访又占到 70% 左右。2011 年全国法院处理涉诉信访案件超过 150 万件(次)，相当于每名法官人均处理涉诉信访 7—8 件。人民法院处理涉诉信访所付出的人力、精力和物力几乎与常规审判持平，特别是法院的主要领导的精力往往投入在涉诉信访之中。涉诉信访已经成为影响社会稳定的常态因素。涉诉信访问题多数是由司法不公、司法瑕疵引发的次生社会矛盾，所以我们要更加注重公正廉洁执法，更加注重从源头上预防和减少涉诉信访，这才是治理涉诉信访的治本之策，也是人民法院维护社会稳定的根本责任。最近，孙政才书记在省委常委会上和维稳工作会议上，多次指示法院、检察院党组要到度重视、加大处理涉诉信访。我们要深刻领会政才书记的指示精神，加大化解涉诉信访工作力度。

全省法院要认真研究涉诉信访问题发生的根本原因和具体情况，认真做好息访维稳工作。今年要突出做好四个方面工作，集中开展两个专项活动。

四个方面工作是：一是要进一步加大涉诉矛盾纠纷集中化解力度。要强化涉诉信访工作的源头治理，加强社会稳定风险评估工作，对审判工作各环节中可能存在的信访风险、影响社会稳定的风险进行预测研判，提前制定应对预案，超前予以妥善化解。要认真落实信访案件首问负责制，强化初信初访案件的流程管理，加强诉访分离工作，提高初信初访案件息访办结率。要进一步做好涉诉信访积案集中清理工作，对重复访案件、老户案件加大甄别、化解、救助、稳控力度。二是进一步加强进京访案件监督指导。要加强对重点案件、重点人员的监督管理，加强对重点地区和重点类案的监督指导，加强对已化解案件的跟踪管理，严格落实"四定一包"制度，严格程序终结标准，切实保证信访工作质量，落实稳控责任。三是进一步加强驻京劝返工作。各级法院要按照省法院的工作部署，增强劝返力量，增强工作主动性，强化在京接访人员的协调配合，强化与最高人民法院、全国人大、国家信访局等机关的沟通联系，及时掌握我省进京上访人员信息，加大劝返工作力度，做到随有随接、随接随返、安全劝返。四是进一步加强考评通报工作。要建立健全进京访、重复访、越级访、去全国人大访四类案件的工作台账，加大各地工作情况和进京访案件化解进度的通报力度。要加强工作考评，将压降进京访工作成效纳入各级法院、各审判业务部门审判工作考评。

两个专项活动是：一是集中开展涉诉矛盾纠纷大排查、大化解活动，全省各级法院要迅速排查本地区、本院的重点涉稳案件，特别是目前尚未彻底化解、尚未息诉息访的涉诉信访积案和群体访、越级访、进京访、激烈访案件，实行重点案件领导包案和挂牌督办制度。二是集中开展院长、庭长大接访活动，全省各级法院院长和院级领导要认真落实诚信约期接谈制度，使当事人对申诉事项的处理、答复时间有明确的预期，减轻人民群众诉累，全力压降越级访。各审判、执行部门要与审判管理、纪检监察等部门联合开展接访活动，及时就地解决涉诉信访，切实做到诉求合理的纠错解决到位、程序穷尽的分流稳控到位、符合司法救助条件的帮扶救助到位、非法缠访闹访的打击处理到位。

最后，强调一下健全维稳工作组织和工作机制的问题。各级法院都要成立由党组书记为组长的维稳工作领导小组，党组书记是维稳工作的第一责任人；都要成立维稳工作协调办公室，挂靠在办公室或是立案或是其他合适的部门，由主管信访的庭长担任协调办公室主任；都要进一步充实维稳工作力量，特别是要把那些政治强、有能力、善于做群众工作、法律业务比较精通的优秀法官干警选派到维稳工作机构，让他们承担重任，也让他们在维稳工作的第一线、在风口浪尖得到锻炼、经受考验；都要切实加大维稳工作投入力度，稳定压倒一切，维稳高于一切，要充分保障维稳工作的人力和物力，不惜一切代价抓维稳；都要建立和健全维稳工作机制，着力构建六大机制，即信息预警机制、分析研判机制、排查调处机制、教育防范机制、联动处置机制、责任考核机制；都要全面建立维稳工作责任体系，凡是由于案件处理不公、工作没有做好而影响社会稳定的，就要“一票否决”，严重影响社会稳定的就要摘“乌纱帽”。

论“调解优先”*

多年来，各级人民法院强调“调解优先”。如何认识和实践“调解优先”呢？

一、对“调解优先”的认识

“调解优先”并不单单相对判决而言，调解优先是从法院整体审判工作出发，将调解延伸到立案之前。在各个审判环节上用调解的方法化解矛盾纠纷，全程、全面、全员进行调解。

人民法院的调解是通过明理释法，让当事人知晓自己的权利、义务、责任，知晓利益关系、链条。在法官的指导下进行理性的利益博弈，实现利益平衡和利益最大化，当事人双方达成共识，达成和解协议。通过调解要达到化解矛盾、定分止争、案结事了。最终实现人与人和谐。

调是手段，解是目的，和是价值追求。调解最鲜明的优越性是和谐、和睦、和平、和合。

二、“调解优先”的现实需求

第一，“调解优先”是和谐司法的必然要求。中国社会是面子

* 本文是作者 2011 年 9 月 5 日在吉林省全省法院调解理论研讨会上的讲话节选。

社会、熟人社会,调解相对于判决的冷漠、生硬和强制力而言,更容易实现当事人和谐地化解矛盾,同时也能有效地改善司法作风。

第二,“调解优先”是能动司法的必然要求。“调解优先”使人民法院主动介入社会生活、积极开展矛盾化解,推进社会管理创新。这是法院的义务和责任。我们不能简单执法和机械办案。

第三,“调解优先”是高效司法的必然要求。调解是高水平的审判,同样也是高效率的审判。调解可以降低司法成本,使司法低成本运行,减少当事人的诉累,达到便民、利民、惠民。

第四,“调解优先”是民主司法的必然要求。在实体法上,我们要为民司法。在程序上,民主的本质是参与,调解是多方参与、深度参与的司法过程,靠当事人自行其是来解决问题,协商民主,共和共赢。当事人直接参与矛盾的化解,更有利于表达诉求和意见。当事人参与优先,回归了当事人主义,淡化了职权主义。

三、“调解优先”的科学化

胡锦涛总书记提出了科学执政。人民法院的调解工作也要不断实现科学化。目前调解中存在“三化”问题,首先是“神化”:认为调解无所不能,无限度地提高调解率、调撤率,甚至提出零判决。其次是“泛化”:不适当地运用调解,甚至不适宜调解的也进行调解。最后是“异化”:突破调解底线,强迫调解,用调解规避法律责任,恶意调解等,已经成为司法不公和司法腐败的新形式。为了推进调解事业的科学健康发展,保证质量效率效果,维护“调解优先”的公信力,我们要推进“调解优先”的科学化。

(一)用科学理论指导“调解优先”

科学理论的指导是“调解优先”的正确方向保障。我们要用中国特色社会主义理论、和谐法治理念、社会主义司法理念指导调解,逐步探索适合司法规律和调解规律的理论和方法,不违背规律，遵循调解规律，发展运用调解自身的理论。

（二）用科学精神推进“调解优先”

调解作为理性化解矛盾的方式，是定分止争的实践载体。当事人存在非理性因素和情绪化因素的时候，我们要用理性的精神，以和平和理性的方式化解纠纷，理性地对待当事人，让当事人知晓权利、义务和责任，自己作出利益的选择。以理性作为“调解优先”的基础，能够保证调解的质量和效果。

（三）用科学制度规范“调解优先”

在调解中，我们要遵守法律和司法解释及有关的法律制度，这是调解的制度基础。依法调解、在法律范围内才能保证调解的公正性。判决需要公正，调解也需要公正，失去公正的调解，不讲是非曲直的调解是异化调解。

调解的良好运行也需要不断完善的调解制度。在调解的启动机制上、自愿合法的原则贯彻上、调解的公开和公信上、调解的类型化上，损害第三人利益的调解是否要追责等方面，需要逐步完善制度。

同时，我们通过调解实践，要逐步建立调解工作的质效评估体系，让调解工作规范化、科学化。

（四）用科学的方法提升“调解优先”

法律是公平正义的艺术，法官作为运用法律的艺术家，在调解工作中要讲求方法。判决更多的靠知识和经验，而调解要依靠智慧与艺术，调解是真善美的一体化，体现真理性的尚善与和谐。我们需要总结调解能手的经验，上升到方法论的层次，提升“调解优先”，使“调解优先”更上一层。同时科学的方法也是提升“调解优先”公信力的重要方面。

司法改革的一般理论*

我们正处在全面建成小康社会、全面深化改革、全面依法治国、全面从严治党的历史时期。全面深化司法改革是全面深化改革的重要内容，也是法治改革的重中之重；是全面依法治国、推进严格执法、公正司法的必然要求；是实现作为全面小康社会核心指标之一的“提高司法公信力”的强大动力和必由之路。全面深化司法改革，必须有科学的改革理论作指导。因而，司法改革理论在中国特色社会主义司法理论体系和中国特色社会主义法治理论体系中占有十分重要的位置，发挥着十分重要的作用。

改革开放以来，尤其是十八大以来，在持续推进司法改革的过程中，我们党不断创新包括司法改革理论在内的司法理论，提出司法权本质上是一种判断权，司法的价值功能是权利救济、定分止争、制约公权，司法体制改革的长远目标是建立公正高效权威的社会主义司法制度，司法改革的根本尺度是提高司法公信力，司法改革的评价标准是人民群众在每一个司法案件中都感受到公平正义，司法改革的基本原则是坚持党的领导、坚持中国特色社会主义

---

* 本文是作者2014年8月17日在长春举办的“司法改革与司法文明”理论研讨会上所作的主题报告，收入本书时补充了作者在其后其他场合同一主题的发言内容。

方向、坚持从中国国情出发、坚持人民主体地位、坚持统筹协调、坚持依法推进改革。科学的司法理论指引着司法改革既大刀阔斧又积极稳妥地开展。司法改革理论不仅决定了司法改革的政治方向,也构成了司法改革的战略策略、司法改革的理论坐标和检验标准。

司法改革理论的核心内容包括三个方面,即司法改革的政治定位、司法改革的目标定位、司法改革的重大任务。

一、司法改革的政治定位

深入推进司法改革涉及一系列重大理论、制度和实践问题。其中,有关司法改革的政治定性问题当属首要的问题,因为它关乎司法改革的政治方向,关乎司法改革的路径选择,关乎司法改革的成败。基于这种认识,我从以下六个方面定位司法改革:

第一,新一轮司法改革是体制性改革。建国六十多年来,中国社会主义司法制度的建立、完善和发展始终是由司法改革推动的。20 世纪 50 年代中华人民共和国成立之初,适应新民主主义革命、社会主义革命和社会主义建设的需要,适应巩固新生的人民民主专政国家政权和建立社会主义法律秩序和社会秩序的需要,适应土地改革、恢复国民经济的需要,在废除国民党旧法统和六法全书的同时,党领导了革命性司法改革,建立了新民主主义的、社会主义的司法制度,确立了在党的领导下人民法院依法独立审判、公开审判、人民陪审、司法调解、刑事辩护、审判监督,人民检察院依法行使法律监督权等社会主义司法原则,确保人民在法律面前人人平等。1954 年全国人民代表大会制定的《中华人民共和国宪法》、《中华人民共和国人民法院组织法》、《中华人民共和国人民检察院组织法》等确认了这些改革成果,顺利实现了从《中国人民政治协商会议共同纲领》体制下的新民主主义司法制度向《中华人民共和国宪法》体制下的社会主义司法制度的变革,并为社会主义司法制度的完善和发展创造和积累了有益的经验。“文化大革命”结束之后，适应恢复和重建社会主义法律秩序、引导和保障经济和社会发展以及解决历史遗留问题的急需，党领导了重建性司法改革，在较短时间内恢复了司法体制，重建了社会主义司法制度。当然，所谓“恢复”并不是简单复原，重建也不是复制原样，而是包含了许多制度创新。在恢复重建过程中，开始探索有中国特色的社会主义司法制度。这一时期的司法改革成果在 1982 年《宪法》、1979 年制定的《人民法院组织法》、《人民检察院组织法》以及这期间先后制定的三大诉讼法当中得以确认和巩固。进入 20 世纪 90 年代，在深入推进经济体制改革、建立社会主义市场经济，积极稳妥推进政治体制改革、发展社会主义民主政治的基础上，党的十五大做出了依法治国、建设社会主义法治国家的重大战略部署，同时明确提出：“推进司法改革，从制度上保证司法机关独立公正地行使审判权和检察权”。党的十六大明确提出：“推进司法体制改革。……进一步健全权责明确、相互配合、相互制约、高效运行的司法体制。”从此，党领导了体制性司法改革。党的十七大进一步提出“深化司法体制改革”，党的十八大在此基础上提出“进一步深化司法体制改革”。根据党的全国代表大会关于司法体制改革的政治决定，国家立法机关修订了有关司法的一系列法律，完善了司法法律体系。国家司法机关按照中央司法体制改革领导小组的统一部署，扎实推进司法体制机制改革。历经 15 年，具有中国特色的社会主义司法制度基本确立。十八届三中全会部署的司法改革属于进一步深化司法体制改革。既然是体制性改革，就要在体制上动真格，就要全面改革、系统改革，不能零打碎敲，修修补补，雷声大、雨点小。

第二，司法体制改革是政治体制改革的重要组成部分。这是十五大提出司法改革以来中央一直强调的。因而，要在政治体制改革的总体框架内思考和设计司法体制改革。政治体制改革的政治方向和进程决定了司法体制改革的政治方向和进程。

司法体制改革首先要有利于坚持和改进党对司法的领导。中国共产党是执政党又是领导党,这是中国社会主义政党制度和整个政治制度的鲜明特质。正如习近平总书记所指出的:中国特色社会主义制度的根本特征在于中国共产党的领导,中国特色社会主义制度的最大优越性也在于坚持党的领导。所以,司法改革不能削弱党对司法的领导,也就是坚持党对司法机关和司法工作的领导不动摇。当然,也要改善、改进党对司法机关和司法工作的领导,不断提高党领导司法的能力,提高科学化、法治化水平。要正确处理坚持党的领导与确保司法机关依法独立公正行使职权的关系。既然是政治性、体制性改革,司法改革就必须在党的统一领导下有序推进,发挥中央和省级党委在司法改革中"总揽全局、统筹各方"的领导作用,防止乱改革、瞎改革、伪改革,更要避免违法改革。

在坚持党的领导的同时,还要坚持人民代表大会制度。人民代表大会制度是我国的根本政治制度,正确处理人大与"一府两院"的关系,保证人民法院、人民检察院由人民代表大会产生、对人民代表大会负责、受人民代表大会监督、依靠人民代表大会支持。

第三,深化司法体制改革是全面深化改革的重点之一。习近平总书记在十八届三中全会上的讲话中指出:司法体制改革是这次全面深化改革的重点之一。在十八届三中全会《决定》中,集中部署司法体制改革的就有 3 条。其中,第 32 条是确保依法独立公正行使审判权检察权,第 33 条是健全司法权力运行机制,第 34 条是完善人权司法保障制度。三条改革项目又可分解为 23 项。《决定》的其他条目中也有多处涉及司法体制改革。

第四,司法改革是全面推进依法治国、加快建设法治中国的重要内容。司法改革是全面推进依法治国、加快建设法治中国的重要内容。党的十八大提出,全面建成小康社会有关法治方面的标志有四个方面:"依法治国基本方略全面落实,法治政府基本建成,司法公信力不断提高，人权得到切实尊重和保障”。在此基础上提出全面推进依法治国，“全面”包括了“科学立法、严格执法、公正司法、全民守法”。把司法从执法中分离出来，并将公正司法单独作为全面推进依法治国的基本要务，这在党的代表大会和中央全会文献中是首次，充分体现出全党对司法的性质和重要性的认识有了新的深化。十八届三中全会《决定》第九章是“推进法治中国建设”，这一章有5条，司法改革占了3条。作为十八届三中全会《决定》之精华版的《中国共产党第十八届中央委员会第三次全体会议公报》更是凝练性地指出：“全会提出，建设法治中国，必须深化司法体制改革，加快建设公正高效权威的社会主义司法制度，维护人民权益。”从十八届三中全会《决定》、习近平总书记关于《决定》的说明和十八届三中全会的《公报》，可以看出深化司法体制改革在法治中国建设中的突出地位。党的十八届四中全会关于全面推进依法治国的决定进一步把司法改革作为法治建设的重中之重。

第五，深化司法改革是推进国家治理体系、治理方式和治理能力现代化的重大举措和实践路径。习近平总书记指出，司法改革对推进国家治理体系和治理能力现代化具有十分重要的意义。国家治理现代化的重要标志是国家治理法治化，国家治理现代化、法治化的一个重要方面是提升司法在国家治理体系中的地位，更好地发挥司法在国家治理中的重要功能作用。习近平总书记把司法的基本功能作用概括为三条：权利救济、定分止争、制约公权。通常，我们说司法是三个最后一道防线，即定分止争的最后一道防线，维护社会公平正义的最后一道防线，维护法制统一、尊严和权威的最后一道防线。在国家治理和社会治理中，党和政府一要巧用司法，发挥司法的独特功能和优势，善于通过司法把社会矛盾吸附到法律程序，通过司法程序加以化解或缓解，有效预防矛盾纠纷在司法程序和法律范围之外聚集蔓延，净化执政与行政环境；善于通过司法实现在分清是非和权利义务责任的基础上救济权利，不要动不动就迎合“闹大维权”，用“人民币”的方式救济权利；善于通过公正司法矫正社会不公（违约、侵权、犯罪等），用司法公正保证和促进社会公正。二要善待司法，在制度上和体制上提高法院院长、检察院检察长的政治地位和政治待遇，树立司法机关的权威。还要大幅度提高司法人员的职业声望，维护司法的尊严和权威，保证司法裁判的执行力。

第六，司法改革的核心是坚持与完善中国特色社会主义司法制度。通常，人们说司法改革的根本原因在于现行的制度不合理，所以要改革。但实际上，问题不那么简单。要从两个方面看，一方面，司法制度本身存在着不合理性，或者说初创时的合理性已经穷尽，需要从制度本身改革；另一方面，司法制度是合理的，但是由于认识、具体体制、机制、技术、人员等因素，限制了合理性的发挥，预期的合理性没有体现出来，所以要通过机制、方式方法的改革让制度的优越性充分发挥出来。司法改革两方面的针对性都有。当然，更应当注重制度创新，制度创新带有根本性、长期性。

二、司法改革的目标定位

党的十七大首次明确提出司法体制改革的目标，即“建设公正高效权威的社会主义司法制度”。十八大报告虽然没有在文字上重申这一目标，但是提出“进一步深化司法体制改革，坚持和完善中国特色社会主义司法制度”，其内涵大体一致。十八大之后，习近平总书记多次讲话重申了“建设公正高效权威的社会主义司法制度”的目标。党的十八届三中全会决定指出：“深化司法体制改革，加快建设公正高效权威的社会主义司法制度，维护人民权益，让人民群众在每一个司法案件中都感受到公平正义。”应当说，这样的改革目标定位是符合司法规律的，也是顺应了人民群众日益增长的司法需求，更是抓住了我国司法改革的“牛鼻子”。

当然，就社会主义司法制度来说，“高效”、“权威”与“公正”并不在一个层次。“高效”更多地是对司法实践活动的要求，例如对侦查、起诉、审判、执行等活动的具体要求。权威则是保证司法权力正常运行、司法机关履行职责的必要条件。“公正”则是司法制度本质属性和生命所在。正如十八届四中全会《决定》所指出的：“公正是法治的生命线。司法公正对社会公正具有重要的引领作用，司法不公对社会公正具有致命的破坏作用。必须完善司法管理体制和司法权力运行机制，规范司法行为，加强对司法活动的监督，努力让人民群众在每一个司法案件中感受到公平正义。”

把建立公正高效权威的社会主义司法制度作为司法体制改革的目标，强调了制度公正。公正（正义）有各种不同的问题，如某个社会制度是否公正，某一法律法规是否公正，某个行为（如判决、制裁、决策、安排）是否公正，某个人是否公正等。在这些不同的公正（正义）问题中，制度公正带有根本性，制度公正是首要的公正（正义），公正是社会制度的第一美德，就像真实是思想体系的第一美德一样。一种理论如果是不真实的，那么无论它多么高雅，多么简明扼要，也必然会遭到人们的拒绝或修正；同样，制度如果是不公正（正义）的，那么无论它们多么有效，多么有条不紊，也必然会被人们所改革或废除。罗尔斯的《正义论》之所以被人们推崇，就是因为他强调了制度公正（正义）的根本性、前提性，决定了行为公正。十八大以来，习近平总书记在一系列重要讲话中强调制度上的公平正义，提出建立以权利公平、机会公平、规则公平为主要内容的社会公平保障体系。“不论处在什么发展水平上，制度都是社会公平正义的重要保证。我们要通过创新制度安排，努力克服人为因素造成的有违公平正义的现象，保证人民平等参与、平等发展权利。要把促进社会公平正义、增进人民福祉作为一面镜子，审视我们各方面体制机制和政策规定，哪里有不符合促进社会公平正义的问题，哪里就需要改革；哪个领域哪个环节问题突出，哪个领域哪个环节就是改革的重点。对由于制度安排不健全造成的有违公平正义的问题要抓紧解决，使我们的制度安排更好体现社会主义公平正义原则，更加有利于实现好、维护好、发展好最广大人民根本利益。”[1]四中全会《决定》进一步提出“加快完善体现权利公平、机会公平、规则公平的法律制度，保障公民人身权、财产权、基本政治权利等各项权利不受侵犯，保障公民经济、文化、社会等各方面权利得到落实，实现公民权利保障法治化。”由于制度公正的根本性和前提性，所以，要实现司法公正，必须着力建立公正的司法制度，没有公正的司法制度，就难以从根本上保证司法活动的公正。

以司法改革的目标为根本尺度，以问题为导向，新一轮司法改革聚焦三个突出问题：确保司法公正；增强司法能力；提高司法公信。

确保司法公正。中国特色社会主义法律体系形成之后，我国法治建设的重心从立法转向了司法；随着我国依法治国进程加速，人民群众的维权意识和诉讼观念显著提升，越来越寄希望于通过司法程序解决矛盾纠纷，致使社会矛盾纠纷以司法案件的形式大量地涌入法院，持续呈现诉讼“井喷”、诉讼“爆炸”的态势，我国超乎预料地提前进入“诉讼社会”；加上司法领域频频发生“问题案件”和冤假错案，司法公正问题成为全社会关注的热点和焦点，触及广大人民群众的神经。

公正是司法的本质，司法公正是社会公平的底线。如果这一底线被突破，人民群众对公平正义的信心、对法律的信任、对法治的期待，就会一落千丈。正如英国哲学家培根所言：“一次不公正的司法判决其恶果甚至于十次犯罪，因为犯罪只是弄脏了水流，而不公正的判决却是弄脏了水源。”[2]所谓“弄脏了水源”，就是破坏了司法和法律的公正，摧毁了司法和法律的公信力。客观公正地说，我国的司法基本上是公正的，但不公正的案件时有发生，造成了恶劣影响。影响司法公正的首要因素是法官、法庭、法院难以做到依法独立中立办案，遭遇的干扰和干涉太多。习近平总书记2013年2月23日在中央政治局第四次集体学习时尖锐地指出：群众反映，现在一个案件，无论是民事案件还是刑事案件，不托人情、找关系的是少数。尤其到了法院审判环节，请客送礼、打招呼、批条子的情况很严重。这说明依法独立中立司法的外部环境很差，司法独立和司法公正受到不应有的干扰。地方保护、部门保护的干扰和干涉，以权压法、权大于法、迫使司法机关滥用职权、违法办案的现象时有发生，导致司法不公、冤假错案，甚至引发大规模群体性事件，特别是在土地征用、房屋拆迁、社会保障、高速公路建设、新农村建设等领域尤为突出。越是往下，司法机关依法独立公正办案的压力越大。影响司法公正的另一个重要因素是法官、检察官的职业伦理道德、综合素养、办案能力、工作作风参差不齐，以及司法保障水平还比较低。为了做到司法公正，所有司法机关都要紧紧围绕公正这个问题来改进工作，重点解决影响司法公正和制约司法能力的深层次问题，要优化司法职权配置，规范司法行为。同时，要坚持和改进党对司法的领导，加强和改进人大对司法工作的监督，进一步深化司法改革，确保人民法院、人民检察院依法独立公正地行使审判权和检察权，切实维护司法权威和公正，要大力培养理性的司法文化，尊重司法公正和司法权威，为司法机关创造公正司法的制度环境、文化环境和物质条件。

增强司法能力。能力不足是司法的突出问题。习近平总书记在2014年中央政法工作会议上指出：同面临的形势和任务相比，法治队伍能力水平还很不适应，“追不上、打不赢、说不过、判不明”的问题还没有完全解决，面临着“本领恐慌”问题，必须大力提高业务能力。有才无德会败坏党和人民的事业，但有德无才也同样会贻误党和人民的事业。我们常讲要亮剑，这不仅需要有亮剑的勇气，更需要有亮剑的本事和克敌制胜的能力。各级政法机关要把能力建设作为一项重要任务，确保更好履行政法工作各项任务。

司法改革的根本目的是解放和发展司法能力，更好地满足广大人民群众的日益增长的司法需求。经济改革是以解放和发展个人的生产力和社会的生产力为根本目的，政治体制改革是以保证人民当家作主为根本，以增强党和国家活力、调动人民积极性为目标，扩大社会主义民主，建设社会主义法治国家，发展社会主义政治文明。在政治体制改革的总体框架之内，司法改革的宗旨则是不断解放和发展司法能力，包括维护党的执政地位的能力，维护国家安全和社会稳定的能力，维护人民群众合法权益的能力，维护社会公平正义的能力，服务和保证经济和社会发展的能力，化解社会矛盾纠纷、促进社会和谐进步的能力，不断满足人民群众日益增长的司法需求。在解放和发展司法能力方面，司法改革也不断地调动广大法官的积极性和创造力，提高法官个人的司法能力。新一轮司法改革的一系列重要举措，例如，完善国家统一法律职业资格制度、建立司法责任制、加强司法职业保障、优化司法机关内部职权配置等，都是提高司法能力的得力举措。

提高司法公信力。司法公信是司法机关通过职权活动在整个社会当中建立起来的一种公共信用，集中表现为人民群众对司法的信任、信赖、尊重和维护。司法公信与政府公信共同构成整个社会信用体系的基石。一个社会如果失去了司法公信，那么这个社会的信用体系就会土崩瓦解。当前，我国司法公信力的下降和缺失乃是不争的事实，四川大学龙宗智教授深刻地指出人民法院处于“内忧外患”之中。人民法院的司法公信面临着非常严峻的挑战和考验，有告不理、有案不立、审判迟误、执行不力、司法不公、衙门作风、贪赃枉法，已经成为人民群众反映强烈的社会问题，这些问题的存在严重地损害了司法公信力，损害了人民群众对法律的信赖和信仰。司法公信危机已经成为司法理论与司法实务界都不可回避的事实。尽管社会对法院的评价有失客观全面和公正的地方，但也确有法院自身的问题导致司法公信力下降。

三、司法改革的重大任务

依据党的十八届三中全会、四中全会和五中全会精神，我国当前和今后一个时期司法改革的重大任务可以概括为：

第一，推进司法权力依法独立运行，确保人民法院、人民检察院依法独立公正地行使审判权、检察院，特别是人民法院的审判独立。司法权独立行使是最根本、最核心的司法规律。所谓司法权独立行使，从狭义上说，就是国家的司法权（审判权）只能由各级人民法院统一行使，其他机关、团体和个人都无权行使此项权力；法院依照法律规定独立行使审判权，不受任何国家机关、政党、社会组织和个人的非法干涉；法院审理案件必须严格依照法律规定，统一正确适用法律，也就是说，司法机关审理案件只服从法律。

在我国，对司法权独立行使造成严重干扰的因素有两个，一是司法地方化，二是司法行政化。所以，为了确保审判权与检察权独立，就要推进以去地方化和行政化为重心的司法管理体制改革。

关于司法去地方化。这些年来，由于历史、经济、政治、国家治理体系等原因，我国司法呈现出明显的地方性特征，司法地方化倾向加剧，严重损害了司法公正和社会公平正义。进入20世纪90年代以后，随着市场经济的发展，地方政府的经济利益和利益集团的利益对司法产生了前所未有的影响，地方保护主义对司法施加的压力日趋加重，以致出现司法的“主客场”现象，构成对司法统一、司法公正的巨大挑战。在这种情况下，一些地方法院、检察院丧失其中立性、公平性本质而沦为地方利益的保护伞，甚至成为地方政府和地方商业利益集团巧取豪夺、暴力征用的工具，严重损害了司法的形象和声誉，损害了社会公平正义，破坏了法制尊严和统一。基于此，十八届三中全会《决定》和四中全会《决定》把去地方化作为司法改革的首要任务，通过改革人民法院体系和人民检察院体系、司法管理体制和司法管辖制度来破解司法地方化，具体举措包括“推动省以下地方法院、检察院人财物统一管理”,“探索建立与行政区划适当分离的司法管辖制度”等。

关于司法去行政化。目前各行各业行政化趋势普遍增强,法院的行政化倾向也日趋严重。法官和法院工作人员按照行政机关“官本位”层级模式定级,法官群体因被划分为不同等级而存在上下级隶属关系,院长对副院长、副院长对庭长、庭长对法官是一种领导与被领导、支配与被支配的关系。这就为法院各级领导影响和干预法官办案留下了制度空间。由于来自外部的党政机关干预和利益集团的影响主要是通过法院内部各级“领导”施加的,所以,审判庭庭长、分管副院长,甚至院长直接插手合议庭和法官审理案件、干预合议庭和法官裁决的情况时有发生,在一些法院甚至常规化,人情案、关系案由此发生。由于领导行政式地干预办案,法官审判的责任心有所下降,审判质量不高。

当然,在去行政化问题上也有一些误区或偏差。例如,审委会的存与废。在我国,所有国家机关的活动都必须遵循几个基本原则,一是坚持党的领导,这是正确行使职权的政治保证和组织保证;二是民主原则,这是由我国的国体和政体决定的;三是法治原则,就是要严格公正依法办事,依照宪法法律行使职权。这里,党的领导和法治原则不说了。主要说说民主原则。司法民主是我国司法制度的基石,也是司法权运行的基本原则。那么,司法民主是如何实现的呢?就法院来讲,司法民主的主要组织形式和实现载体是合议庭、审委会。当然,还有人民陪审员制度。所以,审判委员会的改革也好,合议庭的改革也好,都必须坚守司法民主的底线。在新一轮的司法改革当中,在去行政化的主张里面,把审判委员会也当作行政化的标志之一加以否定,基于这种认识而进行的司法权力运行机制改革实际演化为“去司法民主化”,去民主化的倾向是不对头的,它违背了我们国家基本的国体和政体,违背了一切国家机关都要依照民主原则、以民主化的方式行使权力的根本原则。

在法院的合议庭和审委会里面，司法民主的形式就两条：第一条是自由平等评议。每个法官都是平等的，也都是自由的。在审委会，主持会议的院长一般最后一个发言，如果一开始就发言，把调子定早了，其他法官有不同意见也就没法说话了。自由平等是为了保证大家没有顾虑地发表关于证据、关于法律适用的见解。第二条是少数服从多数，少数服从多数是民主的标志，也是民主的原则。在合议庭里面，只要形成了多数意见就可以形成有效判决，如果审判长或主审法官是少数意见，他没有权力否决另外两个法官或者四个法官的意见。有一些复杂、疑难、新型案件，如果任凭法官自己决断，而不经过合议庭或审委会集体研究，是很容易出错的。特别是一些重大的具有社会影响的案件，不经过由资深法官构成的审判委员会的评议或讨论决断，不经过庭长或分管院长审查由法官直接签发判决，那是很危险的。如果对当事人、对社会的危害很大的话，实际上法官个人负不了责任。比如，我们发生过那么多冤假错案，哪个冤假错案法官个人能负得了责任？不都是由国家赔偿、国家负责。这就是我们国家基本的司法制度。做过法院院长的人都明白，对于错案，法官真的负不了责任。例如，把一个案件判错了，一个工厂一夜之间倒闭，几百人、几千人失业，企业的财产一夜之间化为乌有，像这样的事情，是哪个法官个人能负得了责任的呢？所以我们强调人民法院独立行使审判权，这个宪法原则是不能动摇的，怎么进行司法改革这一点都不应该动摇，这是中国特色社会主义司法制度的底线。不能把司法改革归结于“法官行使独立审判权”，这是错误的，法官仅仅是独立办案，法院才是独立行使审判权。坚持人民法院独立审判，就是坚持司法民主。

司法行政化不仅表现在一个法院内部，也表现在法院系统内部。上级法院过多地干预下级法院的审判工作，事前干预、审理过程干预、审判之后继续干预，也有扩大的趋势。超越法律规定的各种名堂的“内审”,不仅拖延了审判期限,而且滋生司法腐败。上级法院对下级法院行政化绩效考核中的改判率、发回重审率等指标,也迫使下级法院(法官)不得不经常“请示”上级法院(法官),以避免改判或发回重审。

针对司法行政化的弊端和危害,《决定》采取了多项司法去行政化措施。其中包括:“健全司法权力运行机制。”“改革审判委员会制度,完善主审法官、合议庭办案责任制,让审理者裁判、由裁判者负责。明确各级法院职能定位,规范上下级法院审级监督关系。”司法去行政化,是为了确保法官独立办案、独立负责地作出裁判,更好地提高法官的司法能力和水平。此外,中央还明确规定建立健全违反法定程序干预司法的登记备案通报制度和责任追究制度。改革涉法涉诉信访机制,建立健全涉法涉诉信访依法终结制度,凡是涉及法律的信访都应回归司法程序,避免行政化方式处理涉法涉诉信访所造成的社会问题。在重视发挥审判委员会、合议庭作为司法民主组织形式积极作用的同时,推进法院内部去行政化改革。完善主审法官、合议庭办案责任制。在保证人民法院依法独立行使审判权的同时,确保主审法官、合议庭在案件审判中的主体地位和作用。完善主审法官、合议庭依法独立办案责任制。健全审判权运行机制,真正让主审法官、合议庭在法定程序内行使职权,让审理者裁判、由裁判者负责。

第二,推进司法职权配置科学化。自党的十七大提出优化司法职权配置的任务以来,有关司法改革的方案都涉及优化司法职权配置这个问题。十八届三中全会《决定》从“健全司法权力运行机制”的新角度再次关注司法职权优化问题。《决定》指出:“优化司法职权配置,健全司法权力分工负责、互相配合、互相制约机制,加强和规范对司法活动的法律监督和社会监督。”优化司法职权配置,形成在党的领导下,在宪法法律的制度框架内,司法机关(含具有部分司法职能的机关,如公安机关、司法行政机关)之间既互相制约监督又有效协同配合的法治局面。

优化司法职权当以首先保证人民法院依法独立公正行使审判权为要义。在全部司法案件中,人民法院直接受理的民行诉讼案件约占90%;在刑事诉讼案件中,人民法院担负着最终定罪量刑、惩恶扬善的职责。所以,从司法权运行规律出发,必须确立以审判权为中心的科学理念,必须树立审判权应有的权威。司法改革不能以牺牲或弱化审判权为代价。然而,最近二十多年,我们看到的却是审判权持续弱化,审判权运行空间被不适当地压缩,人民法院缺乏应有的尊严,司法公正得不到应有的认可和维护:行政诉讼案件立案难、审理难、执行难;法院的民事判决经常得不到当事人自觉履行和有效执行;大量涉府执行案件执行不能、执行不力;针对法院的涉诉信访居高不下,法院疲于应对缠访、闹访、反复访、群体访;法院难以依法理直气壮地排除非法证据等。新一轮司法体制改革强调“健全司法权力分工负责、互相配合、互相制约机制”,强调“严格实行非法证据排除规则”,强调“把涉法涉诉信访纳入法治轨道解决,建立涉法涉诉信访依法终结制度”,强调推进“以审判为中心的诉讼制度改革”,等等。

优化司法职权配置尚有很大的制度空间。围绕破解司法职权配置职能交叉、制约监督不力难题,将检察机关立案侦查职务犯罪嫌疑人审查批准逮捕权划归审判机关,将审判机关对民事、行政案件生效裁判的执行权划归司法行政机关,将公安机关对生效裁判余刑三个月以下罪犯的监禁权和未生效判决的犯罪嫌疑人、被告人看守监管权划归司法行政机关。规范审判机关、检察机关、公安机关、司法行政机关相互制约的程序,不得违反法定程序相互借用职权、联合办案。制定专门诉讼监督程序法,完善检察机关行使诉讼监督权的运行程序。

第三,推进人权司法保障法治化,切实维护人民权益。完善人权司法保障制度、推进司法人权保障法治化作为新一轮司法改革的重中之重。党的十八届三中全会《决定》和四中全会《决定》都从尊重和保障人权的宪法原则和法治理念出发，把“完善人权司法保障制度”作为司法改革的重大任务，这在我国司法改革史上是前所未有的。在司法领域，严重侵犯人权的现象集中表现在对公民人身权利和自由的侵害，以及对公民财产权利的侵害两个方面。三中全会《决定》有的放矢地宣告“严禁刑讯逼供、体罚虐待”，强调“健全错案防止、纠正、责任追究机制，……严格实行非法证据排除规则”。在一些案件当中，随意违法违规处置犯罪嫌疑人的财产、赃款赃物，并且不随案移送，因此当刑事被告人被宣告无罪时，被查封、扣押的财产却往往渺无踪影。在一些民事案件中，超标的查封和扣押当事人的财产，严重影响当事人的正常经营和生活的情况也大量存在。对此，三中全会《决定》要求“进一步规范查封、扣押、冻结、处理涉案财物的司法程序。”强化疑罪从无、无罪推定、程序正义的司法理念，强化非法证据排除规则的适用和监督，建立健全严禁刑讯逼供、体罚虐待的约束机制。完善错案防止纠正责任追究制度。针对这些年严重侵害人权的冤假错案接连发生，中央政法委发布了《关于切实防止冤假错案的规定》，就严格遵守法律程序，加强防止和纠正错案机制建设作了明确规定，一是健全防止错案机制，严格遵守证据裁判原则，严禁刑讯逼供、体罚虐待，严格执行非法证据排除规则，准确把握刑事案件证明标准。二是健全发现错案机制，着力保障犯罪嫌疑人、被告人、罪犯的申诉、控告权，充分发挥律师的辩护作用。三是健全纠正错案机制，明确错案的认定标准和纠错启动主体，完善错案纠正程序。四是建立错案责任追究机制。最高人民法院颁布了《关于建立健全防范刑事冤假错案工作机制的意见》，要求尊重被告人的诉讼主体地位，维护被告人的辩护权等诉讼权利，坚持依法独立行使审判权原则、程序公正原则、审判公开原则和证据裁判原则。2013 年，全国法院恪守罪刑法定、证据裁判、疑罪从无等原则，严格排除非法证据，依法宣告825名被告人无罪，确保无罪的人不受刑事追究。完善以国家司法救助制度、诉讼费用担保制度、法律援助制度为基础的司法救济体系。优化刑事辩护权的配置，充分保障对可能判处无期徒刑以上刑罚的犯罪嫌疑人、被告人获得诉讼全过程的法律援助。

值得注意的是，《决定》还把“逐步减少适用死刑罪名”作为完善人权司法保障制度的重点项目提出来。把死刑问题与人权保障联结起来，这在党的文件当中可能是首次。《决定》把“废止劳动教养制度”也作为完善司法人权保障制度的一项内容，2013年12月28日，全国人大常委会决定废止执行了56年的劳动教养制度，可谓中国人权司法保障的一大亮点，是中国司法文明的重大进步，受到国内外舆论的一致好评。这样一些改革，积极回应了社会对人权问题的期待。最高人民检察院也制定了《关于切实履行检察职能、防止和纠正冤假错案的若干意见》，要求坚决杜绝通过刑讯逼供等非法手段获取证据，要依法核实和排除非法证据，客观、公正作出处理决定。

健全人权司法保障制度，还要加快完善诉讼制度，切实保障人民群众诉讼权利。继续推进刑事诉讼制度和民事诉讼制度的完善，加快行政诉讼法的修改，创新行政诉讼制度，依法保障人民群众诉权，确保人民群众高效便捷地通过司法途径、在法律范围内实现权利救济、正义伸张、矛盾化解，引导和保障人民群众以合法理性的方式表达诉愿。

完善科学文明高效便民的诉讼机制。以一审明断是非定分止争、二审案结事了、再审依法纠错为龙头，完善司法为民的诉讼机制。建立健全网络、电话、邮件、信函，公民预约、社区巡回、上门服务特殊人群等受案、立案、申诉多渠道便民利民方式，规范司法救助，让老百姓打得起官司，让群众合理诉求及时就地解决。建立健全多途径推进繁简分流和速裁机制，轻微违法犯罪案件快速处理机制，保障当事人便利诉讼、权利救济、权益保障。加快建立宽平台的法律咨询、法律服务、诉讼引导机制,引导群众形成内心信法、遇事找法、解决问题靠法的法治习惯。

第四,推进司法的专业化、职业化、正规化,增强司法人员的能力。司法职业的特点非常明显。然而,由于历史与现实的多种原因,我国司法职业化程度低于世界平均水平,这表现在:其一,一些没有受过法律职业教育、没有法律工作经历的领导干部,因为提拔晋级的通盘考虑而被安排到法院院长、检察院检察长的岗位上。其二,对法官、检察官与对党政机关的公务员无区别地管理,选任法官、检察官除了通过司法考试之外,还要参加公务员考试。其三,违背司法职业特点实施司法干部人事管理。很多地方把法官、检察官当作普通"干警","一刀切"地按照公安警察的管理方式来管理法官、检察官。其四,司法职业共同体没有形成,法官、检察官、律师互相交流渠道不畅。其五,法官、检察官的职业保障制度存在缺陷,时常发生坚持法律底线、抵制非法干预的法官、检察官被打击报复,被随意调离司法工作岗位的情况。为了提高司法职业化水平,加强司法职业保障,三中全会《决定》要求:"建立符合职业特点的司法人员管理制度,健全法官、检察官、人民警察统一招录、有序交流、逐级遴选机制,完善司法人员分类管理制度,健全法官、检察官、人民警察职业保障制度。"同时,"完善律师执业权利保障机制和违法违规执业惩戒制度,加强职业道德建设"。完善司法人员职业准入、职业培训、考核晋升、交流轮岗、福利待遇、终身职业保障等制度体系。建立与法官法、检察官法、人民警察法规定的法律职务等级挂钩的薪金福利保障、与公务员法衔接的单独的职务序列及工资制度。建立法官、检察官遴选委员会、惩戒委员会和职业道德委员会等评价体系,承担司法人员职务晋升、职业禁止、违法惩戒等事务。

推进法律职业共同体建设。探索建立法官、检察官、警官、律师、法律学者等法律职业良性流动机制。完善律师执业权利保障机制和违法违规执业惩戒制度。

完善司法人员分类管理改革。围绕破解制约司法能力难题，加快推进司法职业化，建立以法官、检察官为主体，以司法助理官、书记官、司法警察、专业技术人员为辅助，以综合管理服务事务官三个序列适度分离的现代司法组织体系。

第五，推进司法保障体制机制常态化。最近几年，司法的物质保障有了较大改善，但仍存在较为突出的问题。部分法院在受理案件剧增、办案支出扩大而同时诉讼费用锐减的情况下办案经费紧张，特别是经济相对落后的省区法院，问题更为突出。为此，建议尽快研究建立人民法院经费保障长效机制，将人民法院人员经费、公用经费、办案经费全额纳入财政预算，与诉讼费收入彻底脱钩；加大中央和省级财政转移支付力度，有效保障高级法院、中级法院和落后地区的城区法院正常运转和法庭建设、信息化建设、基础设施建设、装备建设。建立省以下“相对均等化”的司法经费统一管理体制。

注　释

〔1〕 习近平:“切实把思想统一到党的十八届三中全会精神上来”，载《人民日报》2014年1月1日，第2版。

〔2〕 W. Aldis Wright M. A. , Bacon's Essays and Colours of Good and Evil with Notes and Glossarial Index, New York: the Macmillan Company, 1899, p. 222.

司法改革的理论热点与盲点*

“理论创新对实践创新具有重大先导作用，全面深化改革必须以理论创新为先导。”习总书记讲的是全面深化改革，那么深化司法体制改革也是如此。理论问题不解决好，深化司法体制改革的指导思想与目标模式问题，改革的方向与路径问题，改革的方法与策略问题，是难以解决好的。

司法制度是政治制度的重要组成部分。司法体制改革是政治体制改革的重要环节。党的十八大报告提出：“政治体制改革是我国全面改革的重要组成部分。必须继续积极稳妥推进政治体制改革，发展更加广泛、更加充分、更加健全的人民民主。必须坚持党的领导、人民当家做主、依法治国有机统一，以保证人民当家做主为根本，以增强党和国家活力、调动人民积极性为目标，扩大社会主义民主，加快建设社会主义法治国家，发展社会主义政治文明。”这是党中央对中国政治发展提出的重大战略任务。在此基础上，十八大报告明确要求：“进一步深化司法体制改革，坚持和完善中国特色社会主义司法制度，确保审判机关、检察机关依法独立公正

---

* 本文是作者2013年12月5日在“深化司法体制改革，全面推进法治中国建设”高端论坛上的专题发言提纲，由吉林大学法学院法学理论专业2012级博士研究生李爽整理。

行使审判权、检察权。”这是党中央对新时期司法改革提出的重大政治任务。十八届三中全会再次强调：“深化司法体制改革，加快建设公正高效权威的社会主义司法制度，维护人民权益，让人民群众在每一个司法案件中都感受到公平正义。”这是党中央对推进法治中国建设中的司法改革问题提出的总体目标。

当前，司法体制改革滞后于经济体制改革、政治体制改革的原因很多，但总体上说主要原因是理论准备不足、研究深度不够。虽然不能说完全没有理论研究，也不能说没有任何理论准备，但它的深度是否足以推动这场改革深入推进？它的广度是否足以推动这场改革全面开展？这也就更加突显了讨论和研究司法改革的基本理论对于新时期深入推进司法改革的重要意义。从对三中全会决定的反复研读和仔细梳理之中，我们可以发现中央决定深化司法改革的重大决定中，提出了一系列相互关联的新举措，这些新举措中蕴含着丰富而深厚的司法改革的基本理论问题，同时改革决策和举措也促成司法理论热点的形成与盲点的显露。

一、司法在法治中国建设中的位置

三中全会决定指出：“建设法治中国，必须坚持依法治国、依法执政、依法行政共同推进，坚持法治国家、法治政府、法治社会一体建设”。初看起来，没有了司法和司法改革的位置。但认真分析起来，在三个“共同推进”、三个“一体建设”，司法显然是包括在依法治国和法治国家之中。就是说，“共同推进”中包括推进公正司法；“一体建设”中包括建设公正高校权威的社会主义司法制度。

二、司法改革观问题

“加快建设公正高效权威的社会主义司法制度，维护人民权益，让人民群众在每一个司法案件中都感受到公平正义”，这是全部司法改革理论的结晶，是根本的司法改革观。

以往中央关于司法改革的文件都将落脚点放在“建设公正高效权威的社会主义司法制度,确保审判机关、检察机关依法独立公正行使审判权、检察权”上,此次《决定》的不同之处在于:第一,强调了“加快建设”,那么为什么强调“加快”?是不是因为现行司法制度已经远远不能满足人民群众的司法需求?现行司法制度的合法性、正当性何在?如何加快建设?第二,将落脚点放在“维护人民权益,让人民群众在每一个司法案件中都感受到公平正义”上,这是否意味着司法改革由功利型、政治化改革转向价值型、人文化改革?第三,如何理解“让人民群众在每一个司法案件中都感受到公平正义”?这一要求的合理性限度?在司法实践中能否真正实现?如何实现——实现的途径是什么?

三、司法、司法权的基本理论

审判权、检察权以及由此产生的司法、司法权、司法机关的基本概念问题。审判权、检察权的内涵到底是什么?主体是谁?学界对此尚未达成共识,目前的研究是否与宪法的规定是同一内涵?是否还能有所突破?法理学认为司法是法律的适用,即将法律适用于具体案件的活动,诉讼法学认为司法是与诉讼活动相联系的国家活动,那么我们今天要深化的司法体制改革所指的司法到底是什么?公安机关的侦查活动、检察机关的公诉活动是否属于司法?可否将公安机关的侦查活动、检察机关的公诉活动界定为司法准备阶段?又是否包含在司法改革之中?

审判权与检察权之间的关系问题。从全国法院受理案件的总量和类型来看,刑事案件仅占总量的十分之一左右,而民事案件所占比例达到90%以上。因此,可否说司法活动的广泛主体是人民法院,司法权的核心是审判权,司法改革必须以审判权为核心优化司法权配置?

四、“司法独立”理论

“确保人民法院和人民检察院依法独立公正行使审判权检察权”，是我国宪法确立的司法原则。但对于这一原则却有不同理解。“依法独立公正行使审判权检察权”的主体是人民法院、人民检察院，还是法官、检察官？还是合议庭？这个基本问题不搞清楚，接下来的改革措施就没办法设计。依照我国宪法规定，人民法院、人民检察院是依法独立公正行使审判权、检察权的主体。由此产生一个问题：“完善主审法官、合议庭办案责任制，让审理者裁判、由裁判者负责”，是否意味着主审法官、合议庭独立行使审判权？法官、检察官、合议庭成为依法独立行使司法权的主体？这是否符合宪法的规定？

“改革司法管理体制，推动省以下地方法院、检察院人财物统一管理”：由于司法权的国家属性，司法经费应由中央预算保障，但由于我国目前尚未具备这一条件，所以三中全会决定仍然以省级保障为主，中央的经费作为补充来源。此举改革的目的在于实现司法机关的人财物独立于地方。首先，“统一管理”的具体内涵是什么？“统一管理”的主体或主导是谁？是省级司法机关统一管理下级司法机关的人财物，还是省级党委、人大、政府统一管理？“统一管理”的对象人财物，是否可以扩大理解为司法人事管理、司法行政管理的全部事务？其次，“统一管理”的宪法、法律依据何在？具体措施如何操作？操作不好、措施不到位，是否会产生预期效果？是否会使本就备受诟病的司法机关系统内部的司法行政化问题日趋严重？从而影响司法机关独立行使司法权？最后，在更加根本的意义上，此项改革是否会使审级制度形同虚设？反而会损害了司法权独立行使的根基？此外，此项改革还涉及与财税体制改革相衔接的相关内容。

“探索建立与行政区划适当分离的司法管辖制度”：司法管辖

区域的确定与“人财物”管理体制密切相关。在研究制定司法管辖区与行政管理区适当分离改革方案时，必须考虑法官、检察官的任免机构与管辖区域之间的关系。

“完善主审法官、合议庭办案责任制”：实际是还审判权于独任法官、合议庭。但这必须以人民法院的整体相对独立和法官、检察官的职业化为条件。否则，实行此种审判责任制，则容易产生司法腐败、司法不公，导致大量错案出现，故审判委员会的职能不宜削弱。

五、司法民主理论

司法民主是中国特色社会主义司法制度人民性的集中体现，审判委员会、检察委员会是司法民主的最高组织形式。

为什么这里只提到改革审判委员会制度？这一改革意见与“完善主审法官、合议庭办案责任制”前后衔接，是否意味着审判委员会功能的转向？由研究讨论重大疑难复杂案件，转向司法业务指导与司法政策把握？那是否会对司法民主有所损害？

全会决定提出“广泛实行人民陪审员、人民监督员制度”：这项制度是司法民主的重要体现。司法民主，不是简单地否定司法职业化，也不是片面地否定司法权独立行使。司法民主，有利于促进司法职业化，也有利于保证司法权独立行使。那么人民陪审员、人民监督员是否能够行使与法官、检察官相同的权力？这种制度是否具有合理性？其理论参照与制度参照是什么？人民陪审员、人民监督员应当行使与其能力范围相符合的司法权力，这也是尊重司法权力运行客观规律的要求和体现。

六、遵循司法权客观规律理论

“健全司法权力运行机制”：其根本前提是遵循司法权力运行的客观规律。那么这些客观规律是什么？

权利制约权力理论。“优化司法职权配置,健全司法权力分工负责、互相配合、互相制约机制”:如前所述,优化司法职权配置应当以审判权为核心。“分工负责、互相配合、互相制约机制”是我国司法制度的社会主义本质体现和中国特色所在,也是我国司法制度的政治优势、法律优势和工作优势所在。如何在党委统一领导下,既保证分工负责,又能做到互相配合与互相制约?分工负责涉及各种司法权力的界分,互相配合涉及司法权力的相互衔接,互相制约则涉及司法权力之间的互相监督。这需要不断完善和创新党委及其政法委对司法机关的领导和协调机制,需要改革政法委对司法机关的领导方式,并使之规范化、制度化、法律化。司法权力互相制约实质来源于权力制约权力,应当在“权力制约权力”之外加上“权利制约权力”。

司法权力的运行,要求有与之相适应的司法权力主体。这就涉及司法职业化问题。全会决定“建立符合职业特点的司法人员管理制度,健全法官、检察官、人民警察统一招录、有序交流、逐级遴选机制,完善司法人员分类管理制度,健全法官、检察官、人民警察职业保障制度”:这里涉及法官法的有效落实和修改完善的问题。首先,司法人员的范围包含哪些人员?是作广义理解,包括司法机关内部的司法辅助人员,包括法官助理、书记员等,还是作狭义理解,仅法官、检察官?其次,司法人员的职业特点是什么?与其他行业的工作人员有何根本区别?其不同于一般公务员的独特之处体现在什么地方?再次,司法人员分类管理,从此处看,司法人员似乎应作广义理解,那么分类管理是否可以从两院组织法中找到依据?这关乎着两院组织法的修改问题。最后,“健全法官、检察官、人民警察职业保障制度”,其根本目的无疑是为了确保依法独立公正行使审判权检察权,那么还是回归到这个理论问题的根本,法官、检察官的职业特点是什么,如何以职业特点为基础建立相应的职业保障制度?

七、司法公正高效权威理论

习近平总书记在关于三中全会的说明中指出:“这些年来,群众对司法不公的意见比较集中,司法公信力不足很大程度上与司法体制和工作机制不合理有关”,“这些改革举措,……对提高司法透明度和公信力、更好保障人权都具有重要意义。”为了提高司法公信力,全会决定从加强司法监督、扩大司法参与、推进司法公开等方面提出了具体举措。

“加强和规范对司法活动的法律监督和社会监督”:由此产生的理论问题是,严格意义上的法律监督的主体和形式有哪些?检察机关的法律监督、人大的法律监督?社会监督是宪法、法律中没有的概念,那么基于何种理论提出社会监督?社会监督司法的理论依据是什么?社会监督现在不可小觑,其往往在很大程度上影响司法机关的司法活动的过程甚至结果。如何在社会对司法的高度聚焦之下,规范社会监督的方式?如何用好社会监督的结果?

司法监督、司法公开都源于司法公正高效权威理论。司法公正是社会公正的底线和基石。司法公正不仅要通过司法活动实现,还要以人们看得见的方式实现,这就从司法公正理论出发产生了对司法公开、司法监督的需求。

“拓宽人民群众有序参与司法渠道”:这是提升司法公信的重要方式。

八、司法改革的合法性与合理性问题

在司法体制改革进程中,必定会对现行法律有所突破。那么是否改革就不能突破法律?那样的改革是否还能称之为改革,或者说算得上改革的都是对现行制度的突破?那么如何解决改革的合法性问题?习近平总书记在对三中全会决定的说明中已经讲得非常清楚:“搞改革,现有的工作格局和体制运行不可能一点都不打破。”那这就产生了先修法还是先改革的问题。我个人认为，应当先修法再改革，当然在修法之前可以先搞试点，先行先试。因为，司法改革是建设法治中国的组成部分，那么既然要建设法治中国，其首要前提必然是依法治国。如果司法改革本身就在违法以至违宪，如何维护宪法法律权威，如何谈得上依法治国、依宪治国、建设法治中国？

现行司法制度的预期合理性与现行合理性问题。制度设计本身的合理性是否成立？如果没有合理性，那么就应当推倒重来。但有些制度设计本身是好的，但由于制度、体制和机制甚至技术的原因而没有充分发挥出来，就需要通过改革使之合理性得到充分展现。

九、司法改革的方法论问题

三中全会决定运用了很多程度副词修饰具体举措，如加快建设（公正高效权威的社会主义司法制度）、进一步健全（宪法实施监督机制和程序）、推动（省以下地方法院、检察院人财物统一管理）、探索建立（与行政区划适当分离的司法管辖制度）、逐步减少（适用死罪名）……这些词语的使用是有深刻的理论背景和实践背景的，是有深意的，绝不是简单的修饰。这些词语首先表明了深化司法体制改革的基本前提是认同中国特色社会主义司法制度的优越性和合理性，其次意味着实施或开展相关改革的渐进性或递进性。也就是说，我们的改革不是激进的改革，不是急于求成、一蹴而就的改革，而是有所作为、循序渐进的改革。有些改革措施，可以先在一些地区搞试点，在试点经验的基础上再自上而下、推而广之，有些改革措施从设计到实施，再到呈现效果，需要一个逐步推进的过程，这个过程可能还很漫长。全部的改革措施必须慎重，要反复研究、科学论证，进行必要性与可行性分析，进行长远目标与眼前目标分析，法律经济学与法律社会学分析。比如，我们的再审制度改革，民事申请再审案件不再收取诉讼费，这一改革的利弊分析等。

十、人权司法保障的理论

三中全会决定在建设法治中国的最后一节提出了“完善人权司法保障制度”，这无疑是我党执政理念和治国理念进一步提升的鲜明体现。

“废除劳动教养制度”：法治国家对于限制人身自由的处罚必须由具有审判权的法院来行使，这是人权理论的基本原则。那么，如何避免在社区矫正中侵犯人权，保障被矫正人员的人权性权利？

“健全国家司法救助制度”：司法救助不是司法机关自身的问题，是一个法律问题，更是社会问题，也是如何使司法资源在社会分配中实现公平正义的一种实现途径和有效保障。

“完善律师执业权利保障机制和违法违规执业惩戒制度”：律师的权利保障，除个别涉黑、重大刑事案件外，基本保障已不成问题。成问题的是如何规范律师执业行为，加强对律师执业活动的监督，对于违法违规操作的律师，惩戒的力度是否足够或还需加大？

总之，上述基本理论是三中全会决定关于深化司法体制改革所涉及的基本理论问题。这些问题，必须在研究制定改革方案时予以认真研究，充分考虑。只有正确的理论，才能有成功的实践。在推进新时期司法改革的进程中，只有始终坚持以正确的理论指导改革，以先进的理论联系实际，以科学的理论推动实践，司法改革才能获得成功，这也是自开展司法改革以来直至今日，司法改革在坎坷曲折的发展进程中所积累的基本经验。

全面深化司法体制改革*

欣读即将付梓出版的徐汉明、汪习根、谢鹏程、姚莉、金鑫等学者所著《问题与进路：全面深化司法体制改革》深受启发，为之赞叹。

中国特色社会主义司法制度是中国特色社会主义政治制度的重要组成部分，是社会主义现代化事业的司法保障。它是中国共产党领导广大人民群众，以马克思主义为指导，立足中国国情，在认真总结法治建设成功经验，科学借鉴人类法治文明优秀成果的基础上建立和发展起来的司法制度；是中国特色社会主义理论体系在法治实践中取得的伟大成就，是人类法治文明发展史上的新的创举。司法制度相对于行政制度而言有它的相对独特性。其司法权行使与行政权行使有较大的区别，它集中体现在权力运行的受动性、中立性、独立性、职业性、公正性、程序性、裁断性、终局性等特点上。这些特点使司法成为维护公平正义的“最后一道防线”、维护宪法法律权威的“最后一道防线”，具有定分止争、权利救济、制约公权、维护公平、保障人权、实现正义、促进和谐、增进福祉

---

* 本文是作者为徐汉明、汪习根、谢鹏程、姚莉、金鑫等同志所著《问题与进路：全面深化司法体制改革》一书所写的序言，发表于《法制日报》2015 年 6 月 24 日第 11 版。

的价值功能。我国的司法制度区别于西方国家司法制度的根本之处在于其“人民性”,它集中体现了人民的根本意志,表达了人民的根本愿望、反映和维护人民的根本利益、满足人民对司法文明政治文明在内的日益增长物质文化需求。

新中国成立以后,特别是改革开放以来,中国坚持从国情出发,在承继中国传统法律文化优秀成果、借鉴人类法治文明的基础上,探索建立并不断完善中国特色社会主义司法制度。中国司法制度总体上与社会主义初级阶段的基本国情相适应,符合人民民主专政的国体和人民代表大会制度的政体。但是,随着改革开放的不断深入特别是社会主义市场经济的发展、依法治国基本方略的全面推进,司法体制僵化和司法能力不足与人民群众日益增长的司法需求之间的基本矛盾逐渐显现,中国司法制度迫切需要改革、完善和发展。所以,党的十五大正式提出推进司法改革,十六大提出司法体制改革,十七大提出深化司法体制改革。回顾前三轮改革,主要特色是:改革的路径是由酝酿准备到“两高”自主启动,由司法机关内部推动向中央决策组织推进,由完善工作机制向触及司法体制改革三个重大转变与跨越,取得了明显的阶段性成果,提升了司法机关维护社会公平正义的能力,加强了人权保障,增强了司法能力,践行了司法为民,从而为经济社会发展提供了司法保障、法治秩序与法治环境。反思前三轮改革,也存在顶层制度设计的系统性、整体性、协同性不够;改革力度层面“问题导向”不足,一些影响制约司法制度现代化建设的体制性障碍、机制性束缚、保障性困扰尚未突破,改革呈现“负和博弈”、“零和博弈”的现象;改革步伐一定程度上滞后于经济体制、文化体制、社会体制改革。

党的十八大提出进一步深化司法体制改革。之后,党的十八届三中全会和四中全会相继对司法体制改革做出深入且全面的部署。党的十八届三中全会通过的《中共中央关于全面深化改革若干重大问题的决定》和四中全会通过的《中共中央关于全面推进依法治国若干重大问题的决定》是针对司法体制和司法运行中的突出问题而提出改革的任务和路经的。我国司法体制及其运行的突出问题表现在:(1)司法地方化,即司法机关及其工作人员在司法活动过程中受到地方机关或者地方利益团体的不当控制和干扰,导致司法机关及其工作人员丧失其应有的独立权力和地位。(2)司法行政化,即违背司法的规律,将法院、检察院、法官、检察官及司法判断过程纳入行政体制的命令与服从关系之中,按照行政权的行使方式行使审判权、检察权。(3)司法职业化水平较低,即缺乏统一规范科学的法官、检察官招录准入制度,层级司法机关招录准入司法人员规则不公平、机会不公平、起点不公平;法官、检察官遴选制度不统一、不规范,导致司法人员"一考定终生",形成基层有实践经验的司法人员无法进入国家、省级高层司法机关供职,高层司法机关的司法人员不少只有"三门经历",即家庭门、学校门、机关门,形成"机关大、衙门深、一些人员素质能力不适应"的"悖论现象"。(4)司法权配置不科学。司法职权在纵向配置上实行中央与地方分享,使得国家统一的司法权力在行使过程中往往受到地方的不当干预和制约。司法职权横向配置存在侦查职能与监管、看守及刑罚职能、审判职能与执行职能、法律监督职能与侦查职能等交叉混同,司法机关分工负责、相互配合、互相制约的运行机制存在一定缺陷。同一系统的机构职能配置方面"权、责、利"不统一,存在上级与下级司法权运行程序不规范,内部监督制约不足,司法的被动性、中立性、亲历性、终极性的运行规律体现不充分,行政隶属色彩浓厚,冤错案责任追究难以落实。司法权能结构配置方面,司法权与司法行政事务权没有有序分离,在审判机关、检察机关内部,一批司法行政事务人员与法官、检察官的职业岗位、法律职称交叉混同,司法人员的履职资格、法律职务序列模糊不清,给司法队伍专业化、职业化、精英化建设带来种种困难。

(5)人权司法保障滞后。近年来,我国人权保障事业取得了很大进步,但仍存在人权司法保障制度相对滞后和不完善的问题。比如,有罪推定的思维模式和重打击轻保护、重实体轻程序等陈旧司法观念根深蒂固;刑讯逼供,严重侵犯犯罪嫌疑人、被告人人身权利的现象屡禁不止;滥用职权、非法使用强制措施、超期羁押的问题频出;侦查人员在搜查和扣押的过程中经常发生不出示搜查证而非法侵入住宅的情形;扣押物品超越法定范围,不应当扣押的物品该及时解除不解除;法律援助覆盖面窄,标准不统一、政府法律援助责任不明晰、经费保障落实不到位;司法救助行为单一、被救助对象不明确、当救助无救助、救助资金保障不到位;社区矫正法律制度不完善、机构不健全、队伍力量较薄弱、协调机制不顺畅;律师执业权利得不到有效保障等等。人权司法保障制度滞后致使冤假错案屡禁不止,公民人身权、财产权遭受侵害频频发生并难以救济,有时引发社会纠纷矛盾频发,导致司法信任危机、司法公正公信受到挑战。如此等等需要全面梳理,认真审视,为推进新一轮司法改革,实现建设公正高效权威的社会主义司法制度的目标"把脉问诊"。

党的十八大以来,党中央从党和国家发展的战略高度,提出法治是治国理政的基本方式;推进科学立法、严格执法、公正司法、全民守法、人才强法,坚持法律面前人人平等,保证有法必依、执法必严、违法必究;进一步深化司法体制改革,确保审判机关、检察机关依法独立公正行使审判权、检察权。党的十八届三中全会通过的《中共中央关于全面深化改革若干重大问题的决定》把深化司法体制改革作为全面深化改革的重中之重,部署了"确保依法独立公正行使审判权检察权"、"健全司法权力运行机制"、"完善人权司法保障制度"等重大任务。党的十八届四中全会进一步把"保证公正司法、提高司法公信力"作为全面推进依法治国、实现国家治理现代化战略任务之一,提出了六十多项司法改革具体任务。这是深化司法体制改革的重要指针和根本依据，为解决影响司法公正公信、制约司法能力的体制性障碍、机制性束缚、保障性困扰，不断完善和发展中国特色社会主义司法制度，全面推进“法治中国”建设，提供了正确方向、精神动力、智力支持和行动指南。深化司法体制改革事关“法治中国”建设，是促进社会公平正义、增进人民福祉的重要举措，是推进国家治理体系和治理能力现代化的现实需要。

《问题与进路：全面深化司法体制改革》一书紧紧围绕司法体制改革的总目标、根本尺度和重大任务，全面系统深入地探讨了司法体制改革的理念、制度与方法，对“完善依法独立公正行使审判权检察权制度”、“优化司法职权配置”、“推进严格司法”、“加强人权司法保障”、“加强对司法活动的监督”等方面的问题进行了认真梳理并有的放矢地提出司法改革的制度设计，还就司法体制改革涉及的相关法律的修改提出了若干具体建议。上述理论探索、制度设计、修法建议必将为深化司法改革、创新发展中国特色社会主义司法制度、建设中国特色社会主义法治体系提供高质量的智识支持和学理支撑，同时为司法改革研究提供丰富的学术资源。

作为司法改革领域的重点力作，《问题与进路：全面深化司法体制改革》一书立足国情，有的放矢，饱含着著者群体良好的学术素养和宝贵的实务经验。实践为学术的进步提供实情例证和研究对象，学术的发展又推动了实践的进步，两者相辅相成、相得益彰。《问题与进路：全面深化司法体制改革》一书是我们正确认识并深化理解司法体制改革所应当认真研读的力作！

以提升司法公信力为核心深化司法改革*

十八大以来高层正在紧锣密鼓地谋划和设计司法改革。即将召开的十八届三中全会将对全面深化改革做出总体部署,其中也将包括司法体制改革。

建国以来我国的司法改革已经经历了两次:第一次是建国之初的革命性司法改革,也可以称之为“司法革命”,即新民主主义革命和社会主义革命在司法领域的展开。第二次是“文化大革命”结束后进行的恢复重建性司法改革。目前正在酝酿的将是第三次改革,是一次重大的带有突破性的体制改革。党的十八大把司法体制改革作为政治体制改革和实施依法治国基本方略的重大任务提出来,足见这个问题任重道远。在2月23日,中央政治局集体学习会议上,习近平总书记再次强调要深化司法改革,确保司法机关依法独立公正地行使职权。改革开放三十多年来,我国的司法改革经历了从零敲碎打到整体纵深推进的过程,中国特色社会主义司法制度得以形成并不断完善和发展,中国特色社会主义司法制度的优越性也得到有力展示和发挥。

---

* 本文是作者2013年11月1日在浙江工商大学所作学术报告的基础上根据录音整理而成。

一、新一轮司法改革的阶段性目标

新一轮司法改革的阶段性目标应当定位在提升司法公信力上。这是根据十八大全面建成小康社会总目标提出来的。十八大把不断提升司法公信力作为全面建成小康社会在法治领域的核心指标。十八大报告将司法公信作为道德领域需要专项教育和治理的突出问题，又把司法公信力不断提高作为依法治国、政治文明和全面小康社会的基本目标。可以说，这是有的放矢、切中要害、抓住关键。

什么是司法公信力？公信力，意即使公众信服的力量。不同的研究者可能给出不同回答，如司法公信力就是司法赢得社会公众信任和信赖的力量；[1]或者司法的公信力是一定社会的司法机构通过其职权活动使国家司法在整个社会生活当中建立起来的一种公共信用。这种公共信用一方面体现为公众对司法的充分信任与依赖，对司法权威的自觉服从。另一方面体现为法律在整个社会中的权威已经树立，社会公众对法律持有十足的信心。[2]以及更为详细的定义：司法公信力是一个具有双重维度的概念。从权力运行角度，司法公信力是司法权在其自在运行的过程中以其主体、制度、组织、结果、功能、程序、公正结果承载的获得公众信任的资格和能力；从受众心理角度，司法公信力是社会组织、民众对司法行为的一种主观评价或价值判断，它是司法行为所产生的信誉和形象在社会组织和民众中所形成的一种心理反应包括民众对司法整体形象的认识、情感、态度、情绪、兴趣、期望和信念等，也体现为民众自愿配合司法行为，较少司法的运行成本，以提高司法效率。综合而言，司法公信力是司法与公众之间的动态、均衡的信任交往与相互评价。[3]“司法公信力是既能够引起普遍服从，又能够引起普遍尊重的公共性力量。”[4]司法公信力使得人们对司法的服从不仅仅是由于司法有拘束力，而是他们愿意服从司法的裁断。这就如同哈特在论述法律义务的本质时所指出的“抢匪情景那样”——使人们觉得自己有法律义务服从的不是手枪所代表的强力与制裁而是人们觉得自己有义务、应该去那样做。

简而言之,司法公信是司法机关通过职权活动在整个社会当中建立起来的一种公共信用,集中表现为人民群众对司法的信任、信赖、尊重和维护。司法公信力还应有另一个方面,即司法机关获取公众信任和支持的能力。司法公信与政府公信共同构成整个社会信用体系的基石。一个社会如果失去了司法公信,那么这个社会的信用体系就会土崩瓦解。

司法公信力主要有以下衡量指标:一是社会公众是否信赖通过诉讼渠道实现权利救济、正义伸张、矛盾化解、定分止争、惩恶扬善的能力与效果,进而把维护公平正义的最后诉求付诸人民法院,寄希望于人民法官。二是司法的权威性。三是当事人对裁判结果的认同度。生效判决能够自动履行,达到案结事了,息讼宁人。四是法院和法官在社会舆论特别是民间舆论、网络舆论中的口碑。法官享有较高的社会声望,是整个社会的道德典范、诚信楷模。五是法院的工作报告在人民代表大会上的赞成率。

我国司法公信的现状可从两个方面来观察和评价。一方面,基本公信是普遍存在的。对我国司法公信力得到增强并不断提高的客观事实应当充分肯定。诉讼范围的扩大和诉讼案件的增多,说明人民群众对司法裁判的信赖性和公正性增强。党的十一届三中全会前,法律虚无,“公、检、法”被砸烂,人民群众没有诉权,因此毫无司法公信力的情况当然不能为凭。但是,改革开放以来,随着社会主义民主法制建设进程的推进和依法治国力度的加强,在社会生活、经济生活和家庭生活中产生的大量矛盾纠纷都寻求和最终通过司法渠道解决,法院受案范围越来越宽,审理的诉讼案件越来越多,反映出社会各界和人民群众对司法机关的信赖,从而也折射出司法公信力的建立和快速提升。道理很简单,没有这么多当事人信任法院，法院何以有这么多诉讼案件。

另一方面，我国司法公信力的严重缺失乃是不争的事实。龙宗智教授用人民法院面临“内忧外患”来形容司法公信力的状况。人民法院的司法公信力面临着非常尴尬的局面：一方面，党政机关和法院内部对法院工作发展进步的认可度和满意度都很高；但另一方面，司法公信正在面临着非常严峻的挑战和考验，诉讼的过分迟延、正义实现成本的高昂、少数案件的裁判不公、个别法官的司法不廉、涉诉信访的居高不下、舆论媒体的过分炒作等等，使得社会公众对司法产生了怀疑甚至是不信任，司法公信危机已经成为司法理论与司法实务界都不可回避的事实。

在过去十年间，最高人民法院的工作报告在全国人民代表大会全体会议上的赞成率一直在75%上下徘徊。在刚刚结束的第十二届全国人大第一次全体会议上，投票当天实到代表2948人，赞成票2218人，反对的605人，弃权的120人，通过率为75.24%。这意味着四分之一的全国人大代表不满意法院工作。在中国国情之下，这就可以看作是法院的司法公信力面临危机。

如何克服司法公信力危机，提升司法公信力呢？第一，要坚持以公正司法建公信。在司法公信力当中，核心公信力当属司法公正，司法公信力的根本来源和基石是公正。可以说，公正是司法灵魂之所系、生命力之所在。人类历史上的第一部成文法典——古代巴比伦《汉谟拉比法典》开篇明志：“我在这块土地上创立了法和公正，在这时光里我使人们幸福。”法国著名思想家和政治家罗伯斯比尔（1758—1794）认为：“法律的效力是以它所引起的爱戴和尊重为转移的，而这种爱戴和尊重是以内心感到法律公正和合理为转移的。”[5]内心感知和主观感受是司法公信力的“涨停点”，也应当是司法公信力建设的切入点。因此，提升司法公信力，关键与核心是做到公正司法，以公正筑公信。公正是司法的最高价值，也是司法的本质要求，更是当事人和全社会的期盼，公正是司法公信的基石,司法机关必须坚守公正底线,最大限度地做到公正司法,维护法律公正和社会公正,让人民群众在每一个司法案件中都能感受到公平正义。人民群众对法院的最大期待是公正司法,司法不公是损害司法公信力的最严重的“毒瘤”。

第二,要坚持以严格司法提公信。严格司法,正确理解和适用法律,是司法公信的根本前提。冤假错案的发生是对司法公信的极大杀伤,根子在于没有严格司法。为确保严格司法,司法机关必须坚持依法独立行使司法权的宪法原则,坚持以事实为依据,以法律为准绳,以政策为指导,绝不允许徇私枉法、贪赃枉法,同时要敢于抵制和排除以言代法、以权压法等的干扰和压力。要加强和创新审判管理和审判监督,建立科学的案件质量监督管理机制,严把案件质量关,下大力气解决少数案件办案质量不高,徇私枉法、裁判不公的问题。要加大判决的执行力度,坚决避免“赢了官司输了钱”、“判决就是一张法律白条”的现象。

第三,要坚持以廉洁司法保公信。廉洁司法是司法公信的道德基础。要更加突出司法机关的反腐倡廉建设,确保法官队伍清正廉洁,坚决防止“人情案、关系案、金钱案”的发生,严厉查处办案中的违纪违法问题,避免司法腐败对司法公信的杀伤。

第四,坚持以公开司法促公信。通过立案公开、审判流程公开、庭审公开、裁判文书公开、执行公开等全方位的司法公开,使人民群众感受到司法公正,同时也使司法活动置于监督之下,促使其更加公正。

第五,坚持以和谐司法筑公信。以和谐的理念、和谐的模式、和谐的方法,最大限度地化解矛盾纠纷,最大努力地促进社会和谐。要牢固树立司法为民的理念,认真落实利民惠民便民措施,有效减少人民群众诉讼成本;要进一步加大司法救助力度,推进司法救助基金建设;要正确理解和深入贯彻“调判结合、调解优先”原则。通过和谐司法使群众感受到司法的亲和力,增进对司法机关的认同度、信任度和满意度。

二、以提升司法公信力为目标，坚定不移推进司法改革

司法改革是永恒话题，司法改革只有进行时，没有完成时；司法改革既要有所作为，也不要急于求成；司法改革要渐进，不能激进。人民群众的司法需求是不断增长的，旧的矛盾解决了，新的矛盾又出现了，所以司法改革不是一朝一夕就完事大吉，而是要持续改革，长期改革，改革是司法事业发展的永恒主题。

司法改革的核心是制度创新。通常，人们说司法改革的根本原因在于现行的制度不合理，所以要改革。但实际上，问题不那么简单。要从两个方面看，一方面司法制度本身存在着不合理性，或者说初创时的合理性已经穷尽，需要从体制和制度本身改革，即改制；另一方面司法制度是合理的，但是由于认识、具体体制、技术、人员等因素，限制了合理性的发挥，预期的合理性没有体现出来，所以要通过机制、方式方法的改革让制度的优越性充分发挥出来。我认为人民法院司法改革两方面的针对性都有。在所有的司法改革成就中，我们更应当看重制度创新，制度创新带有根本性、长期性。

司法改革应当坚持科学改革。科学改革有三层意思，第一，司法改革应当遵循司法规律。走中国特色社会主义司法道路，建设公正高效权威的社会主义司法制度，是人民司法事业健康发展和法院工作顺利推进的根本规律，司法改革必须沿着这条规律推进。司法的具体规律有很多，诸如化解社会矛盾的规律、程序公正的规律、审判管理的规律、法官职业化的规律等，人民性和社会主义是管总的。第二，司法改革必须符合国情，最主要的是符合社会主义初级阶段的基本国情，符合全球化时代的特殊国情。在全球化时代，中国属于世界的一部分，是世界中的中国，是经济全球化、公共事务全球化、环境全球化、人权全球化之中的中国，在这个意义上，

符合中国国情也就是符合当今世界的世情。在科学发展的意义上,不改革不行,脱离国情乱改革也不行。第三,司法改革应当有利于人民司法事业的科学发展,即全面、协调、可持续发展,尤其是要有利于基层人民法院的各项事业的发展。

司法改革要突破的难点和重点,一是突破权力格局、优化司法职权配置。新一轮司法改革应当以审判权为中心,进一步优化司法机关职权配置,实现司法职权配置科学化。就司法权力体系而言,审判权是司法权的核心。在司法改革中,突出审判权这一核心,侦查权、检察权、执行权和司法行政权都应当围绕审判权来设置和运作,确保司法机关之间的职权配置更加符合司法的客观规律,更加符合司法事业的发展方向,更加有利于维护法律的尊严和权威,有利于保障人权。二是保证司法权独立行使。司法权既是统一的国家权力体系的组成部分,又是一种相对独立的国家权力。司法权运行既有权力运行的一般规律,又有其特殊规律。其最根本的特殊规律就是司法权行使(运行)的独立性,司法改革必须有利于司法独立而不是妨碍司法独立。

在这两个重点和难点之中,确保司法权独立行使更直接关系司法公正和司法公信力。

当下,影响司法公正的首要因素是法官、法庭、法院难以做到依法独立公正办案,遭遇的干扰和干涉太多。习近平总书记今年2月23日在中央政治局第四次集体学习会上尖锐地指出:群众反映,现在一个案件,无论是民事案件还是刑事案件,不托人情、找关系的是少数。尤其到了法院审判环节,请客送礼、打招呼、批条子的情况很严重。这说明依法独立公正司法的外部环境很差,司法独立和司法公正受到不应有的干扰。地方保护、部门保护的干扰和干涉,以权压法、权大于法、迫使司法机关滥用职权、违法办案的现象时有发生,导致司法不公、冤假错案,甚至引发大规模群体性事件,特别是在土地征用、房屋拆迁、社会保障、高速公路建设、新农村建设等领域尤为突出。越是往下,司法机关依法独立公正办案的压力越大。

司法公正性及司法公信力依赖于其独立性。为什么强调司法权独立行使?法院司法的独立性根源于诉讼当事人的复合型、对抗性,法院必须在双方或多方当事人之间保持独立和中立地位,不受其他任何因素的干扰而偏袒一方当事人,唯有此,才能做出公正的判决,所以说司法权独立行使是保证司法公正的必然要求。司法权独立行使在现代民主法治社会显得尤为突出。现代民主法治社会的突出标志是政府必须在宪法和法律授权范围内活动,并且要依照法定程序执法,政府侵害公民和法人的合法权益,可以被公民法人告上法庭,成为被告。政府和法院都是国家机关,如果法院不能独立行使审判权,受制于政府,那就没有公民和法人胜诉的可能,那对公民和法人是不公平的。司法的独立性还表现在司法权运行的受动性,受动性的简明表达就是"不告不理"。相对于当事人而言,法院应是受动的,应当实行不主动干预的原则。法院介入社会的程度是有限的,这个限度就是"不告不理"。在当今世界"不告不理"是法律诉讼最基本最普遍的原则。司法权独立行使也是防范和抵制地方保护主义和部门保护主义的制度要求。基于对司法独立客观必然性和现实必要性的认识,我国宪法明确规定,人民法院依法独立行使审判权,不受任何个人、社会团体和行政机关的干涉。我们所说的"司法独立"并不是西方"三权分立"政治体制下的司法独立,也不是某些西方国家标榜的法官独立审判,而是法院作为整体依法独立行使国家审判权。具体而言:国家的司法权只能由国家各级司法机关统一行使,其他机关、团体和个人都无权行使此项权力;人民法院依照法律规定独立行使审判权,不受行政机关、社会团体和个人的非法干涉;司法机关审理案件必须严格依照法律规定,正确适用法律。

司法独立不意味着法院不受监督和制约。坚持司法机关依法独立行使职权原则，并不意味着司法机关行使司法权可以不受任何监督和约束。司法权如同其他任何权力一样，都要接受监督和制约，不受监督和制约的权力必然产生腐败。各级司法机关必须正确处理好与党委、与权力机关、行政机关以及与人民群众的关系。要服从党委对司法工作的领导，使司法权的行使有政治保证；要接受权力机关的监督，对权力机关负责，维护和实现人民的意志；要接受上级司法机关的监督和指导，保证司法权的统一行使；要接受其他机关、团体和人民群众的监督，以便正确地适用法律，防止司法腐败现象的发生。

注　释

〔1〕 参见于慎鸿："影响司法公信力的因素分析"，载《河南师范大学学报》（哲学社会科学版）2006 年第 4 期，第 91 页。

〔2〕 参见黄娟："在'应然'与'实然'之间——司法的公信力及司法权运行过程中的'信息失真'"，载《湘潭大学社会科学学报》2002 年第 3 期，第 95 页。

〔3〕 参见关玫：《司法公信力研究》，人民法院出版社 2008 年版，第 41—42 页。

〔4〕 郑成良、张英霞："论司法公信力"，载《上海交通大学学报》2005 年第 5 期，第 5 页。

〔5〕 ［法］罗伯斯比尔："革命法制和审判"，转引自《西方法律思想史资料选编》，董炯、彭冰译，北京大学出版社 1983 年版，第 341 页。

优化司法职权配置的理论基础与改革着力点*

优化司法职权配置，是司法体制改革的核心问题，也是深入推进司法体制改革的难点问题。值此全面深化改革、全面建设法治国家之际，举办这样一场研讨会可谓恰逢其时，意义深远。

一、优化司法职权配置改革思想与重大任务的提出

自党的十五大提出实行依法治国、推进司法改革以来，中央始终把司法职权配置作为司法改革的重心。党的十六大在首次提出推进司法体制改革之初，就提出"按照公正司法和严格执法的要求，完善司法机关的机构设置、职权划分和管理制度，进一步健全权责明确、相互配合、相互制约、高效运行的司法体制"。党的十七大明确提出"深化司法体制改革，优化司法职权配置，规范司法行为，建设公正高效权威的社会主义司法制度"，把优化司法职权配置作为司法体制改革的"轴心"。

在十八届中央政治局第四次集体学习时，习近平总书记指出：

---

* 本文是作者 2015 年 11 月 26 日在优化司法职权配置研讨会暨第 12 期金杜明德法治沙龙上的主题发言，载于《司法改革》（内刊）2015 年第 3 期。

“要优化司法职权配置,规范司法行为,加大司法公开力度,回应人民群众对司法公开公正的关注和期待。”党的十八届三中全会决定明确提出“优化司法职权配置,健全司法权力分工负责、互相配合、互相制约机制,加强和规范对司法活动的法律监督和社会监督”。2014 年 1 月 7 日,习近平总书记在中央政法工作会议上指出:“要健全政法部门分工负责、互相配合、互相制约机制”,建立“有效的权力制衡机制”。同年 10 月,十八届四中全会进一步明确了“优化司法职权配置”的新内涵,提出“优化司法职权配置。健全公安机关、检察机关、审判机关、司法行政机关各司其职,侦查权、检察权、审判权、执行权相互配合、互相制约的体制机制”,并对优化司法职权配置作出了更加深入而具体的部署。在对四中全会决定草案作出说明时,习近平总书记强调指出:“推进公正司法,要以优化司法职权配置为重点,健全司法权力分工负责、互相配合、互相制约的制度安排”,“由检察机关提起公益诉讼,有利于优化司法职权配置、完善行政诉讼制度,也有利于推进法治政府建设。”可见,优化司法职权配置这一主题始终伴随司法改革的进程,始终是中央全力破解的司法改革的“瓶颈”问题。

党的全国代表大会、中央全会和三任总书记反复强调优化司法职权配置,其原因在于:第一,我国现行司法制度中司法职权配置不优、缺陷很多;第二,司法职权配置不优导致司法不公、效率不高、权威缺失、公信力低下。正如习近平总书记所指出的:“当前,司法领域存在的主要问题是,司法不公、司法公信力不高问题十分突出……司法不公的深层次原因在于司法体制不完善、司法职权配置和权力运行机制不科学、人权司法保障制度不健全。”[1] 由此,必须深化司法体制改革,遵循司法规律,大力推进司法职权配置的去行政化和科学化。

此外,优化司法职权配置的理论问题中,还包括司法职权优化配置的评价标准。我认为,科学评价司法职权配置的标准,至少应当包括以下方面:有利于独立司法,有利于公正司法,有利于高效司法,有利于树立司法权威,最终标准是人民群众在每一个司法案件中都能感受到公平正义。

二、优化司法职权配置的若干理论问题

推进司法体制改革、优化司法职权配置,必须在学理上揭示其必然性和规律性。

优化司法职权配置,是司法属性的内在要求,也是司法改革的必然要求。

优化司法职权配置的改革对象是司法职权。那么,如何理解司法职权?这就要从什么是司法和司法权入手。通常来讲,司法是指国家司法机关依据法定职权和法定程序,具体应用法律处理案件的专门活动。司法权则是把法律规范适用于具体案件,以定分止争、定罪量刑、救济权利、修复正义的国家权力。司法权是抽象的、一般的、概括的。在美国,联邦宪法将司法权归结于法院,其第3条规定:所谓司法,是指对包含民事、刑事以及行政事件及争讼进行裁判的活动。在此,司法是以事件及争讼(Cases and Controversies)为存在前提的一种裁决活动,司法权就是对各种案件进行裁判的权力。而在我国社会主义司法制度和法学话语体系当中,司法权的内涵要宽泛许多,包括侦查权、审判权、检察权、(司法)执行权,亦即(对事实)查明权,(对违法犯罪嫌疑人)追诉权,(就法律上的是非对错)裁判权,(司法裁判)执行权。优化司法职权配置,就是要科学界定每一种司法职权的内涵和边界,使公安机关、检察机关、审判机关、司法行政机关各司其职,侦查权、检察权、审判权、执行权相互配合、相互制约,公正高效运行。

所谓司法改革,一是指司法体制改革。体制是个关系范畴。司法体制,实质上就是各个司法机关之间的关系,以及同一司法体系内部各部分之间的关系。司法体制改革就是理清和调整司法机

关之间或其内部各部分之间的职权与职责。二是指司法权力运行机制改革。习近平总书记在关于四中全会决定的说明中指出:“为优化司法职权配置,全会决定提出,推动实行审判权和执行权相分离的体制改革试点;统一刑罚执行体制;探索实行法院、检察院司法行政事务管理权和审判权、检察权相分离;变立案审查制为立案登记制,等等。”

司法权的原初设置属于政治体制问题,涉及司法权与立法权、行政权、军事权的关系。在西方三权分立的政治体制下,在我国人民代表大会制度下,在一党制和多党制的政治体制下,司法职权配置有着本质的不同。优化司法职权配置则是对司法权的二次分配。正是由于系“二次分配”,故必然涉及相关国家机关的既有权力和利益的重新划分,也必然遇到这样或那样的狭隘的部门利益的阻力。

三、优化司法职权配置的核心任务

优化司法职权配置,其根本前提是坚持和完善中国特色社会主义司法制度,其核心的任务可以概括为以下三句话:

(一)健全公安机关、检察机关、审判机关、司法行政机关各司其职,侦查权、检察权、审判权、执行权相互配合、相互制约、公正高效运行的体制机制

在我国,广义上的司法职权或司法权力,包括侦查权、检察权、审判权和执行权。在刑事诉讼活动中,公安机关行使侦查权,人民检察院行使检察权,人民法院行使审判权,司法行政机关行使刑罚执行权。我国现行宪法和刑事诉讼法只规定了公、检、法三机关分工负责、互相配合、互相制约的原则。十八届四中全会《决定》明确提出,健全公安机关、检察机关、审判机关、司法行政机关各司其职,侦查权、检察权、审判权、执行权相互配合、相互制约的体制机

制。这一新提法,总结了改革开放三十多年来司法实践经验和成果,揭示了我国社会主义司法制度的鲜明特色。

要积极探索实行审判权和执行权相分离。首先,从权力性质来讲,审判权属于严格意义上的司法权,裁判执行权是具有行政权性质的权力。审判权和执行权分别由不同的机关行使,符合这两种权力的不同属性,也是很多国家通行的做法。美国、俄罗斯等国家都将裁判执行权交由司法行政机关行使。其次,从司法实践来看,相当一部分案件的判决本来是公正的,但因被执行人已经丧失实际履行能力,申请执行人往往把无法通过执行获得胜诉权益的原因归咎于法院,对司法公正产生怀疑。要改变这种状况,也要求实行审判权与执行权分离。因此,我们要在借鉴其他国家有益经验的基础上,先行试点探索执行权由其他机关行使的执行模式,总结经验后再在全国范围内逐步推开。

要推进建立统一刑罚执行体制。我国刑罚执行权目前由司法行政机关、审判机关、公安机关三个机关分别行使。其中,死刑缓期二年执行、无期徒刑、有期徒刑由隶属于司法行政机关的监狱执行;被判处管制、宣告缓刑、假释或者暂予监外执行的,由隶属于司法行政机关的社区矫正机构执行;死刑立即执行、罚金刑、没收财产刑,由人民法院执行;拘役由公安机关的看守所执行。刑罚执行权过于分散,导致许多问题发生。鉴于大部分刑罚事实上都由司法行政机关执行,我国可探索由司法行政机关在检察机关的法律监督下、依据审判机关的生效裁判、统一行使刑罚执行权的执行模式,以健全公检法司四机关相互配合、相互制约的体制。

(二)推进以审判为中心的诉讼制度改革

“推进以审判为中心的诉讼制度改革,确保侦查、审查起诉的案件事实证据经得起法律的检验”,这是我国诉讼制度重大制度创新,既是尊重司法规律、保证司法公正的客观要求,也是提高司法效率、节约诉讼资源的必然要求。这里的“诉讼制度”主要是指刑事诉讼制度，但不限于刑事诉讼。刑事诉讼包括侦查、审查起诉、审判、刑罚执行等程序。推进以审判为中心的刑事诉讼制度改革，首先，要坚持审判程序的中心地位。我国刑事诉讼法规定，未经人民法院依法判决，对任何人都不得确定有罪。人民法院是唯一拥有定罪权的国家机关，审判是对被告人是否有罪作出最终裁判的程序。侦查机关、检察机关必须按照审判程序所确立的事实证据标准进行侦查、审查起诉，确保侦查、审查起诉的案件事实证据经得起法庭调查、质证、辩论的检验，从源头上防止事实不清、证据不足的案件“带病”进入审判程序。人民法院审判案件要坚持法定的事实证据标准，把好事实关、证据关、法律关，坚守防止冤假错案的底线。其次，要发挥庭审的决定性作用，保证庭审在查明事实、认定证据、保护诉权、公正裁判中发挥决定性作用。这就要求，要严格依照法定程序开庭审理案件，防止庭审走过场，避免一错再错、一错到底，确保证据出示质证在法庭、案件事实查明在法庭、诉辩意见发表在法庭、裁判结果形成在法庭。

（三）推进以审判权为核心的司法制度创新

在推进以审判为中心的诉讼制度改革的基础上，进一步深化司法体制改革，就必须推进以审判权为中心的制度创新，以审判权为核心优化司法职权配置，建立以审判权运行为核心的司法制度。我认为，下一轮司法改革应当以审判权为中心，进一步优化司法机关职权配置，实现司法职权配置科学化。就司法权力体系而言，审判权是司法权的核心。在司法改革中，突出审判权这一核心，侦查权、检察权、执行权和司法行政权都应当围绕审判权来设置和运作，确保司法机关之间的职权配置更加符合司法的客观规律，更加符合司法事业的发展方向，更加有利于维护法律的尊严和权威，有利于保障人权。

以审判权运行为核心优化司法职权配置，应以保证人民法院依法独立公正行使审判权为第一要义。在全部司法案件中，人民法院直接受理的民事、行政诉讼案件约占90%；在刑事诉讼案件中，人民法院担负着最终定罪量刑、惩恶扬善的职责。因此，从司法权运行规律出发，必须确立以审判权为中心的科学理念，必须树立审判权应有的权威，司法改革不能以牺牲或弱化审判权为代价。在"健全司法权力分工负责、互相配合、互相制约机制"的同时，必须加快构建以审判权为核心的司法制度。

注　释

〔1〕 习近平："关于《中共中央关于全面推进依法治国若干重大问题的决定》的说明"，载《人民日报》2014年10月29日，第2版。

司法责任与司法民主*

本次沙龙的主题是主审法官、合议庭责任制。就这个话题，我讲几句，也是提出几个问题吧。

无论是从多年研究和参与司法改革的角度，还是从作为五年多法院院长的经历角度，我对这个问题还是有一点感受和理悟。由于工作纪律缘故，对涉及司法体制改革、司法政策问题，或者司法审判当中的热点案件，我不能随便公开发表观点，不管是以组织的名义，还是个人名义。所以，我今天着重提出问题，关于这些问题的看法，我们以后有机会再交流。

第一，怎么理解十八届三中全会关于司法改革的几个关键性的提法。与今天主题有关的，就是“让审理者裁判，由裁判者负责”。我的理解是这样的，审理者包括独任法官，包括合议庭的全体法官，包括审判委员会的全体委员，都是审判主体，都是审理者。独任法官裁判这没问题，合议庭的裁判也没问题，审委会呢？我看它也是审理者，所以让审理者裁判，并不能排除审判委员会。审委会是法院最高审判组织，是审判实体，所以说不能将它排除在审理

---

* 本文是作者 2014 年 3 月 26 日在主审法官、合议庭责任制学术研讨会暨第 9 期金杜明德法治沙龙上的主题发言，部分内容以“法官独立审判不是让法官独裁”为题发表于《法制日报》2014 年 4 月 19 日第 7 版。

者之外，说审委会裁判就不对，这是没有道理的。至于审判文书如何签发，不影响审判委员会作为审理者的宪法法律定位和确保司法公正的法律职能。

另外，让审理者裁判，也是针对上下级法院关系而言。依据我国宪法、法院组织法、诉讼法的规定，法院体系中的每一个法院都是独立行使审判权，都是独立的审理者。上级法院没有权力就案件审判发号施令，更不能代替下级法院做出裁判，上级法院可以指导下级法院、但不能代替下级法院。

从上可知，对"审理者"，要从制度层面，从现实层面、实践层面来考虑。在特定情况下，可以就某个超重大案件组成特别审判庭，就像审判林彪、江青反革命集团那样的审判法庭，也可能由一个审判庭或者审判委员会临时组织特别法庭，它可能不叫合议庭。这种情况的审判组织也应包括在"审理者"之内。总之，不能将审委会、审判庭作为整体排斥在审判者之外。

如何理解"由裁判者负责"？一些同志狭隘地将这句话仅仅理解为出了错案要承担法律责任和工作责任，好象这句话是悬在法官头上的一把利剑。其实，由"裁判者负责"更深刻的含义是做出司法裁判的法官要对案件事实认定负责，对法律正确适用负责，对案件全体当事人负责，对司法公正和社会公正负责。由此，法官要有职业良知，要坚守法治信仰，要敢于排除非法证据，敢于抵制对案件审理的各种干扰，要不断提高自己的司法能力，没有能力也不能负责呀？这种意义上的"负责"，当然包括要防止错案发生，以及如果出于个人原因造成错案的，要承担法律上或工作上责任。

第二，关于法官独立审判，以及法官独立审判与人民法院独立行使审判权的关系。我赞同有的同志提到的，从宪法和法院组织法来讲，我国实行的是人民法院依法独立行使审判权。在我们国家，无论是宪法、法院组织法、诉讼法，还是党和国家的官方文件里，都没有关于法官独立审判的规定，法院独立也很少见到，司法独立也不怎么让提。“人民法院依法独立行使审判权”,这是标准的提法和规定。现在讲法官独立审判,并不是让“法官独裁”。有一些复杂、疑难、新型案件,如果任凭法官自己决断,而不经过任何复核把关,是很容易出错的。特别是一些重大的具有社会影响的案件,不经过由资深法官组成的审判委员会的评议或讨论决断,不经过庭长或分管院长审查,由法官直接签发判决,那是很危险的。如果对当事人、对社会的危害很大的话,实际上法官个人负不了责任。比如,我们发生过那么多冤假错案,哪个冤假错案法官个人能负得了责任?不都是由国家赔偿、国家负责。这就是我们国家基本的司法制度。做过法院院长的人都明白,对于错案,法官真的负不了责任。例如,把一个案件判错了,一个工厂一夜之间倒闭,几百人、几千人失业,企业的财产一夜之间化为乌有,像这样的事情,是哪个办案的法官能负得了责任的呢?所以我们强调人民法院独立行使审判权,这个宪法原则是不能动摇的,怎么进行司法改革这一点都不应该动摇,这是中国特色社会主义司法制度的底线。不能把司法改革归结于“法官独立行使审判权”,这是错的,法官仅仅是独立办案,法院才是独立行使审判权。过去,我们批判西方国家的法官独立,现在不能矫枉过正。其实,西方国家也不都是法官独立。我国的裁判文书既要有办案法官签名,更要有法院的公章,才能生效,这表明我们是法官办案、法院行使国家审判权。

第三,是比较有争议的问题。我认为现在影响法院独立审判的最主要的是来自上级法院的干预和检察机关的干涉。作为院长来讲,这是我最头疼的。我担任法院院长期间,省委书记也好,省长也好,省人大常委会主任也好,没有给我提过几个案子。有时候转来群众信访案件,也只是写上“请文显同志阅处”、“请法院依法公正审理”等字样。但是,上级法院就不是这样,往往是发来指令,而且绝大多数情况下,不是以法院的名义,而是法官个人打电话,或是加盖审判庭的公章。有时候还拿领导压人,说是领导同志交办的，究竟是哪个领导同志交办也不告诉下级法院。有时候还搞“维稳”、“平衡法律适用”等名堂。这就不符合审理者裁判的原则。再一个是检察机关的干涉和施压。有些案件明明被告无罪，却不能依法宣告无罪，或者罪行很轻却不能轻判。法院为了维护法检公关系而枉法的案例不在少数。我最近发表一个观点，可能大家都注意到了，就是最近这些年审判权的运行被不适当地压缩空间。实际上，审判权不能正常地运行，而经常是扭曲地运行。在审判权扭曲运行的情况下，怎么能够做到公正审判，怎么可能杜绝冤错案件的发生，怎么能够做到法院独立行使审判权，我觉得这个是在司法改革中要解决的。

第四个问题，也是大家讨论比较多的问题，就是审委会的存与废。在我国，所有国家机关的活动都必须遵循几个基本原则，一是坚持党的领导，这是正确行使职权的政治保证和组织保证；二是民主原则，这是由我国的国体和政体决定的；三是法治原则，就是要严格公正依法办事，依照宪法法律行使职权。这里，党的领导和法治原则不说了。主要说说民主原则。司法民主是我国司法制度的基石，也是司法权运行的基本原则。那么，司法民主是如何实现的呢？就法院来讲，司法民主的主要组织形式和实现载体是合议庭、审委会。当然，还有人民陪审员制度。所以，审判委员会的改革也好，合议庭的改革也好，都必须坚守司法民主的底线。我觉得新一轮的司法改革当中，在去行政化的主张里面，把审判委员会也当作行政化的标志之一加以否定，基于这种认识而进行的司法权力运行机制改革实际演化为“去司法民主化”，去民主化的倾向是不对头的，它违背了我们国家基本的国体和政体，违背了一切国家机关都要依照民主原则、以民主化的方式行驶权力的根本原则。这个方面要考虑一下。

在法院的合议庭和审委会里面，司法民主的机制有两条：第一条是自由平等评议。每个法官都是平等的，也都是自由的。在审委会，主持会议的院长一般最后一个发言，如果一开始就发言，把调子定早了，其他法官下面就没法说了。自由平等是为了保证大家没有顾虑地发表关于证据、关于法律适用的见解。第二条是少数服从多数，少数服从多数是民主的标志，也是民主的原则。在合议庭里面，只要形成了多数意见就可以形成有效判决，如果审判长或主审法官是少数意见，他没有权力否决另外两个法官或者四个法官的意见。有人会说，审判长居于少数情况下，有权提请审判委员会讨论案件、作出决定。其实，没有必要，这也是违背了民主的基本原则的。裁判不要怕错，错了，院长可以以院长发现程序，提起再审。案子错了，还有上级法院，还有二审，还有再审，还有审判监督程序。所以说，不能要求每一个案件都要办对，如果是那样的话，我们就没有必要设立四级法院，没有必要设立上诉审、再审程序了。

证据是法律适用的基石*

随着依法治国、建设社会主义法治国家、发展社会主义政治文明进程的提速，证据科学的价值愈加凸显，证据法律人才的作用更加重要。

这是因为证据规则是法律适用的基石，完善证据制度，提升证据的合法性与合理性，依赖于证据科学的发展与进步。上世纪，美国联邦最高法院大法官霍姆斯曾经讲过一段很精辟的话："法律的生命不在于逻辑，而在于经验。"他还讲："此处的经验，核心是将事实转化为证据的经验，是通过法律概念与证据的连接，而把法律规则和原则，适用于具体事实的经验。"它"积累了人类长期以来的司法经验，又积累了司法与现代技术相结合的经验。"这一论述充分说明了证据在法律适用中的基石或轴心地位。可以说，证据是整个诉讼的基石与轴心。在实体与程序双重意义上，整个刑事诉讼活动主要是围绕着证据的收集、审查、判断、采信和运用展开的，所以，这次刑事诉讼法修改的重中之重是创新和完善证据规则和证据制度。整个民事诉讼活动是围绕着当事人举证、质证、否证、证据的时效、证据的研判与适用等而展开的，因此这次《民事诉讼法》的修改，也把证据规则的完善作为其着力点之一。由中国政法大

---

* 本文是作者 2012 年 12 月 1 日在证据科学全国博士生学术论坛上的书面致词。

学等机构提供的证据科学理论以及建立在证据科学理论基础上的证据规则研究成果为两部诉讼法在证据规则和证据制度方面的完善和创新发挥了重大的积极作用。

这是因为法律的正确执行和公正适用取决于执法者和司法者牢固的证据意识和良好的证据知识体系。在我国,法律的执行和适用有三项基本原则,即以事实为根据,以法律为准绳,以政策为指导,这三大原则分别由事实科学(即证据科学)知识、法律科学知识和政策科学知识所支撑。其中法律科学知识是通过法学专业十六门核心课程以及相关选修课程的教学教育而获取的,政策科学知识是通过社会主义法治理念、立法政策、执法政策、司法政策的教育而获取的,事实科学(证据科学)知识的获取则需要接受证据科学的教育和训练。当前,我国大多数法律专业人士比较熟悉有关法律,甚至具备完整的法律知识体系,他们的政策意识、政策知识也比较好,但普遍缺乏证据科学知识和证据理论,这就导致错案频发、冤案不断,像佘祥林案、赵作海案等错案冤案的发生,皆因为在事实认定和证据采信上出了问题。证据科学(证据法学)教育先天不足是中国法学教育的短板,教指委将进一步推动证据科学(证据法学)进入法学核心课程体系,推动证据科学高端人才的教育培养,探索创立证据科学卓越法律人才培养基地。

这是因为证据科学的发展是推进司法文明的必然要求。司法文明是现代政治文明的核心内容和主要标志,也是社会文明的基本标志和重要保障。司法文明有五个支点,即科学的司法理论,先进的司法制度,公正的司法运作,卓越的司法精英,理性的司法文化。证据科学通贯这五个支点:科学的司法理论少不了科学的证据理论,先进的司法制度离不开先进的证据制度,公正的司法运作依赖于严格而公正的证据规则,卓越的司法精英必须具备坚实的证据意识和精深的证据知识,理性的司法文化自然包含大众的理性的证据文化。

基于以上认识,我认为举办证据科学全国博士生学术论坛是非常有意义的一件事。对于证据科学、证据法学的博士生而言,论坛有助于提升专业自觉和专业自信,更加坚定丰富和创新证据科学、建构中国特色证据理论体系和学科体系的信念和意志;有助于提升证据科学的理论与实践意义,增强证据科学的影响力和话语权;有助于扩大证据科学、证据法学等相邻专业博士生之间的学术交流,为证据科学、证据法学专业学术共同体的形成和发展建立起长效机制;从更宏观更深远的角度,可以说这样的论坛也有助于推进中国法治,提升中国法治科学化现代化水平。正是因为有如此诸多的重大意义,我们十分敬佩论坛的倡导者、筹备者、参与者的高瞻远瞩,全力支持本次论坛和以后的每次论坛。

司法文明导论*

司法文明是现代社会文明的重要组成部分,是法治文明的核心,对司法文明进行深入的理论解析,对于推进中国司法的文明化以及中国司法文明融入全球司法文明体系,具有十分重要的意义。

一、司法文明的基本理论

司法文明是司法发展的积极成果和进步状态。文明是与人类社会发展进步紧密相连、反映事物发展的一种积极而良好的状态。它涵盖了人与人、人与社会、人与自然之间的关系。《辞海》将“文明”解释为:“(1)犹言文化,如物质文明、精神文明等;(2)指人类社会进步状态,与野蛮相对。”英语“文明”(civilization)一词系由拉丁文演变而来,被引申为“文化”、“开化”、“教化”之意,意指社会发展到较高阶段和具有较高文化的状态。因此,文明在通常意义上是指人类社会发展所取得的积极成果和进步状态。“文明”这一概念指人类社会进步状态,通常与野蛮相对。现代文明则指社会发展到较高阶段的文明,是与市场经济、民主政治、理性文化、生态正义相适应的文明。现代文明的表现形态包括物质文明、政治文

* 本文由作者与李婧合著,在作者2012年8月中国特色社会主义司法理论体系研讨会等多个场合发言的基础上整理而成。

明、精神文明、生态文明等，而每一文明形态又有具体的内涵，例如政治文明就包括文明的政治理念、文明的政治制度、文明的政治体制、文明的政治规则、文明的政治程序、文明的政治活动、文明的政治效果等，精神文明就包括先进的思想理论、社会主义核心价值、社会公德、职业道德、家庭美德、科技进步、教育公平等。

司法文明是社会文明的重要方面。它是人类在社会发展过程中使用司法的方式治理社会、治理国家、教化民众等所取得的积极成果和进步状态。伟大的无产阶级革命家、马克思主义法学家董必武深刻指出："说到文明，法制要算一项，虽不是唯一的一项，但也是主要的一项。简单地说，国家没有法制就不可能成为一个国家。"[1]董老这里所说的"文明"，指的包括司法文明在内的政治文明。司法文明是政治文明进而是社会文明发展的重要表征和有力保障。

（一）司法文明是政治文明进而是社会文明发展的重要标志和内在构成

人类社会文明呈现出从野蛮到文明、从低级形态文明到高级形态文明不断传承和演进的历史发展趋势。在恩格斯看来，人类能够通过国家公共权力的力量来维系社会秩序，使人类社会能够在一种秩序框架内生存下去，是人类政治文明发端的一个重要标志。司法作为一种文明地解决社会矛盾的公力救济方式，其出现反映了人类社会对私力救济的厌恶和唾弃，也反映了对公力救济的一种理性认识和根本渴求，体现了人类社会的文明和进步，是人类社会实现政治文明的一个重要标志。司法文明是人类社会文明发展到一定历史阶段的高级形态。

探究司法文明在政治文明进而在社会文明体系中的地位和作用，关键在于正确界定政治文明、法治文明、司法文明三者之间的相互关系。三者之间的相互关系属于一种梯次包含、互不可缺的关系。政治文明的核心内容是民主法治建设,法治确立了政治文明的基本内容并使之制度化、规范化和程序化。法治文明是政治文明的重要组成部分,只有法治才是政治文明的治理之道、管理之策、发展之路。江泽民同志曾经指出:"依法治国是社会进步、社会文明的一个重要标志,是我们建设社会主义现代化国家的必然要求。"〔2〕以法治文明为核心的政治文明离不开理性的利益诉求和救济机制,司法作为一种文明解决矛盾纠纷的公力救济方式,最能有效地排解政治冲突、维持政治平衡、修复政治秩序、达到政治和谐。司法权及其司法活动的出现是法治文明的显著标志和重要成果。

党的十八大报告明确提出"加快建设社会主义法治国家,发展社会主义政治文明,要更加注重发挥法治在国家治理和社会管理中的重要作用。"同时,在论及全面推进依法治国时进一步提出"法治是治国理政的基本方式,要推进科学立法、严格执法、公正司法、全民守法。"由此可以看出,发展社会主义政治文明离不开法治建设,法治是政治文明发展进步的根本途径,而司法又是法治的重要环节,特别是在中国特色社会主义法律体系形成之后,法治建设的重心转向以司法为主要内容和根本保证的法律实施。司法既是维护国家法制统一、尊严与权威的最后环节,也是维护社会公平正义的最后一道防线,司法承载的社会历史使命空前加强。由此,司法的文明程度必然成为法治国家与法治社会的基本表征,成为政治文明进而是社会文明发展的重要标志。

(二)司法文明是政治文明进而是社会文明发展的重要保障和必要条件

弘扬司法文明,提高司法权行使的文明程度,不仅是现代社会文明协调发展的重要保障,也是全部人类文明发展的必要条件。司法文明是构建良好秩序的重要基石,司法不仅属于政治运行的重要环节,而且还涉及社会的经济、精神、文化、生态等领域,它不仅要建立最低限度的道德秩序,而且要建立经济秩序、政治秩序、意识形态秩序、生态秩序,司法权良好运行能为物质文明的繁荣、政治文明的发展、精神文明的提升、生态文明的复兴创造良好的法治环境,提供有力的司法保障。

司法文明是保障人、自然、社会和谐发展的本质要求。物质文明、政治文明、精神文明、生态文明协调发展的终极目标在于实现人与自然、人与人以及人与社会的和谐发展。从党的十二大至十五大强调"建设社会主义物质文明、精神文明",十六大提出"建设社会主义政治文明",十七大提出"建设生态文明",十八大进一步提出"大力推进生态文明建设,建设富强民主文明和谐的社会主义现代化国家",从而明确了我国社会主义发展的方向和目标,这就是"推动物质文明、精神文明、政治文明和生态文明协调发展,把我国建设成为富强民主文明和谐的社会主义现代化国家。"司法文明是政治文明的核心要素,司法的理性内涵奠定了司法文明在人类文明中的基础性地位,司法在维护公平正义、促进社会和谐、保障人民权益、服务改革发展、推进社会文明方面发挥着举足轻重的作用。人类社会越是文明,司法在社会中的地位越是凸显。

(三)司法文明呈现出从专制走向民主、从权力控制走向权利保障、从不公走向公正的历史演变规律

司法文明反映了司法发展的一种走向。总体上来说,司法文明的发展使得人类社会生活越来越平和、越来越合理、越来越和谐。纵观中外司法文明的历史演进过程,我们认为,司法文明是人类在改造和完善司法过程中追求司法发展进步、追求社会公平正义、追求尊重和保障人权、追求社会和谐的历史发展进程。司法文明演进的具体特征表现在:

第一,从司法专制走向司法民主。传统司法被置于统治者专制权力之下,成为统治者实施权力控制的暴力工具,强调有罪推定

和刑讯逼供，奉行秘密审判和封闭司法。随着司法文明的发展，基于对当事人权利的保护，司法逐步摒弃其神秘和暴力色彩，强调公开审判和社会监督，推行律师代理和人民陪审。

第二，从权力控制走向权利保障。传统的司法权依附于行政权，属于统治阶级对被统治阶级实施权力控制的重要工具。随着司法文明的发展，司法权力控制的倾向逐步为权利保障所取代。现代司法文明以保护和扩大全体公民的自由和权利为重要使命，强调保障人权和维护权益，推行司法惠民和司法护民。

第三，从司法不公走向司法公正。传统司法体制下，司法没有独立性，司法运行缺乏严格的程序，司法无法发挥社会公平正义最后一道防线的作用，司法不公成为社会普遍现象。随着司法文明的发展，司法权在国家权力中的地位不断增强，法院维护社会公平正义的功能日益凸显，司法的独立性、程序性和终局性逐步显现，从而为司法公正提供了重要保障。

第四，司法文明是不断演进和发展的动态过程。司法文明的内涵与形态是不断演进的。在古代社会司法文明主要表现为定分止争、惩恶扬善，在现代社会除了定分止争、惩恶扬善，司法文明体现为保障人权、制约公权，维护公正、促进和谐。

二、当代司法文明的核心构成

司法文明是人类围绕司法权的分配和行使而在司法理论、司法制度、司法运作、司法主体和司法文化等核心领域所取得的一系列积极成果和进步状态，具体表现为科学司法理论指导下的先进司法制度的建构、公正司法运作的促进、卓越司法精英的培养和理性司法文化的培育。其中，科学的司法理论是源泉、先进的司法制度是规范、公正的司法运作是表征、卓越的司法精英是主体，理性的司法文化是基础，五者之间一脉相承、互为条件，相互融合，共同构成司法文明不可或缺的五个基本内涵要素和核心组成部分。

（一）科学的司法理论是司法文明的思想源泉

科学的司法理论既是司法文明发展的思想源泉，又是司法文明进步的重要指引。司法作为人类社会管理自身事务的重要活动，一方面自其产生以来已经形成了不同于其他活动的本质和规律，另一方面因处于不同时代其又呈现出不同的个性和特征。此外，目前关于司法和司法文明的理论研究成果还比较零碎、分散，缺乏内在的逻辑统一性、与时俱进的时代性和指导实践的科学性。因此，建设当代司法文明，既要求弘扬科学的研究精神，以科学的思维方法为指导，面向司法的历史发展进程，探究司法的独特品质和运行规律，又要求树立科学发展观，以科学的思想体系为指导，立足司法实践，探究司法理论的发展和创新。

（二）先进的司法制度是司法文明的根本保障

先进的司法制度既是司法文明发展的根本保障，又是司法文明创新的内在要求。先进的司法制度，应充分彰显维护公平正义、保障人民权益、促进社会和谐、服务改革发展、推进社会文明的司法核心价值，应以规范化、人权化、民主化、程序化为基本表征的先进司法制度，彰显司法核心价值，确保司法有效运行，并不断推动司法制度的发展进步。先进性是一个比较概念，只有比较才能鉴别出先进与否，其比较方式包括纵向比较和横向比较两个方面。具体到我国而言，纵向比较要求我国所创建的司法制度应该注重吸纳人类司法文明的一切优秀成果，横向比较要求我国所创建的司法制度应该具有彻底的人民性、普遍的公平性和有效的协调性，体现出社会主义制度的优势和特色。

（三）公正的司法运作是司法文明的基本表征

公正的司法运作既是司法文明发展的基本载体，又是司法文明创新的直接体现。司法本质是一种过程,其过程运作的好坏直接关系到司法核心价值——司法公正的实现水平。司法的运作既要实现程序公正,又要实现实体公正;既要实现过程公正,又要实现结果公正;既要实现个案公正,又要实现整体公正。要实现司法的公正运作,必须实现独立司法、坚持司法公开、保障司法效率、接受社会监督、树立司法权威。

(四)卓越的司法精英是司法文明的根本保障

司法文明说到底是司法官的文明。卓越的司法精英既是司法文明发展的关键要素,又是司法文明创新的根本保障。法官执掌法律、维护正义、肩负法治重任,这一角色自然也应当“吸引难得的天才”来担任。[3]卓越的司法精英,既要在法律素养、实践能力、人文精神和人格品质等方面具有高度的卓越性,又必须能够对社会发展产生积极影响,并因此而获得社会的高度评价与尊重,具有法律保障下的优厚地位。

(五)理性的司法文化是司法文明的重要基础

理性的司法文化既是司法文明稳步推进的重要支撑,又是司法文明持续发展的根本指标。文化是民族的血脉,是人民的精神家园,它引领前进方向、凝聚奋斗力量。文明是特定民族发挥其文化创造力的产物,是文化外化的展现和载体。在司法文明的推进过程中,司法文化是不可或缺的“软实力”和“硬指标”,司法文化软实力意味着司法文明是司法文明发展的精神动力、智力支持和思想保证,司法文化硬指标意味着司法文化是司法文明发展的基本方向、关键目标和重要任务。理性作为人类构建世界的主体认知方式,是人类社会进步的动力和源泉,是现代法治发展的基础和先导。唯有培育理性的司法文化,才能普遍形成全社会对司法的尊崇和信仰,才能有效发挥司法的功能和作用,才能真正实现司法文明的蓬勃和发展。

三、当代中国司法文明的基本表征

我国当代司法文明是遵循司法客观规律和特定国情的统一，其中，独立司法、科学司法、被动司法、公正司法体现着对司法客观规律的遵循，联动司法、民主司法、能动司法、和谐司法表征着对中国特定国情的尊重。独立司法和联动司法的统一、科学司法和民主司法的统一、被动司法和能动司法的统一、公正司法和和谐司法的统一，是我国当代司法文明的基本表征。

（一）独立司法和联动司法的统一

独立司法是我国宪法规定的一条根本原则，也是我国有关组织法和诉讼法规定的司法机关适用法律的一个基本原则，它既是司法权运行的基本规律，又是民主法治的集中体现。独立司法具体是指国家的司法权只能由各级司法机关统一行使，其他机关、团体和个人都无权行使此权力；人民法院依照法律规定独立行使审判权，不受行政机关、社会团体和个人的干涉；司法机关审理案件必须严格依照法律规定，正确适用法律。

联动司法是相对于独立司法而言的，独立司法并不意味着司法活动不受法律的监督和制约，更不意味着脱离党的领导和人大的监督。联动司法既是坚持中国特色社会主义政治制度的基本要求，又是推动人民法院司法事业科学发展的必由之路。联动司法具体是指人民法院在行使国家审判权、履行国家审判机关职能、服务经济社会发展大局的过程中始终坚持党的领导，依靠党委的统揽全局、协调各方的政治优势；自觉接受人大及其常委会的监督，依靠人大的支持排除非法干涉，维护司法权威；主动争取政府的支持和配合，实现司法权与行政权的和谐联动；积极促成法院与社会的良性互动，提高司法的公信力；努力实现法院系统内部上下级法院之间、不同地区和行政区域的法院之间、普通法院与专门法院之间的互相配合、互相支持。

独立司法与联动司法是辩证的关系，一方面，就政治体制和国家职权分工来讲，必须坚持司法独立和统一，保持人民法院判决的终局性，不能出现司法多元化；另一方面，就司法体制的运行和效能来讲，必须实行联动司法，尽可能吸收有利于化解矛盾纠纷、维护公平正义、促进社会和谐、保障发展大局的政治的、经济的、文化的、社会的元素和能量。

（二）科学司法和民主司法的统一

科学司法是遵循司法客观规律的专业化司法模式，它既是法治建设的基本要求，又是实现司法公正的基本条件。科学司法具体是指在司法实践中弘扬科学精神，以科学的态度对待司法过程中的事实问题和法律问题；坚持求真务实，尊重司法的客观规律，实现司法专业化运行；大幅度提高司法工作的科技含量；将先进的科学技术运用于司法；充分运用科学技术提高司法效率，最大限度地方便当事人诉讼，减少当事人的诉讼成本和讼累。

民主司法是相对于科学司法而言的，科学司法虽然要求司法实现专业化运行，但并不意味着完全排除民意的参与，更不意味着完全脱离人民群众的利益需求。民主司法既是人民当家作主政治制度的集中体现，又是防止司法专横擅断的内在要求。民主司法具体是指坚持人民代表大会制度，人民法院由人民代表大会产生，向人民代表大会负责，接受人民代表大会的监督，依靠人民代表大会的支持；坚持司法工作的群众路线，突出强调司法以维护人民群众的合法权益为依归，以保障人民群众的知情权、参与权、表达权、监督权为目的，以实施司法惠民、司法护民、司法便民、司法利民为表现；坚持法院内部的民主组织体系和工作机制，在司法工作中集中体现法官们的法律智慧、政治智慧、哲学智慧和社会经验，确保司法的质量、效率和效果。

科学司法与民主司法是辩证的关系，一方面，司法权本质上属于一种建立在法官理性之上的专业化权力，司法工作必须遵循司法的客观规律，不能偏离司法的轨道；另一方面，人民性作为我国司法的根本属性，必然要求实行民主司法，注重民众的参与和民意的引入，尽可能排除司法专权对民权的损害，最大限度地扩大司法民主，吸纳民意，有效发挥民众对司法的监督作用。

（三）被动司法和能动司法的统一

被动司法既是司法居间裁判本质属性的基本要求，也是司法实现公平正义的重要保障。被动司法具体是指严格贯彻“不告不理”原则，司法裁判的启动必须以当事人起诉为前提，不得主动启动诉讼程序；严格贯彻司法裁判范围有限性原则，即司法裁判的范围不能超越起诉的范围；法院以裁判者的身份被动地听取双方的陈述，审查相关的证据，正确适用法律，并据此做出裁判。

能动司法是相对于被动司法而言，被动司法虽然强调恪守司法权的边界，但并不意味着否定司法过程中的自由裁量，更不意味着阻碍司法职能的能动扩展。能动司法既是大力推行法治建设的必然要求，又是司法实现功能使命的必要条件。能动司法具体是指人民法院自觉把司法工作置于党委和政府工作的大局中去思考、去谋划，积极主动为经济社会发展大局服务；人民法院不断回应人民群众日益增长的司法需求，重视运用利益平衡的司法方式维护人民群众合法权益，尽可能扩大司法民主，全心全意为人民司法；人民法院积极拓展司法职能，主动参与社会矛盾化解和社会管理创新，为经济发展和社会进步服务。

被动司法与能动司法是辩证关系，一方面，司法权本质上要求法院在裁判纠纷时应有一种被动的姿态，也要求法官尽可能保持中立和克制，其目的在于通过程序的规制和当事人处分权的行使抑制司法权的滥用；另一方面，中国特色社会主义司法所承载的为大局服务和为人民司法的特殊使命和重要责任要求实行能动司法，唯有如此，才能真正实现程序公正和实体公正的统一，司法公正和社会正义的统一，法律效果与社会效果的有机统一，情、理、法的统一，对法律负责、对国家负责、对人民负责、对当事人负责的统一。

（四）公正司法和和谐司法的统一

公正司法既是社会主义法治的价值追求，又是尊重和保障人权的重要条件。公正司法是指司法机关力求在发现案件事实真相和正确适用法律的基础上作出公正裁决；司法程序必须符合公正、公开、民主，保护当事人诉讼权利、切实保障法官的独立公正以及充分体现效率的原则；司法机关在审判活动中应依据法律规定的职权和程序，依法独立行使审判权。

和谐司法是相对于公正司法而言的，公正司法虽然强调司法裁判的合法性和正当性，但并意味着否定司法的社会效果，更不意味着阻碍司法承担构建社会主义和谐社会的政治使命。和谐司法既是建设社会主义法治的必然要求，又是社会主义司法制度的基本特征。和谐司法具体是指在党委的统一领导、人大的依法监督和政府的有力支持下，在宪法和其他法律的制度框架内，各政法机关既依法制约监督、更有力协调配合，以准确有效地执行法律，共同履行维护党的执政地位、维护国家长治久安、维护人民群众利益、维护社会公平正义、保障和服务经济社会发展的神圣职责；以实现定分止争、化解矛盾纠纷、维护社会稳定、促进社会和谐作为工作目标；实行和谐的工作模式；构建和谐的司法文化；创造和谐的司法环境。

公正司法与和谐司法是辩证的关系，一方面，公正是社会主义司法的首要价值追求和行业规范，十六大明确提出，社会主义司法必须保障在全社会实现公平正义；另一方面，司法是实施依法治国方略的重要环节，人民法院在构建社会主义和谐社会中起着不可替代的作用，和谐法治不仅要求立法要和谐，司法也要充分体现和谐精神，实现和谐司法。

四、当代中国司法文明的重要成就

我国司法文明的发展主要体现为建国以后，特别是改革开放三十多年来司法改革的全面推行，可以说，司法改革的进程便是我国司法文明发展的进程。随着司法改革的全面展开，我国司法的文明程度不断提高，主要取得了以下重要成就：

（一）司法的重要地位日益突出

长期以来，司法在我国政治结构体系中一直处于边缘地位，被视为类似于军队、警察的国家专政机器的重要组成部分。随着改革的推行，司法不仅仅发挥着解决纠纷的作用，而且成为权利救济和人权保障的屏障，成为有效管理社会关系的调节器和平衡器，司法在社会管理的作用更加突出，在人民心目中的地位更加重要。

（二）司法的理论体系初步形成

中国特色社会主义理论体系与社会主义法治建设的实际相结合，形成了中国特色社会主义法治理论和法治理念，体现在司法领域主要包含司法民主理论、司法独立理论、司法公正效率权威理论、“三个至上”重要思想和和谐司法理论，司法理论体系更加系统和科学。这些理论直接决定着司法文明的发展方向，也构成了司法文明的理论指导和检验标准。

（三）司法的制度体系逐步完备

司法文明需要先进的司法制度作为支撑。三十年的司法改革实践使我国的司法制度得以逐步完备，司法的制度体系由以下四个方面构成：一是司法规范体系，包括建构中国特色社会主义司法制度、司法组织以及规范司法活动的各种法律规范；二是司法组织体系，主要指审判组织体系和检察组织体系；三是司法制度体系，主要包括六大制度，即侦查制度、检察制度、审判制度、监狱制度、律师制度和公证制度；四是司法人员管理体系，经过几十年的改革发展和教育培训，各系统的司法人员队伍数量不断扩大，素质不断提高，分类日益科学。

（四）证据的规则体系日渐科学

证据是诉讼的灵魂，证据规则是司法制度的核心。证据规则的完善程度直接关系着诉讼的科学化程度和司法的文明程度。严格证据规则、非法证据排除、排除合理怀疑等一系列科学证据规则的确立，不仅代表了公正司法的基本要求，更包含了丰富的法治意蕴；不仅维护了司法的自由保障功能，更体现了诉讼的科学民主，不仅防止了司法权的专断滥用，更体现了现代司法的文明进步。

（五）司法的运作机制更加公正

公平正义是人类社会共同追求的崇高理想，是法律制度内在的优良品质。司法作为判明是非、适用法律、裁决纷争的方式和途径，公平正义是其追求的核心价值目标，而司法也理应担当起维护社会公平正义的神圣使命。司法文明的重要使命在于促成司法的公正运作。随着确保独立司法、公开审判、民主司法、能动司法等各种措施和方法的推行，司法的公正获得了前所未有的实现和保障。

（六）司法的人才队伍不断壮大

人的因素是影响司法运行质量的关键因素，是司法文明发展的重要标志。司法职业化建设和法官队伍建设成为司法文明发展的一项重要任务。随着司法职业化进程的推进和法官队伍建设的加强，我国司法人才的素养不断获得提高，司法人才队伍不断壮大，为司法公正和司法文明提供了重要的主体保障。

五、推进中国司法文明发展势在必行

（一）推进司法文明发展是全面落实五位一体总体布局，不断拓展中国特色社会主义文明发展道路的必然要求

我国2004年宪法修正案以宣言和纲领的形式明确宣布了我国发展的方向和目标，即“推动物质文明、政治文明和精神文明协调发展，把我国建设成为富强、民主、文明的社会主义国家”。党的十八大报告从中国特色社会主义事业总体布局和全面建成小康社会全局出发，进一步明确指出，中国特色社会主义道路就是建设富强民主文明和谐的社会主义现代化国家。与中国特色社会主义经济建设、政治建设、文化建设、社会建设、生态文明建设五位一体总体布局相对应，中国特色社会主义文明表现为物质文明、政治文明、精神文明、社会文明和生态文明的协调发展。司法文明是政治文明的核心要素，是社会文明的基本表征，又是物质文明、政治文明、精神文明、社会文明和生态文明科学发展的重要保障。全面推进社会主义现代化建设，迫切要求把司法文明放在更加突出、更加重要的地位。

（二）推进司法文明发展是全面推进依法治国基本方略，加快建设社会主义法治国家必然要求

1997年，党的十五大提出“依法治国，建设社会主义法治国家”

的政治纲领，把依法治国确定为治国理政的基本方略。实施依法治国基本方略要求共产党依法执政、立法机关民主科学立法、公民懂法守法、行政机关依法行政、司法机关公正司法。十八大报告首次提出法治是治国理政的基本方式。司法文明既是实现国家治理和社会管理法治化的基本表征，又是维护国家法制统一、尊严、权威和保障人民权益的重要环节。全面推进依法治国，实现国家各项工作法治化，迫切要求推进司法文明建设。

（三）推进司法文明发展是进一步深化司法体制改革，实现人民司法事业科学发展的必然要求

司法文明既是司法体制改革的内在目标，又是司法实现科学发展的必由之路。党的十八大提出进一步深化司法体制改革的基本要求，目的就是要更加切实地尊重和保障人权，更加切实地实现社会公平正义，更加全面地推进司法文明建设。同时，党的十八大关于法治建设和人民司法事业发展的重要论述，进一步明确了人民法院在当前和今后一个时期内所肩负的重大政治任务和历史使命，对人民司法事业科学发展和人民法院工作提出了新的更高的要求，为司法文明的创新提供了更为明确的发展方向。

司法改革是司法发展的强大动力，没有司法改革，就没有司法的文明和进步。一方面，司法改革推动思想解放和理念创新，催生联动司法、能动司法、民生司法、科学司法等一系列先进司法理念，开辟了中国特色社会主义司法理论的新境界，为中国特色社会主义司法文明的不断创新提供了坚强有力的思想保障；另一方面，司法改革推动司法的自我完善和发展，改革有利于充分发挥司法在维护公正、保障人权、服务发展、促进和谐等方面的职能优势，而这些优越性则集中体现了司法发展的文明和进步。

十一届三中全会以来，在加强社会主义民主、健全社会主义法制的过程中始终伴随着司法改革。党的十五大首次明确将司法改

革作为政治纲领。进入新世纪之后,我国超乎预想地提前进入"诉讼社会",人民群众日益增长的司法需求与司法供给之间的矛盾愈加突出,司法的各种体制机制问题也愈加显现。因此,党的十六大提出推进司法体制改革,十七大进一步提出深化司法体制改革,优化司法职权配置,规范司法行为,建设公正高效权威的社会主义司法制度,保证审判机关、检察机关依法独立公正地行使审判权、检察权。十八大提出进一步深化司法体制改革,确保审判机关、检察机关依法独立公正行使审判权、检察权。这些改革和发展目标统括起来就是要更加切实地尊重与保障人权,更加切实地实现程序公正与实体公正,通过司法公正保障在全社会实现公平正义,就是要全面推进司法文明建设。

从另一个角度讲,司法改革的重要目标就是要实现司法的文明化。不仅中国的司法改革如此,近现代世界范围内的司法改革亦是如此。无论是为维护公平正义所推行的优化职权配置、规范司法行为、扩大司法公开、加强司法民主、强化法律监督等方面改革措施,还是为加强人权保障而推行的完善诉讼程序、遏制司法暴力、扩大诉权保障、完善援救助制度、推行平民司法等方面改革措施,以及为实现司法科学发展而在创新司法理念、提高司法能力、完善司法制度、提升司法公信、增强司法权威等方面所实施的司法改革,所有这些改革的重要目标都是为了实现司法的文明化运作。

深刻把握改革这个"强大动力",就要适应国内外形势新变化,顺应人民群众新期待新需求,奋发进取,砥砺勇气,坚持不懈地把改革创新精神贯彻到司法运行的各个环节,继续推进司法体制、机制、理论、制度的改革创新,坚决破除一切妨碍司法科学发展的思想观念和体制机制弊端,着力做好如下重要环节的司法改革:第一,以推进司法权运行文明化为目标推动三大诉讼法的完善;第二,以实现司法职权配置科学化为目标推动司法机关职权配置的优化；第三，以实现司法活动民主化为目标推动司法民主的建设；第四，以实现司法行为规范化为目标推动审判监督管理的创新；第五，以实现法院组织体系最优化为目标推动法院体系的改革。通过司法改革，不断解放和发展司法能力，逐步实现司法的现代化和文明化。

六、推进中国司法文明发展的基本要求

司法文明的与时俱进性决定着司法文明的发展是一个不断传承和创新的过程。中国特色社会主义司法文明的建设不能停滞，还须立足中国现实司法实践，在吸收和借鉴人类司法文明优秀成果的基础上，将司法的普遍规律与中国的特定国情创造性的结合起来，进一步推进司法体制改革和机制创新，探索更加科学的司法理论，建构更加先进的司法制度，促进更加公正的司法运作，培养更加卓越的司法精英，培育更加理性的司法文化。

（一）创新当代司法文明对探索科学司法理论的基本要求

以科学的司法理论为基点创新当代司法文明，一方面，要从根本上把握社会主义司法的本质和规律；另一方面，要在司法文明建设实践中实现理论创新。

1. 深刻把握社会主义司法的本质和规律

"理论只要说服人，就能掌握群众；而理论只要彻底，就能说服人。所谓彻底，就是抓住事物的根本。"[4]科学司法理论的形成，需要通过对司法本质、司法功能、司法价值、司法要素、司法定位、司法方式、司法架构、司法运行等一系列内容的研究，从根本上回答什么是社会主义司法，怎样建设社会主义司法，社会主义司法应该实现什么样的发展，怎样发展的重大问题，只有这样，才能正确反映社会主义司法的本质和规律，才能为中国特色社会主义司法文明建设实践提供有力的理论支持和思想保障。

2. 不断实现司法理论的丰富和发展

“理论在一个国家实现的程度，总是决定于理论满足这个国家的需要的程度。……光是思想力求成为现实是不够的，现实本身应当力求趋向思想。”[5]探索科学的司法理论，需要植根于中国特色社会主义司法文明的建设实践，以中国特色社会主义理论体系和社会主义法治理念为指导，紧紧围绕党和国家工作大局，紧紧围绕人民法院中心工作，紧紧围绕事关人民司法事业科学发展的重大理论和实践问题，深入开展更加富有成效的理论研究，不断丰富和发展中国特色社会主义司法理论体系。

（二）创新当代司法文明对建构先进司法制度的基本要求

以先进的司法制度为基点创新当代司法文明，一方面，要秉持开放精神，实现继承中华传统法律文化优秀基因和借鉴人类社会司法文明优秀成果的有机统一；另一方面，要秉持开拓精神，实现“三个统一”、“三个至上”根本特色和“与时俱进”、“科学发展”内涵创新的统一。

1. 科学借鉴人类社会司法文明优秀成果

中国古代法制文明中有许多超越时空、具有普遍价值的积极因素，古代法制文明所强调的礼法互补和德法并治、法律公开和宣传教育、调处息讼和社会和谐、司法巡视和司法监察、避亲移任和任职回避、职官考绩和职官任用、注律解律和编例指导等优秀文明成果，是古代法制文明的精华要素。西方司法文明所强调的分权制衡和司法独立、司法中立和司法被动、正当程序和平等保护、司法理性和司法民主、司法公正和司法效率、司法终局和司法信仰、保障人权和限制权力等优秀文明成果，则反映了人类治理社会的智慧经验。二者均属于人类司法文明优秀成果的重要组成部分，对我们创新当代司法文明具有重要的借鉴意义。我们要善于利用不同法系国家、不同社会制度国家以及国际社会司法制度中的诸多长处,古为今用、洋为中用,努力形成博采众家之长的司法制度,彰显社会主义司法文明的民族性、开放性、包容性和进步性。

2. 充分发挥社会主义司法制度的特色优势

我国司法制度的根本特色,是坚持党的领导、人民当家作主、依法治国的有机统一,在司法工作中,就是坚持党的事业至上、人民利益至上和宪法法律至上。这一根本特色决定了司法制度具有无可比拟的政治优势和制度优势。先进司法制度的完善与发展,又是一个兼具时代性和创新性的历史命题,是最大限度满足人民群众司法需求的应然途径。因此,我们应在坚持"三个统一"、"三个至上"政治方向的前提下,积极回应人民群众的司法需求,丰富和发展社会主义司法的制度内涵,努力形成公正高效权威和谐社会主义司法制度。

(三)创新当代司法文明对促进公正司法运作的基本要求

以公正的司法运作为基点创新当代司法文明,一方面,要注重司法的相关外部性建设;另一方面,要注重司法系统的内部治理。

1. 注重司法相关外部性建设

民主政治、保障人权和依法治国是政治文明的三大精髓,司法权作为政治权力的重要部分,其能够得以公正运行,在外部问题上则需要正确界定司法权在权力体系中的地位,正确处理司法权与其他权力之间的关系,正确发挥司法在维护公平正义和保障人权方面的功能。司法的外部性问题主要表现为独立审判问题、司法体制问题和司法环境问题。为此,在独立审判问题上要注重实现司法人民性和司法政治性的统一,在司法体制问题上要注重实现职权划分和权力协调的统一,在司法环境问题上要注重实现司法公信和司法权威的统一。

2. 注重司法系统的内部治理

实现公正司法关键在于司法内部的治理，应从主体和客体、宏观和微观、路径和策略、制度和程序、方法和措施等各个视角加强司法自身的建设，力争实现独立司法、严格司法、公开司法、高效司法、民主司法、能动司法、科学司法、和谐司法。司法的内部问题主要表现为司法裁判问题、队伍建设问题和司法运行问题。为此，在司法裁判问题上要注重实现程序公正和实体公正的统一，在队伍建设问题上要注重实现司法职业化和司法民主化的统一，在司法运行问题上要注重实现司法自制和司法能动的统一。

（四）培养卓越司法精英的基本要求

以卓越的司法精英为基点创新当代司法文明，一方面，要进一步推进司法精英化建设；另一方面，要进一步加强司法人才培养机制建设。

1. 进一步推进司法精英化建设

司法精英化是提高职业能力、锻造职业精神、培养职业自治的基本途径和重要手段，而职业能力、职业精神和职业自治是促使司法人才形成卓越才能并赢得职业声望的核心要素，所以应通过严格职业选任、完善职业保障、加强职业管理、推行职业激励、增强职业约束等方面的制度建设，培养造就一批具有执著信念、优良品德、丰富知识、过硬本领的高素质司法卓越人才。

2. 进一步加强司法人才培养机制建设

卓越的司法精英不可能天然形成，教育培训是必要途径之一。但现行的教育培训体制尚不能满足司法精英化建设的需要，所以，应通过创新培养模式、优化课程体系、丰富教学内容、改革教学方法、提升师资力量、强化教学管理，形成科学先进、具有中国特色的司法教育理念，形成开放多样、符合中国国情的司法人才培养体制。

（五）创新当代司法文明对培育理性司法文化的基本要求

以理性的司法文化为基点创新当代司法文明，一方面，要深入开展司法宣传教育；另一方面，要大力加强司法公信建设。

1. 深入开展司法宣传教育

开展司法宣传教育是提高全体公民司法意识和实现司法文明大众化的基本途径。为此，我们要不断创新司法宣传教育的方式和方法，积极建立司法与媒体的互信，大力推进司法公开，普及司法宣传教育的对象和范围，提高全社会的法治意识和法律素质，弘扬司法精神和司法理念，形成全社会自觉学法守法用法护法的良好氛围，树立全社会相信司法、依靠司法、运用司法，完善司法的理性信念，自觉增强人民对社会主义司法的理论认同、感情认同和实践认同。

2. 大力加强司法公信建设

司法公信是司法文化的重要载体和表现形式。党的十七届六中全会和十八大在论述推进社会主义文化强国建设时均指出要大力加强司法公信建设。司法公信是司法机关通过职权活动在整个社会当中建立起来的一种公共信用，集中表现为人民群众对司法的信任、信赖、尊重和维护。司法公信是社会主义核心价值体系的重要元素和重要体现，是维护法律权威、体现社会公平正义、引领民众崇尚法治的基础。因此，培育理性的司法文化，迫切需要加强司法公信建设。司法公信建设是一项系统工程，包含司法的方方面面，为此我们要从提升司法核心公信力入手，通过不断加强公正司法，规范司法、高效司法、廉洁司法、为民司法等重要环节的司法公信建设，弘扬社会主义法治的公平、民主、人权精神，引导人民群众切实增强法律意识和规则意识，形成有利于推动司法文明进步的理性司法文化。

注　释

〔1〕《董必武政治法律文集》,法律出版社 1986 年版,第 520 页。

〔2〕《江泽民文选》(第 1 卷),人民出版社 2006 年版,第 513 页。

〔3〕[美]伊恩·罗伯逊:《社会学》(上册),黄育馥译,商务印书馆 1990 年版,第 324 页。

〔4〕《马克思恩格斯选集》(第 1 卷),人民出版社 1995 年版,第 24 页。

〔5〕《马克思恩格斯选集》(第 1 卷),人民出版社 1995 年版,第 25 页。

人权保障与司法文明*

《中国法律评论》创刊伊始，便以其“思想之库府，策略之机枢”的办刊理念引起期刊界的高度关注，创刊号发表的包括肖扬首席大法官在内的名家名篇更是在法学界法律界激荡起思想解放的层层浪花；同时，她也受到社会公众的热切关注，给人们留下了“紧扣主旋律，葆有多样性，弘扬正能量，回应法治梦”的深刻印象。继创刊号纵论“司法改革与审判独立”之后，第二期又以人权的司法保障为主题，回应人权司法保障的公共关怀，再次把人们带入法治建设的实践前沿和理论前沿。

人权保障是司法文明的核心标志，也是司法文明的强大动力。如果说古代司法的文明意义在于定分止争、惩恶扬善，那么现代司法的文明意义则在于保障人权、维护正义，正是对人权的尊重和保障使司法在现代化的道路上走向了文明。本文围绕人权司法保障这一专论主题，就我国人权司法保障与司法文明略作论述。

进入21世纪之后，中国政治文明发展最靓丽的事件就是2004年我国现行《宪法》第四次修改时将“国家尊重和保障人权”入宪。在确立人权宪法原则之后，我国加大了人权司法保障的制度创新和实践创新。人权的司法保障和由此决定的司法文明取得了一系

---

* 本文发表于《中国法律评论》2014年第2期。

列具有标志性和显示度的重大进步。

第一，以尊重和保障人权为主题，完善和发展我国刑事诉讼制度，使之更加充分地体现了法治的人权精神。新中国首部《刑事诉讼法》制定于1979年，1996年进行了第一次较大修改。在此基础上，2012年进行了第二次重大修改。此次修改，着力点在于落实尊重和保障人权的宪法原则，正确处理惩罚犯罪与保障人权、实体与程序、公正与效率的关系。新《刑事诉讼法》的主要原则、基本制度、程序设计和具体规定，无不充分体现了尊重和保障人权这一主题，切实加强了刑事诉讼领域中的人权保护。为了在刑事诉讼的全过程切实贯彻“尊重和保障人权”原则，在修改和完善辩护制度、证据制度、强制措施、侦查程序、公诉程序、审判程序、刑罚执行等各个环节都具体规定了操作性很强的规则和措施。

尊重和保障人权既包括尊重和保障被害人的人权，也包括保障犯罪嫌疑人、被告人的人权。惩罚犯罪就是为了保障人权，预防和减少对包括生命权、自由权、财产权等在内的公民人权的侵害，加大对被害人或其亲属的经济补偿和司法救助就是保障人权，这都是不言而喻的。2012年《刑事诉讼法》之所以将尊重和保证犯罪嫌疑人和被告人的人权作为其主题内容，乃是因为刑事诉讼主要是一场国家追诉犯罪嫌疑人、被告人刑事责任的活动。面对强大的国家追诉机关，犯罪嫌疑人、被告人处于相对弱势的地位。因此，如何将国家机关追诉犯罪、惩罚犯罪的活动纳入法治轨道和程序范围，防止国家公权力的滥用侵害到公民人权和社会秩序，就自然成为《刑事诉讼法》的首要目的。这次《刑事诉讼法》的修改将尊重和保障人权的宪法原则法律化、具体化、实践化，更加有力、有效地保护了人权。

第二，将完善人权司法保障制度、推进司法人权保障法治化作为新一轮司法改革的重中之重。党的十八届三中全会《决定》从尊重和保障人权的宪法原则和法治理念出发，把“完善人权司法保障制度”作为司法改革的重大任务，这在我国司法改革史上是前所未有的。在司法领域，严重侵犯人权的现象集中表现在对公民人身权利和自由的侵害，以及对公民财产权利的侵害两个方面。《决定》有的放矢地宣告“严禁刑讯逼供、体罚虐待”，强调“健全错案防止、纠正、责任追究机制，……严格实行非法证据排除规则”。在一些案件当中，随意违法违规处置犯罪嫌疑人的财产、赃款赃物，并且不随案移送，因此当刑事被告人被宣告无罪时，被查封、扣押的财产却往往渺无踪影。在一些民事案件中，超标的查封和扣押当事人的财产，严重影响当事人的正常经营和生活的情况也大量存在。对此，《决定》要求“进一步规范查封、扣押、冻结、处理涉案财物的司法程序”。为了在司法领域为保障人权提供法律援助，《决定》提出要“完善法律援助制度”，“发挥律师在依法维护公民和法人合法权益方面的重要作用”。值得注意的是，《决定》还把“逐步减少适用死刑罪名”作为完善人权司法保障制度的重点项目提出来。把死刑问题与人权保障连结起来，这在党的文件当中可能是首次。《决定》把“废止劳动教养制度”也作为完善司法人权保障制度的一项内容。2013 年 12 月 28 日，全国人大常委会决定废止执行了 56 年的劳动教养制度，可谓中国人权司法保障的一大亮点，是中国司法文明的重大进步，受到国内外舆论的一致好评。《决定》还把司法机关和社会呼吁多年的“健全国家司法救助制度，完善法律援助制度”作为司法改革的项目，回应了社会对人权问题的期待。

针对这些年严重侵害人权的冤假错案接连发生，中央政法委发布了《关于切实防止冤假错案的规定》，就严格遵守法律程序，加强防止和纠正错案机制建设作了明确规定：一是健全防止错案机制，严格遵守证据裁判原则，严禁刑讯逼供、体罚虐待，严格执行非法证据排除规则，准确把握刑事案件证明标准。二是健全发现错案机制，着力保障犯罪嫌疑人、被告人、罪犯的申诉、控告权，充分发挥律师的辩护作用。三是健全纠正错案机制，明确错案的认定标准和纠错启动主体，完善错案纠正程序。四是建立错案责任追究机制。最高人民法院颁布了《关于建立健全防范刑事冤假错案工作机制的意见》，要求尊重被告人的诉讼主体地位，维护被告人的辩护权等诉讼权利，坚持依法独立行使审判权原则、程序公正原则、审判公开原则和证据裁判原则。2013 年，全国法院恪守罪刑法定、证据裁判、疑罪从无等原则，严格排除非法证据，依法宣告 825 名被告人无罪，确保无罪的人不受刑事追究。最高人民检察院也制定了《关于切实履行检察职能、防止和纠正冤假错案的若干意见》，要求坚决杜绝通过刑讯逼供等非法手段获取证据，要依法核实和排除非法证据，客观、公正作出处理决定。

第三，在司法工作中确立了人权优先性和维权首要性的理念。党的十八大提出要运用法治思维和法治方式治国理政。法治思维和法治方式的核心是人权思维和人权保护，人权思维和人权保护的基本特征在于：一是视人权为人应当享有的、不可剥夺、不可转让的神圣权利。在我国，频频发生公民的人身自由、人格尊严、通信秘密、生命、财产等人权和公民权利受到侵害的事件，究其原因就是人权和公民权利不够神圣，有些国家机关和国家机关工作人员就是不把人权和公民权利当回事。这种情况今后将有较大改观。二是奉行权利推理。权利推理首先表现为权利发现。人权既包括法定的权利，也包括应有的权利，人们的权利不限于法律明文宣告的那些，而是有很多没有“入账”的、没有列入“清单”的权利，或者被“遗漏”的权利。这些权利要靠法律推理来发现、拾取和确认。法治思维的一个重要功能，就是去发现现行法律没有明文规定但法律精神和法律原则肯定会包容的权利。权利推理其次表现为自由推定——法不禁止即自由。凡是法律没有禁止的，都是允许的；凡是法律没有禁止的，都是合法或准许的；每个人只要其行为不侵犯别人的自由和公认的公共利益，就有权利（自由）按照自己的意志活动。权利推理还表现为无罪推定、疑罪从无等。三是在司法活动中面对各项考量因素时，人权及作为人权具体形态的各种公民权利具有优先性，任何情况下都不能以牺牲人权为代价追求所谓的“社会效果”和“政治效果”。权利的优先性考量必然派生出维权首要性考量，必然要求正确认识和处理维稳与维权的关系。今年召开的中央政法工作会议首次确立了维权为本、维稳为末的理念。习近平总书记在中央政法工作会议上要求政法机关正确处理好维稳与维权的关系，指出：从人民内部和社会一般意义上讲，维权是维稳的基础，维稳的实质就是维权。对涉及维权的维稳问题，首先要把群众合理合法的利益诉求解决好。单纯维稳，不解决利益问题，那是本末倒置，最后也难以稳定下来。要完善对维护群众切身利益具有重大作用的制度，强化法律在化解矛盾中的权威地位，建立健全畅通有序的诉求表达、矛盾调处、权益保障、心理干预机制，解决好人民最关心、最直接、最现实的利益问题，使群众由衷感到权益受到了公平对待、利益得到了有效维护。要改革信访制度，按照诉求合理的解决问题到位、诉求无理的思想教育到位、生活困难的帮扶救助到位、行为违法的依法处理的要求，及时解决群众合理合法诉求，维护正常信访秩序。

在当代中国，维稳是一个否定性的概念，维权是一个肯定性概念。面对复杂多变、互相叠加的社会矛盾和不稳定因素，以及由社会矛盾和不稳因素引发的恶性事件和群体性事件，司法机关要善于透视其中的权利问题，引导人民群众把各种利益诉求甚至不满情绪转化为诉讼请求权，同时畅通诉讼救济渠道，对符合受案条件和受案范围的案件及时立案、及时审理、及时救济，确保受到侵害的人权和公民权利得到有效补救，特别是面对政府侵权的案件，要敢于站在人民和公正的立场上维权。

第四，作为人权保障的民生司法成为新时期人民法院工作的主题。司法的人权保障植根于以人为本、执政为民的法治理念。

它要求始终不渝地把实现好、维护好、发展好最广大人民的根本利益作为司法工作的出发点和落脚点，切实尊重和保障人权，依法保障和改善民生。2013 年，各级法院审结一审民事案件 355.4 万件。发布关于审理劳动争议、食品药品纠纷案件司法解释和加强消费者权益司法保护等指导意见，各级法院审结涉及人身损害、劳动就业、教育、医疗、住房、消费等案件 53.7 万件；高度关注“三农”工作，维护农民权益，促进农业发展，审结涉及农村土地承包经营权流转、宅基地纠纷、拖欠农民工工资等案件 20.3 万件；高度重视保护农村留守老人、妇女、儿童、残疾人合法权益，审结婚姻家庭、抚养继承案件 161.2 万件，促进家庭和谐；审结资源开发、环境保护案件 2464 件，推进环境公益诉讼。通过这些案件的审理与执行，有效地保障了人民群众的权利。

国企下岗职工、城镇农民工、失地农民、失业或待业者、残疾人等社会弱势群体的人权司法保障具有严峻性和迫切性。与其他群体相比，弱势群体维护自身权利的社会资源最为匮乏，更需要借助国家权力得到保护。十八大以来，司法机关高度关注社会弱势群体的司法人权保障。首先关注的是社会弱势群体的诉权，确保经济困难的群众打得起官司，对孤寡老人、孤儿和农村“五保户”、没有固定生活来源的残疾人和患有严重疾病的当事人、享受城市居民最低生活保障、农村特困户、领取失业保险金的当事人，以及追索赡养费、扶养费、抚育费、抚恤金或社会保险金、进城务工人员追索劳动报酬、人身伤害事故受害人请求赔偿等涉及经济困难群体的案件，实行诉讼费缓减免救助措施，依法保障了经济确有困难的当事人及时实现诉权。其次高度重视“民告官”案件的立案受理，切实加强行政相对人的行政诉权保护，强化举证责任倒置，对一些受案和审判阻力较大、干扰较多的案件，依法实行提级管辖或异地指定管辖，着力破解行政诉讼难问题。

第五，尊重和执行人权司法保障的国际公约和惯例。司法是人权的最后一道防线，这道防线有效与否是司法野蛮与文明的分水岭，因而也是司法文明的底线。第二次世界大战以来，世界范围内普遍加强了人权的司法保障，人权的司法保障从国内法保障扩展到国际法保障，司法文明呈现国际化全球化的发展趋势。我国作为联合国常任理事国，高度重视国内和国际两个层面的法治，统筹人权国内法保障和国际法保障两个方面，除了积极参与国际人权立法、执法和司法，还高度重视国际人权司法保障普遍性原则和惯例的中国化。截至目前，我国已批准国际人权公约 26 项，诸如《经济、社会及文化权利国际公约》、《消除一切形式种族歧视国际公约》、《防止及惩治灭绝种族罪公约》、《禁止并惩治种族隔离罪行国际公约》、《消除对妇女一切形式歧视公约》、《禁止酷刑和其他残忍、不人道或有辱人格的待遇或处罚公约》等，已签署待批准的有联合国《公民权利和政治权利国际公约》。我国充分尊重并在相关立法中体现有关人权司法保障的联合国决议，诸如《关于司法机关独立的基本原则》、《关于检察官作用的准则》、《关于律师作用的基本原则》、《关于公正审判和救济的权利宣言草案》、《保护所有遭受任何形式拘留或监禁的人的原则》、《联合国非拘禁措施最低限度标准规则》、《关于保护面对死刑的人的权利的保障措施》、《联合国少年司法最低限度标准规则》(《北京规则》)、《为罪行和滥用权力行为受害者取得公理的基本原则宣言》等。上述做法充分体现了中国实行法治、保障人权的国家意志和人民愿望，也充分彰显出我国司法文明的良好形象。

人权保障没有句号，司法文明没有终点。我们期待着在全面推进依法治国、加快建设法治中国的新时期新阶段，我国的人权司法保障制度不断完善、司法人权保障实践的不断创新；也期待着在履行人权保障神圣职能的过程中我国司法更加进步、更加文明，及早跨入世界司法文明的先进行列。

司法文明新的里程碑*

——2012 年刑事诉讼法的文明价值

2012 年 3 月十一届全国人民代表大会第五次会议修改通过的刑事诉讼法(以下简称 2012 刑事诉讼法)于 2013 年 1 月 1 日起正式施行。我国 1979 年刑事诉讼法的制定标志中华司法文明的新起点,而 2012 刑事诉讼法则是中华司法文明乃至世界司法文明新的里程碑。本文就此问题略作论述。

一、2012 刑事诉讼法在当代中国法治文明中的重要地位

"文明"这一概念意指人类社会的进步状态,通常与野蛮相对。现代文明意指社会发展到较高阶段的文明,是与市场经济、民主政治、理性文化、生态正义相适应的文明。现代文明的表现形态包括物质文明、政治文明、精神文明、生态文明等。法治文明是政治文明的基本标志,司法文明又是法治文明的基本标志。我国的法治文明集中表现为中国特色社会主义法律体系的形成。刑事诉讼法作为规范刑事诉讼活动、确保刑罚正义、确保人权自由的基本法律则是中国特色社会主义法律体系的重要组成部分。

---

* 本文发表于《法制与社会发展》2013 年第 2 期。

刑事诉讼法是中国特色社会主义法律体系中起支架性作用的基本法律。我国的法律分为两类，一类是基本法律，另一类是一般法律（普通法律）。基本法律由全国人民代表大会制定和修改，一般法律（普通法律）由全国人民代表大会常务委员会制定和修改。基本法律的地位仅次于宪法。刑事诉讼法属于基本法律。不仅如此，它还是起支架性作用的基本法律，属于十分重要的基本法律。它的支架性作用主要体现在，它支撑着诉讼与非诉讼程序法这一法律部门。根据全国人大常委会对中国特色社会主义法律体系的目标设计，中国特色社会主义法律体系现阶段划分为七个主要的法律部门：宪法及宪法相关法、民法商法、行政法、经济法、社会法、刑法、诉讼与非诉讼程序法。诉讼与非诉讼程序法这一法律部门包括诉讼法和非诉讼程序法。其中，诉讼法包括刑事诉讼法、民事诉讼法和行政诉讼法。与诉讼法相近的其他一些处理社会矛盾纠纷的程序法，如仲裁法、人民调解法、劳动争议调解仲裁法、农村土地承包经营纠纷调解仲裁法等，被称为非诉讼程序法。它们合起来构成一个相对独立的法律部门。刑事诉讼法是我国第一部社会主义诉讼法律，它不仅为民事诉讼法和行政诉讼法的制定与实施起到了示范作用，而且为后者确立了我国诉讼法律制度的基本原则和方法。

刑事诉讼法是具备独立存在价值的程序法。刑事诉讼法属于程序法的范畴。程序法是与实体法对应的法律部门。实体法是规定人们之间实质性权利义务责任的法律，如刑法、民法、行政法等。程序法是规定有关行使权利、履行义务、承担责任所需程序或手续的法律，如刑事诉讼法、民事诉讼法、行政诉讼法等。实体法与程序法互为依存、密不可分。以刑法与刑事诉讼法的关系而言，如果没有刑事诉讼法，没有关于侦查、起诉、审判、刑罚执行等法定程序的规定，侦查权、检察权、审判权、刑罚执行权就不能运行，刑法因而就无法实施。马克思曾经提到程序法与实体法的关系是血与肉的关系，也有法学家认为程序法与实体法的关系是灵魂与躯体的关系。过去有一种观点认为,程序法依附于实体法,程序法的价值仅仅是从实体法派生出来的,程序法本身没有独立价值。近年来,学术界越来越肯定程序法自身的独立价值。正如著名法学家陈光中教授所指出的:实体法和程序法相互依存、相辅相成,不能有主次、轻重之分。程序法的第一价值是保证实体法的正确实施,同时绝不能忽视其自身的独立价值,也就是“诉讼法自身所体现出来的不取决于实体法实施的价值”。[1]“诉讼法规定的程序保障体制强调了当事人的人格尊严和法律关系主体地位,体现了公正、民主和法制的观念”;[2]“诉讼法在某种程度上弥补了实体法的不足,并创制实体法”;[3]“诉讼法规定的民主、公正程序使得判决得到社会公众的认可和尊重,也易为当事人从心理和行为上予以接受”;[4]“诉讼法在特定情形下限制了实体法的实施”。[5]

刑事诉讼法是中国特色社会主义司法制度的重要组成部分。刑事诉讼法与其他有关司法机构、司法体系、司法职业、司法保障等法律(例如《人民法院组织法》、《人民检察院组织法》、《法官法》、《检察官法》等),在宪法有关基本原则和基本制度的统领下,共同建构了中国特色社会主义司法制度,包括各项司法基本制度,如侦查制度、检察制度、审判制度、监狱制度、律师制度和公证制度,以及人民调解制度、人民陪审制度、死刑复核制度、审判监督制度、司法解释制度等;在各项基本制度当中又有各项具体制度,例如审判制度中包含两审终审制度、公开审判制度、合议制度、辩护制度、诉讼代理制度、回避制度、司法调解制度、司法救助制度,等等。还有作为中国特色社会主义司法制度灵魂的法律原则,如司法权独立行使原则,司法机关相互配合、相互制约的原则,以事实为根据、以法律为准绳的原则,合法、及时、准确的基本要求,等等。

总之,刑事诉讼法在中国特色社会主义法律体系和法治文明当中的地位非常特殊、极其重要,其特殊性和重要性可以用学术界的一个通说来表述,那就是:刑事诉讼法本质上是一部典型的人权法律，因为它的每一项内容都与公民的人身自由、人格尊严、人身权利以及与人身权利关联的各项基本权利密切相关，故被称为“小宪法”，刑事诉讼法是宪法之外最能表明一个国家法治文明状态的法律。

二、2012 刑事诉讼法的文明价值之一：以尊重和保障人权为主题，完善和发展我国的刑事诉讼制度，使之更加充分地体现社会主义法治精神和法治理念

新中国首部刑事诉讼法是 1979 年 7 月 1 日制定的。同年 9 月 9 日，中共中央发出了《关于坚决保证刑法、刑事诉讼法切实实施的指示》（中发〔1979〕64 号）。该《指示》明确指出：刑法和刑事诉讼法的颁布，对加强社会主义法制具有特别重要的意义。它们能否严格执行，是衡量中国是否实行社会主义法治的重要标志。刑事诉讼法自 1979 年颁行之后，于 1996 年进行了第一次较大修改。在此基础上，2012 年进行了第二次重大修改。刑事诉讼法的这次修改，坚持从我国国情出发，落实尊重和保障人权的宪法原则，正确处理惩罚犯罪与保障人权、实体与程序、公正与效率的关系，对证据制度、强制措施、辩护制度、侦查措施、审判程序、执行规定和特别程序共七大方面均作出了重大补充修改，在侦查、起诉、审判、执行等方面进行了重要完善。这对于完善中国特色社会主义司法制度、推进社会主义司法文明和政治文明、树立法治国家的良好形象，具有十分重要的意义。

2012 刑事诉讼法全面体现了尊重和保障人权的宪法原则和法治精神。这次修改使“尊重和保障人权”在 2004 年入宪的基础上进一步“入法”。刑事诉讼法的主要原则、基本制度、程序设计和具体规定，无不充分体现了尊重和保障人权这一主题，切实加强了刑事诉讼领域中的人权保护。为了在刑事诉讼的全过程切实贯彻“尊重和保障人权”原则，在修改和完善辩护制度、证据制度、强制措施、侦查程序、公诉程序、审判程序、刑罚执行等各个环节都具体

规定了操作性很强的规则和措施。

尊重和保障人权既包括尊重和保障被害人的人权,也包括保障犯罪嫌疑人、被告人的人权。惩罚犯罪就是为了保障人权,预防和减少对包括生命权、自由权、财产权等在内的公民人权的侵害,加大对被害人或其亲属的经济补偿也是保障人权,这都是不言而喻的。2012 刑事诉讼法之所以将尊重和保证犯罪嫌疑人和被告人的人权作为其主题内容,乃是因为刑事诉讼主要是一场国家追诉犯罪嫌疑人、被告人刑事责任的活动。面对强大的国家追诉机关,犯罪嫌疑人、被告人处于相对弱势的地位。因此,如何将国家机关追诉犯罪、惩罚犯罪的活动纳入法治轨道和程序范围,防止国家公权力的滥用侵害到公民权利和社会秩序,就自然成为刑事诉讼法的首要使命。在 20 世纪 90 年代之前,追究犯罪、惩罚犯罪被看作是刑事诉讼法的首要目的。20 世纪 90 年代后,随着我国政治文明和法治文明的推进,尤其是 2004 年我国第四次修宪将"国家尊重和保障人权"明确写入宪法以后,惩罚犯罪与保障人权相结合顺理成章地成为刑事诉讼法律和刑事诉讼法学的指导思想,并体现在关于刑事诉讼价值、刑事诉讼目的、刑事诉讼职能等理论、制度和实践之中。这次刑事诉讼法修改进一步将尊重和保障人权的宪法原则法律化、具体化、实践化,必将更加有力有效地保护人权。

三、2012 刑事诉讼法的文明价值之二:以确保程序正义为主线,创新和完善刑事诉讼程序,使之更加民主化、法治化、科学化

注重程序正义是现代政治文明和法治文明共同的价值取向。权利义务程序告知、充分说明、相互辩论、听取申辩、公开透明等是程序正义的主要内容。程序正义在制度上的表达就是法律程序正当或者正当法律程序。所谓程序正义和正当程序,就是诉讼程序要符合法治原则,符合人权原则,符合平等原则,符合理性原则。

从制度设计上保障和提升程序正义和正当程序，是这次刑事诉讼法修改工作的主线。2012 刑事诉讼法紧紧围绕更好体现程序正当、实现程序正义这一主线展开。

2012 刑事诉讼法在辩护制度、侦查程序、强制程序等方面集中体现了程序正义和正当程序的要求。

（一）完善辩护制度，辩护程序更加公正公平

在我国刑事诉讼中，比较普遍的问题是辩护难、辩护率低。辩护难主要体现在阅卷难、会见难、取证难、辩护意见被采纳难，从而导致辩护率低，大部分律师不愿意办理刑事案件。在律师界流传着这样的灰色幽默：律师以代理非诉讼案件为荣，以代理诉讼案件为耻；以办理民商事案件为荣，以代理刑事案件为耻。这种状况显然不利于保护犯罪嫌疑人、被告人的合法权利，不利于深化刑事诉讼制度改革，不利于树立法治国家、人权国家的形象。为了解决这一突出问题，2012 刑事诉讼法主要从以下方面对辩护制度进行了完善：

第一，在介入程序方面，律师作为辩护人介入刑事诉讼的起点从审查起诉阶段提前至侦查阶段。

第二，在法律援助方面，法律援助的对象范围和提供法律援助的阶段扩大了。

第三，在律师会见方面，除危害国家安全犯罪、恐怖活动犯罪、特别重大贿赂犯罪案件，在侦查期间辩护律师会见在押的犯罪嫌疑人应当经侦查机关许可以外，辩护律师持律师执业证书、律师事务所证明和委托书或者法律援助公函要求会见在押的犯罪嫌疑人、被告人的，看守所应当及时安排会见，至迟不得超过四十八小时。辩护律师在侦查阶段会见犯罪嫌疑人时不被监听。

第四，在阅卷方面，辩护律师自人民检察院对案件审查起诉之日起，可以查阅、摘抄、复制本案的案卷材料。

第五，在申请调查取证方面，辩护人认为在侦查、审查起诉期间公安机关、人民检察院收集的证明犯罪嫌疑人、被告人无罪或者罪轻的证据材料未提交的，有权申请人民检察院、人民法院调取。

第六，在听取辩护律师意见方面，人民检察院审查批准逮捕，可以听取辩护律师的意见；辩护律师提出要求的，应当听取辩护律师的意见。在案件侦查终结前，辩护律师提出要求的，侦查机关应当听取辩护律师的意见，并记录在案。辩护律师提出书面意见的，应当附卷。人民检察院审查案件，应当听取辩护人的意见，并记录在案。辩护人提出书面意见的，应当附卷。最高人民法院复核死刑案件，辩护律师提出要求的，应当听取辩护律师的意见。

第七，在追究辩护人法律责任的程序方面，辩护人在执业过程中涉嫌犯罪的，应当由办理辩护人所承办案件的侦查机关以外的侦查机关办理。辩护人是律师的，应当及时通知其所在的律师事务所或者所属的律师协会。

第八，在辩护人权利救济方面，辩护人认为公安机关、人民检察院、人民法院及其工作人员阻碍其依法行使诉讼权利的，有权向同级或者上一级人民检察院申诉或者控告。人民检察院对申诉或者控告应当及时进行审查，情况属实的，通知有关机关予以纠正。

（二）完善侦查措施，使侦查程序更加规范更加安全

侦破案件、打击犯罪与保障人权、免伤无辜的矛盾在侦查阶段最为突出，尤其是随着高新侦查技术的运用，无形的、看不见的侵害人权的行为时常发生。2012 刑事诉讼法对侦查措施进行了严格规范，特别是对“技术侦查”、“隐匿身份侦查”、“控制下交付”等特殊侦查措施进行了严格规范。技术侦查是采取一定的科学技术手段获取案件信息、证据和缉拿犯罪嫌疑人等侦查行为的总称，它具有秘密性、技术性等特点。隐匿身份侦查，是指公安机关根据侦查需要，经公安机关负责人决定，公安人员或其他有关人员通过隐瞒

身份获得侦查相对人的信任基础上进行的侦查活动，主要包括三大类：特情侦查、卧底侦查和诱惑侦查。控制下交付，是指侦查机关发现非法交易的物品后，在对物品进行秘密监控的情形下，允许物品继续流转以侦查策划该项犯罪的犯罪组织、犯罪团伙以及其他犯罪参与人，从而彻底查明案件。在刑事司法实践中，随着经济社会和科学技术发展，侦查机关使用技术侦查、隐匿身份侦查、控制下交付等秘密侦查措施的现象越来越普遍，司法机关也经常将通过秘密侦查获取的证据作为定案的根据予以采用。但是，由于法律上没有对这些侦查措施作出统一而具体的规定，因而时常发生误用和滥用，不仅侵害了公民权利，而且严重影响了诉讼秩序。因此，2012 刑事诉讼法重点规范了特殊侦查措施：明确规定了技术侦查的适用范围与限度、使用主体、使用的程序等；明确规定了隐匿身份侦查的批准程序和实施范围；明确规定了控制下交付仅限于涉及给付毒品等违禁品或者财物的犯罪活动；明确规定了采取上述侦查措施收集的证据适用问题，规定通过技术侦查、隐匿身份侦查、控制下交付等侦查措施收集的材料在刑事诉讼中可以作为证据使用，但是如果使用该证据可能危及有关人员的人身安全，或者可能产生其他严重后果的，应当采取不暴露有关人员身份、技术方法等保护措施，必要的时候，可以由审判人员在庭外对证据进行核实。

完善侦查措施，还体现在侦查人员讯问犯罪嫌疑人时可以进行全程录音或录像，对可能判处无期徒刑、死刑的案件或者其他重大犯罪案件的讯问过程应当全程录音或录像。这些规定有利于改进目前侦查阶段取证封闭化的状况，有利于防止和减少刑讯逼供的发生，有利于证据的固定和运用，有利于审判机关对证据的判断和采信，既体现了侦查措施的科学化、法治化的进程，也体现了人权保障方面的进步，彰显现代社会司法文明。

（三）完善强制措施，使强制程序更加公开透明、更具人性关怀

强制措施意味着对犯罪嫌疑人、被告人人身自由的限制或剥夺。因此，在刑事诉讼领域，强制措施是直接涉及人权状况的重要制度之一，被社会各界广泛关注。超期羁押、羁押率过高等问题，不仅严重侵犯了有关当事人的人身权利，而且严重损坏了司法机关的权威和公信力，有些案件甚至造成了非常恶劣的社会影响。例如，广西的谢洪武案超期羁押长达28年。针对这种情况，2012刑事诉讼法对拘传、取保候审、监视居住、拘留、逮捕等强制措施的要件、使用范围和程序作了较大幅度调整，特别是明确规定了监视居住不得在羁押场所、专门的办案场所执行，并规定了应当通知家属、允许律师会见等救济措施；明确规定了指定居所监视居住的期限应当折抵刑期；明确规定了拘传期间应当保证犯罪嫌疑人必要的饮食、休息时间；还特别规定了患有严重疾病、怀孕或正在哺乳自己婴儿的妇女、唯一扶养人等，虽符合逮捕条件仍可以适用监视居住。这些规定使强制措施的设定和使用既有利于侦办案件，又能够保障犯罪嫌疑人、被告人的人权。

（四）优化审判程序设计，使审判程序更加民主更加科学

审判是刑事司法的核心与终结。2012刑事诉讼法对刑事审判程序进行了全新的制度设计，使我国的刑事审判程序更加符合刑事审判规律，更加公开、民主，也更富有效率。具体包括：

1. 对一审程序的修改

一是扩大了适用简易程序案件的范围，同时规定了简易程序的审判组织、审理期限、公诉人出庭要求，从而实现了案件的“繁简分流”，提高了诉讼效率，有利于避免或减少诉讼的拖延和司法资源的浪费。程序的繁简分流使刑事案件的处理程序当繁则繁、当

简则简，不但可以提高诉讼效率，同时也使得普通程序的正当化获得充分有效的保证。二是设计了庭前会议制度。在开庭以前，审判人员可以召集公诉人、当事人和辩护人、诉讼代理人，对回避、出庭证人名单、非法证据排除等与审判相关的问题了解情况，听取意见。这样的规定体现了司法民主，也有利于减少对抗，提高庭审的质量和效率。三是对中止审理进行了更加明确的规定和规范。四是明确了一审审理期限以及延期审理的情形，将延期审理的案件限定于交通十分不便的边远地区的重大复杂案件，重大的犯罪集团案件，流窜作案的重大复杂案件，犯罪涉及面广、取证困难的重大复杂案件，对审限的强制性规定体现了刑事司法的严肃性。

2. 对二审程序的修改

一是扩大了二审案件开庭审理的范围，二审原则上都要开庭审理；二是明确规定了检察机关二审期间的阅卷期限（自法院通知之日起一个月以内查阅完毕）；三是明确规定了法院受理上诉、抗诉案件，应当在两个月以内审结，规定了需要延长审限的情形和严格的批准程序；四是严格限制二审法院发回重审的次数（只限一次），避免上下级法院之间互相扯皮，减少司法资源浪费；五是完善上诉不加刑原则，规定二审人民法院发回原审人民法院重新审判的案件，除有新的犯罪事实并由人民检察院补充起诉的以外，原审人民法院也不得加重被告人的刑罚，这一规定更加有效地保护了被告人的上诉权。

3. 对死刑复核程序作出实质性修改

死刑是对被告人生命权的剥夺，死刑一旦执行就没有任何挽回余地。因此，我国刑法和刑事诉讼法对死刑案件设立了最严格的证据标准和最复杂的司法程序。这次刑事诉讼法修改又对死刑复核程序进行了完善，以确保死刑案件准确无误。一是明确规定最高人民法院复核死刑案件，应当作出核准或者不核准死刑的裁定；对于不核准死刑的，最高人民法院可以发回重新审判或者予以改判。二是规定最高人民法院复核死刑案件，应当讯问被告人，辩护律师提出要求的，应当听取辩护律师的意见；在复核死刑案件过程中，最高人民检察院可以向最高人民法院提出意见。最高人民法院应当将死刑复核结果通报最高人民检察院。这些规定充分体现了严格控制和慎重适用死刑的政策。

4. 对审判监督程序的修改

审判监督是对已经发生法律效力的裁判的监督，是依法纠错的必要程序。这次刑事诉讼法修改对审判监督程序进行了改革和完善。一是完善再审事由，将原来的条文“有新的证据证明原判决、裁定认定的事实确有错误的”修改为“有新的证据证明原判决、裁定认定的事实确有错误，可能影响定罪量刑的”；同时，将原来条文“据以定罪量刑的证据不确实、不充分，或者证明案件事实的主要证据之间存在矛盾的”修改为“据以定罪量刑的证据不确实、不充分、依法应当予以排除，或者证明案件事实的主要证据之间存在矛盾的”；增加规定“违反法律规定的诉讼程序，可能影响公正审判的”。二是确立整体回避制度，规定上级人民法院指令下级人民法院再审的，原则上应当指令原审人民法院以外的下级人民法院审理；由原审人民法院审理更为适宜的，也可以指令原审人民法院审理。三是明确规定人民法院开庭审理的再审案件，同级人民检察院应当派员出席法庭。四是明确再审程序中适用强制措施的责任主体，规定人民法院决定再审的案件，需要对被告人采取强制措施的，由人民法院依法决定；人民检察院提出抗诉的再审案件，需要对被告人采取强制措施的，由人民检察院依法决定。五是明确再审程序中对原裁判的处理，规定人民法院按照审判监督程序审判的案件，可以决定中止原判决、裁定的执行。

2012 刑事诉讼法还设立特别程序编（第五编），针对实践中遇到的新问题，制定了未成年人刑事案件的诉讼程序，当事人和解的公诉案件的诉讼程序，犯罪嫌疑人以及被告人逃匿、死亡案件违法所得的没收程序，以及依法不负刑事责任的精神病人的强制医疗程序等，从法律上改变了一些特殊情形无法可依的情况，增强了刑事诉讼程序的可操作性，促进了刑事程序的科学化。

四、2012 刑事诉讼法的文明价值之三：以严格的证据规则为基石，全面完善证据制度，显著提升证据获取、采信、排除和使用的合法性与合理性程度

美国联邦最高法院大法官霍姆斯曾讲过一段很精辟的话："法律的生命不在于逻辑，而在于经验。"[6]他还讲，此处的经验，核心是将事实转化为证据的经验，是通过法律概念与证据的连接，而把法律规则和原则，适用于具体事实的经验。它积累了人类长期以来的司法经验，又积累了司法与现代技术相结合的经验。这一论述充分说明了证据的基石地位。中央电视台"焦点访谈"栏目有一句家喻户晓的新闻语言"用事实说话"。在司法活动中，我们也有一句广为流传的法律格言"用证据说话"。证据是被证明了的"事实"，是能够定罪量刑的"事实"，单纯地被描述、被复制的事实是没有法律效力的。证据是刑事诉讼的"轴心"，在本质意义上可以说，整个刑事诉讼活动主要是围绕着证据的收集、审查、判断、采信和运用展开的，侦查机关侦查活动的核心是获取和收集证据，检察机关起诉审查活动的核心是审查和判断证据，审判机关审判活动的核心是进一步审查、判断证据，并以采信的证据为根据定罪量刑。所以，这次刑事诉讼法修改的重中之重是创新和完善证据规则和证据制度。新增 8 条，由原来的 8 条增至 16 条，原有条文也全部做了修改。证据规则的修改、完善和补充，为刑事司法公正和公民人权保护提供了坚实的法律基石。

在修改证据规则、完善证据制度的过程中，法学界曾经围绕刑事诉讼的证明标准是"客观真实（事实）"还是"法律真实（事实）"发生过激烈争论。经过这场争论，法律真实观脱颖而出并日渐成

熟，逐渐发挥着引领中国刑事诉讼观念转变的作用。刑事诉讼法修改过程中，明显是采纳了法律真实论的观点，对刑事诉讼的证明标准进行了较大的调整，完善了证据标准和规则。

证据制度的修改和完善主要体现在以下几个方面：

第一，重新确定了证据概念。规定：可以用于证明案件事实的材料，都是证据。

第二，在证据种类中增加了电子数据、辨认笔录、侦查实验笔录，并将原来证据种类之一的“鉴定结论”改为“鉴定意见”。

第三，明确了证明责任。规定：公诉案件中被告人有罪的举证责任由人民检察院承担，自诉案件中被告人有罪的举证责任由自诉人承担。

第四，细化了证明标准。规定：证据确实、充分，应当符合以下条件：一是定罪量刑的事实都有证据证明；二是据以定案的证据均经法定程序查证属实；三是综合全案证据，对所认定事实已排除合理怀疑。

第五，确立非法证据排除规则。明确规定了对于以非法方法收集的证据应当予以排除的情形。2012 刑事诉讼法第 54 条规定：采取刑讯逼供等非法方法收集的犯罪嫌疑人、被告人供述和采用暴力、威胁等非法方法收集的证人证言、被害人陈述，应当予以排除。收集物证、书证不符合法定程序，可能严重影响司法公正的，应当予以补正或者作出合理解释；不能补正或者作出合理解释的，对该证据应当予以排除。完善非法证据排除制度，在已有的严禁刑讯逼供的基础上，增加规定“不得强迫任何人证实自己有罪”。这些规定与《公民权利和政治权利国际公约》中“凡受刑事指控者，不得被强迫做不利于自己的证言或者被强迫承认犯罪”的规定契合，更有利于解决我国刑事诉讼中存在的刑讯逼供顽症。非法证据排除制度对于尊重和保障人权、科学质证、认证，防止冤错案件发生具有不可替代的作用，对规范依法取证、依法办案有着重要的制约作用。此外,2012 刑事诉讼法还完善了证人出庭制度和鉴定人出庭制度,增加了对证人、鉴定人、被害人或者其近亲属的保护措施、证人作证的经济补偿权等。

五、在司法实践中实现刑事诉讼法的文明价值

法律的生命在于实施,法律的价值只有在实施中才能体现和实现。如何实施好刑事诉讼法这部重要法律,使之充分发挥保障人权、惩罚犯罪、维护秩序、管理社会、保障公正的积极作用,充分体现和完整实现其司法文明价值。应当强调以下几个方面:

(一)牢固树立和始终坚持与新刑事诉讼法相一致的观念和理念

首先,要牢固树立和始终坚持惩罚犯罪与保障人权并重的观念。要进一步强化人权意识,按照刑事诉讼法的要求,切实在侦查、起诉、审判、执行活动中尊重和保障人权,彰显我国社会主义司法制度的文明价值。要牢固树立惩罚犯罪与保障人权并重的观念,防止把两者对立起来,既注意准确及时地惩罚犯罪,依法维护公民、社会和国家利益,又注意保障犯罪嫌疑人、被告人和其他诉讼参与人的合法权利,努力实现惩罚犯罪与保障人权相统一。鉴于长期以来司法机关偏重打击犯罪、忽略人权、特别是忽略犯罪嫌疑人和被告人的人权,在实施新刑事诉讼法过程中应当更加强调保障人权的一面。值得注意的是,刑事诉讼法的功能和价值不仅是惩罚犯罪、保障人权,还有维护秩序的一面,刑事诉讼法规范司法机关的职能和行为,建立法治基础上的诉讼秩序,并通过诉讼秩序的建立而积极参与社会管理和社会建设,维护社会秩序,促进社会和谐。

其次,要牢固树立和始终坚持实体公正与程序公正并重的观念。司法公正包括程序公正和实体公正两个方面。程序公正作为

“看得见的正义”，比实体公正更直接、更直观地影响当事人和社会公众的感受。有的刑事案件当事人上访的原因并不是对司法机关的实体处理有意见，而是认为自己的刑事诉讼权利没有得到应有的尊重和保护。因此，要进一步强化程序意识，坚决纠正重实体轻程序、重结果轻过程的错误观念和做法，切实做到实体与程序并重，把程序公正的要求落实到刑事司法活动全过程。在刑事司法中，强调实体公正与程序公正并重，就是坚持刑法与刑事诉讼法并重。刑法的目的是惩恶扬善，打击犯罪，保障人权、维护秩序，刑事诉讼法则为实现刑法目的设计了科学的程序和技术，并把刑法的适用置于公开、透明和公正的程序基础上，更有利于实现刑法的实体公正。鉴于在刑事司法实践中长期存在着“重实体轻程序”的惯性和程序虚无主义错误，有必要强调程序的重要性，强调重视程序公正保障实体公正的重要意义。程序不仅是实现实体公正的手段，更是防止、限制司法权被滥用，保障诉讼参与人的合法权利并提供救济途径的重要机制。重视程序的价值，维护程序正义是法制进步、司法文明的重要标志。要切实维护正当程序的严肃性，必须加强对违反程序规定的行为的监督、纠正、责任追究力度。走程序虽然需要时间，有时候也很麻烦，有时候还会遇到来自上级、社会、舆论的压力，但是严格按照法定程序办案，可以避免发生严重错误，避免发生错案、冤案。违反程序办案，往往为冤假错案埋下祸根。佘祥林、杜培武、赵作海等冤假错案的出现，都与违反法定程序办案，采取刑讯逼供等非法手段获取口供有关。诸如此类案件的血的教训是非常深刻的。

（二）要牢固树立和始终坚持司法公正与司法效率并重的观念

公正与效率是司法工作的永恒主题，二者不可偏废。没有公正的效率是缺乏灵魂的躯体，而没有效率的公正是缺乏躯体的灵魂。刑事司法效率关系着犯罪事实能否及时查清、犯罪分子能否受到应有的惩罚，被害人及其家属的合法权益能否及时获得救济，被侵犯的社会关系能否得以恢复或修复。司法效率低下，上述问题的解决会受到不同程度的影响，甚至司法公正就会失去其应有的意义。法谚“迟来的正义非正义”就是强调效率的重要性。当前，在案多人少矛盾比较突出的情况下，应当合理配置有限的司法资源，用好用足刑事诉讼法规定的口头传唤制度、简易程序制度、庭前会议制度等一切有利于提高司法效率的手段，切实提高司法效率。2012 刑事诉讼法从实际出发适当延长了特殊案件传唤、拘传时间以及案件审理期限等，绝不意味着可以降低司法效率、可以拖到法定的最后期限才结案，必须在保证司法公正的前提下，最大限度地提高司法效率，努力实现公正与效率的有机统一。

（三）强化证据意识，把实施新刑事诉讼法的着力点放在证据制度的落实上

证据是刑事诉讼的基石。最近几年，公、检、法三机关互相支持、互相配合，刑事案件审判质量不断提升。以死刑为例，因事实证据问题不核准的比率和补查补证率都有大幅下降。但是，因事实证据问题不核准死刑的案件仍占有相当比例。这说明在证据问题上，公检法等司法机关要进一步提高认识、统一认识，既不能人为地放宽证据标准，更不能在事实证据问题上试探性上报或因顶不住压力将证据明显不足的案件报上级法院。

当前，强化基层法官和检察官的证据意识，提高其研判和运用证据的能力十分重要而突出。法官、检察官理想的知识结构应当包括三个方面：一是证据科学的知识，二是法律科学的知识，三是政策科学的知识。对应来讲，就是司法审判要以事实为根据，以法律为准绳，以政策为指导。就这三个方面的知识来讲，以法律为准准绳这一点，由于大多数年轻法官、检察官经过法学十四门核心课

程的学习和一系列以重要法律为内容的选修课的学习，在法律适用方面应该说是精通的；以政策为指导这一点，通过这几年的社会主义法治理念和司法理念教育，应该说也比较好地解决了，为大局服务、为人民司法的意识和水平都有提高。但是，以事实为根据这一点，由于很多法学院校没有开设证据法学方面的课程，更不要说法庭科学方面的课程了，所以使得我们的法官、检察官在以事实为根据这方面显得知识严重不足。所以，加强证据法学和证据科学的教育，提高法官、检察官的证据意识，增强法官、检察官运用证据认定事实的能力，可以说是迫在眉睫。

（四）始终坚持以党和国家的刑事司法政策为指导

政策是法律的灵魂，司法政策是司法的生命线。司法政策是党的意志和主张在司法领域的体现，司法政策在宏观上引领司法机关的工作方向，微观上指导具体案件的法律适用。虽然通常我们讲法律适用的原则是“以事实为根据，以法律为准绳”，但实际上还有一个十分重要的原则，即以政策为指导或导向。以我国死刑审判为例可以看出刑事政策的指导作用。2007 年以来，我国刑法关于死刑的法律标准并未发生改变，死罪刑事案件仍然居高不下，然而全国范围内判处死刑的案件数量大幅下降，2011 年较 2006 年下降达 54.09%。这就是党的宽严相济的刑事政策和“严格控制和慎重适用死刑”、“少杀慎杀”的死刑政策发挥积极作用的结果。实施刑事诉讼法必须准确地判断社会治安形势、准确把握现阶段党的刑事政策以及在不同类型案件上的刑事政策。在刑事司法中，要坚决防止孤立办案、机械办案。例如，伴随经济社会快速发展，因征地拆迁、企业改制、劳动纠纷、社会保障、环境污染、非法集资等引发的矛盾纠纷，部分转化为刑事案件，成为当前人民法院受理案件的一大特点。这类案件成因复杂、涉及面广，当事人多为普通群众，易于获得社会同情。对这类案件必须深入了解案发原因，判断引发案件的权力运行有无失当、失信之处，防止简单以“危害后果”定性处罚。否则，不仅容易导致打击面过宽，不能有效化解社会矛盾和“官民”矛盾，还可能引发无休止的申诉上访，使普通案件转化为社会关注事件，案件处理的法律效果、社会效果、政治效果都不会好。对于诉至法院的这类案件，各级人民法院要在查明事实、分清责任、准确判断罪与非罪的基础上，总体采用轻缓的处理方式。对于因部分群众正当利益诉求得不到及时回应、妥善解决而引发的矛盾纠纷，特别是权力运行存在违法或不当之处的，要慎重追究刑事责任，尽量促请通过纪律、行政、经济等手段解决；依法定罪判刑的，要主动与党委政法委和其他相关部门及时沟通，把握好审判时机，重视裁判理由阐释，实现法律效果、政治效果和社会效果的统一。

（五）始终坚持党对刑事司法工作的领导

司法是党依法执政的重要方式和途径。在司法工作中，尤其是在刑事司法中，必须强调坚持党的领导，把刑事司法置于党委的领导之下。只有始终坚持党的领导，才能保持刑事司法工作正确的政治方向，才能找准刑事司法工作的定位和着力点，找准刑事司法工作与党和国家工作大局和全局的结合点与着力点；只有坚持党的领导，才能做到法律思维与政治思维的有机结合，正确处理保护与惩罚、公正与效率、实体与程序等重要关系，实现刑事司法活动法律效果、政治效果和社会效果的有机统一。在刑事司法中坚持党的领导，非常重要的是要主动接受各级党委的领导和协调，遇到涉及区域性、全省性和全国性的重大案件，触及经济、政治、生态、民族、宗教、外交、军事等热点问题的重大案件，以及可能引发群体性事件、极端恶性事件的敏感案件，牵涉到诸多政法机关职权边界、政法机关意见分歧较大的重大案件，都应及时向同级党委主要领导同志和政法委员会报告，以便得到正确指导、统一协调与坚强支持，取得法律效果、社会效果、政治效果的最大化。

（六）弘扬和谐政法精神，全面加强政法机关之间的监督制约和协作配合

刑事诉讼法的调整对象包括公安机关、检察机关、审判机关、司法行政机关及它们的司法行为，每个机关各分管一段，一环扣一环。这就涉及政法机关之间的配合与制约问题。按照宪法和刑事诉讼法的规定，各个政法机关独立行使职权，分工负责，互相配合，互相制约。这次刑事诉讼法修改，通过完善刑事诉讼程序，优化司法职权配置，进一步体现了和谐政法理念。政法机关一方面要依法规范行使侦查权、起诉权、审判权、执行权，加强协调配合，努力形成工作合力，共同履行好惩罚犯罪、保障人权、维护公正和秩序的法律责任。另一方面，要建立健全内外监督制约机制，严把案件事实关、证据关、程序关、法律适用关，及时纠正违反刑事诉讼法的行为，确保法律正确实施，防止司法权滥用，防止司法腐败，维护社会公平正义。在诉讼监督方面，通过排除非法证据和审查程序违法的制度设计，加强了审判机关对侦查机关和公诉机关的审判监督。这些制度设计更加有利于政法机关依法独立行使职权，又有利于政法机关依法互相监督和配合，共同履行好打击犯罪、保障人权、维护公正和秩序的法定职责。2012 刑事诉讼法规定的很多制度和程序，没有司法机关之间的密切配合是落实不了的，必须借助多个司法机关的合力。例如，法院审判的庭前会议制度、外国人犯罪案件的管辖问题、简易程序审理、社区矫正制度等。

注 释

〔1〕 陈光中、王万华:“论诉讼法与实体法的关系——兼论诉讼法的价值”,载陈光中、江伟主编:《诉讼法论丛》(第1卷),法律出版社1998年版,第9页。

〔2〕 陈光中、王万华:“论诉讼法与实体法的关系——兼论诉讼法的价值”,载陈光中、江伟主编:《诉讼法论丛》(第1卷),法律出版社1998年版,第9页。

〔3〕 陈光中、王万华:“论诉讼法与实体法的关系——兼论诉讼法的价值”,载陈光中、江伟主编:《诉讼法论丛》(第1卷),法律出版社1998年版,第10页。

〔4〕 陈光中、王万华:“论诉讼法与实体法的关系——兼论诉讼法的价值”,载陈光中、江伟主编:《诉讼法论丛》(第1卷),法律出版社1998年版,第11页。

〔5〕 陈光中、王万华:“论诉讼法与实体法的关系——兼论诉讼法的价值”,载陈光中、江伟主编:《诉讼法论丛》(第1卷),法律出版社1998年版,第12页。

〔6〕 O. W. Holmes, Jr. , The Common Law, Macmillan & Co. 1882, p. 1.

中华司法文明及其现代转型*

中国是世界上文明发达最早的国家之一，法制文明是中国古代文明的重要构成和明显标志。中华法治文明首先表现为法典文明（立法文明）。我们的祖先早就懂得运用法律治理国家和社会。春秋战国时期就提出了以法治国，并着手制定法律，形成了自成体系的成文法典，汉唐时期建构起比较完备的法典，唐律是世界古代成文法的典范。中华法治文明也表现为司法文明，我们的祖先很早就学会了通过司法程序化解矛盾纠纷、制裁违约侵权。中华古代司法文明体现在方方面面，有许多超越时空、具有普遍价值的因素。例如：

强调发挥法律和司法定分止争的作用。“定分止争”，是先秦思想家管子较早提出来的一个概念，思想极其深刻。大意是：法律要明确权利、义务及其界限，以此，公正合理地调整利益关系、防范和减少利益冲突，化解矛盾纠纷，保障国泰民安。与我们主张的法律的核心是权利和义务、法律是通过规定或约定的权利和义务而调整社会关系和主体行为的观点一致。“定分止争”又包含“定纷止争”，即通过司法或准司法程序，查明纠纷、辨明是非、公正高效

---

* 本文是作者 2015 年 7 月 4 日在首届中华司法研究高峰论坛上的发言，后以“中华传统司法文明的法治要素”为题发表于《人民法治》2015 年第 8 期。

处置，进而达到案结事了、矛盾化解，通过司法的定分止争来促进社会和谐。司法在个案上是处理纠纷、化解矛盾，在其社会功能上则是通过司法促进变法，通过变法来解决社会深层次矛盾，保持社会稳定，推动社会发展。

主张德治与法治并存，注重礼法互补，在司法实践中就是德礼为本、刑罚为用，孔子任鲁国司寇期间，主张先教后刑、以德服人，概言之，就是“明德慎刑”。中国政法大学张晋藩教授对明德慎刑是这样解释的：明德在于敬德保民、以德化民；慎刑就是谨慎用刑（罚），防止滥杀无辜。[1]滥杀无辜，不仅是司法不公，而且会激化矛盾、引发社会动乱。中国古代农民起义往往从劫牢反狱开始，也为历代统治者敲响警钟。

注重司法的人文关怀，强调以人为本，以民为本。例如，对孤寡老人、妇女儿童等实行宽宥、恤刑；再如，注重司法的教育功能，主张以法为教，强调司法的任务不仅是要“禁暴惩奸”，而且要“弘风阐化”，引领社会风尚。

强调严格司法基础上的法情理有机结合。严格司法，就是要依法断罪、援法断罪，“刑当罪则威，不当罪则侮”；[2]“赏当贤，罚当暴，不杀不辜，不失有罪”。[3]严格司法才能从根本上保证司法公正，正所谓“且法者，国之权衡也，时之准绳也。权衡所以定轻重，准绳，所以正曲直。”[4]但是，严格司法不是刻板司法、机械司法，在严格司法的基础讲究法情理统合。无论是律学这种法律家，还是法官，都主张对法律条文和典籍从天理、国法、人情的有机结合上予以解释和注释，司法和法律的适用不能就事论事。法情理统合，才能做到刚柔相济、宽严相济。

注重执法者、司法官的道德品质和道德形象，主张为官者、执法者要清正廉洁，光明正大，发挥以吏为师的榜样作用。

中国古代强调对司法活动的监督制约。南宋著名思想家、政治家真德秀将“断狱不公”、“听讼不审”、“淹延囚系”、“惨酷用刑”

等列为“十害”。他说：“狱者，民之大命，岂可少有私曲。”“讼有实有虚，听之不审，则实者反虚，虚者反实，其可苟哉！”“一夫在囚，举实荒业，囹圄之苦，度日如岁，其可淹久乎！”[5]为了防止司法渎职，在实践中逐步形成了对诉讼活动的司法监察制度，到唐朝时已经制度化、常态化，一直延续到清末。司法监察涉及七个方面，即“断罪不如法”、“出入人罪”、“受赇枉法”、“请托枉法”、“挟仇枉法”、“滥用刑罚”、“淹禁稽迟”等。

当然，尽管中国古代司法文明具有很高的成就，但那时的司法毕竟属于封建司法的范畴，也存在许多当代人看来非文明的乃至野蛮的东西，诸如，刑民不分、以刑为主；刑讯逼供、屈打成招甚至迷信神明裁判，等等。

如果说古代司法的文明意义在于定分止争、惩恶扬善，那么现代司法的文明意义则在于保障人权、维护正义，正是对人权的尊重和保障使司法在现代化的道路上走向了文明。

总之，中华司法文明源远流长、绵延未断。然而，近代以来，由于西学东渐，特别是由于历史虚无主义思潮，中华司法文明受到巨大冲击，致使我们对它的研究有限、传承不够。当下，我们有责任对它进行深入研究，使之发扬光大。中华司法研究会的成立正是顺应了这一时代需要。我们应当坚持历史唯物主义，坚持对前人的尊重，对中华传统法律文化的丰富资源进行梳理和甄别，在此基础上，对其进行现代化的改造和扬弃，把那些能够与以科学、理性、民主、自由、公平、人权、法治、和平、秩序、效率为内容的时代精神融为一体的文化传统吸收到现代司法之中，推进法治的民族精神和时代精神融汇。

注　释

〔1〕 参见张晋藩:“中国古代司法文明与当代意义”,载《法制与社会发展》2014 年第 2 期。

〔2〕 《荀子 · 君子》。

〔3〕 《墨子 · 尚同》。

〔4〕 (唐)吴兢:《贞观政要》(卷五),上海古籍出版社 1978 年版。

〔5〕 (宋)真德秀:“谭州渝同官咨目”,载(宋)真德秀:《西山文集》(卷四十)。

略论现代司法文明*

刚才张晋藩先生就中国古代司法文明做了精彩的主题报告。这里,我先呼应一下张先生的观点。

中国是世界上文明发达最早的国家之一,法制文明是中国古代文明的重要构成和明显标志。中国古代法制文明中有许多超越时空、具有普遍价值的因素。对此,张晋藩老师有深刻而丰富的研究。在张晋藩先生的论著中,对法制文明的思想概括大体包括:注重法律的人文精神,强调以人为本,以民为本,社会和合;善于通过人文精神对社会成员心理和观念世界的整合与引领,来维系和范导整个社会;注重礼法互补,主张德治与法治并存,强调明德慎刑;注重法律的教育功能,主张以法为教,强调法律的任务不仅是"禁暴惩奸",而且要"弘风阐化",仁义礼乐者,皆出于法;注重治国者、执法者的道德品质以及对国家的责任感和使命感,主张为官者、执法者要清正廉洁,光明正大,发挥以吏为师的榜样作用;注重法律的综合意义,主张对法律条文和典籍从天理、国法、人情的有机结合上予以解释和注释,法律的实施不能就事论事;注重变法促进,强调通过变法革新来解决社会深层次矛盾,保持社会稳定,推动社

* 本文是作者 2013 年 12 月 21 日在宋代司法文化与现代法治文明建设论坛上的主题发言。

会发展。这些能够与时代精神融为一体的法律文化传统融入到社会主义法治之中,可使中国法治的民族精神和时代精神浑然一体。

要科学概括中国古代的司法文明,有一个理论范式和方法论的问题。司法文明是法治文明的表征,是政治文明的重要组成部分。政治文明、法治文明、司法文明之间有着梯次包含、不可缺少的相互关系。所以,要从政治文明、法治文明的高度来概括司法文明。

以下,我讲的是现代的政治文明、法治文明和司法文明。

政治文明:核心要素和主要标志是民主、共和、宪治(学术界也称为宪政),民主、共和、宪治有机结合、融为一体。民主,就是人民主权,人民当家作主;共和,就是公共治理,协商民主;宪治,是法治的最高表现形式,正如习近平总书记所讲,依法治国,根本是依宪治国,依法执政,关键是依宪执政。

法治文明:核心要素和主要标志是人权至上,尊重和保障人权;权力制约;正当程序;公平正义;法律面前人人平等等。

司法文明:核心要素和主要标志是司法民主、司法独立、司法和谐、司法公信;具体的还包括罪刑法定、疑罪从无、严格的证据规则和非法证据排除、罚当其罪等。

司法民主。司法民主包括两个方面,一是司法为民,二是民主司法。司法为民就是以人为本,通过公正高效的司法活动依法保障人权,依法维护人民权益,做到司法利民、司法惠民、司法护民。同时,还要考虑司法活动如何更快捷、更方便、更有效,减少当事人的讼累。民主司法是人民民主的法治原则在司法领域的体现。要切实保障人民群众对司法活动的知情权、参与权、表达权、监督权,真正把司法活动置于广大人民群众的监督之下,以民主保公正,以公正得公信。要全心全意依靠人民群众,充分挖掘、善于利用人民群众当中惩恶扬善、禁黑除恶、除暴安良、化解社会矛盾纠纷的各种资源,包括民事调解、民间商谈的传统经验,以及与法律并行的道德力量、习惯做法；加强人民陪审制度，随着人民群众法治实践的丰富，依法办事的能力显著提高，人民陪审制度可以进一步拓展。要坚持和发展法院内部的民主组织体系和工作机制。我国司法制度是以司法民主为核心建构起来的，法院的合议庭、审判委员会等都是司法民主的载体，要充分发挥这些制度形式的民主机制，在审执工作和法院的其他工作当中，汇聚法官们的法律智慧、政治智慧、哲学智慧和社会经验，确保审判和执行工作的质量和效率。

独立司法（司法权独立运行）。司法权既是统一的国家权力体系的组成部分，又是一种相对独立的国家权力。司法权运行既有权力运行的一般规律，又有其特殊规律。其最显著的特殊规律就是司法权行使（运行）的独立性。国家的司法权只能由国家各级司法机关统一行使，其他机关、团体和个人都无权行使此项权力；人民法院依照法律规定独立行使审判权，不受行政机关、社会团体和个人的非法干涉；司法机关审理案件必须严格依照法律规定，正确适用法律。法院司法的独立性根源于诉讼当事人的复合型、对抗性，法院必须在双方或多方当事人之间保持独立和中立地位，而不受其他任何因素的干扰而偏袒一方当事人，唯有此，才能做出公正的判决，所以说司法独立是保证司法公正的必然要求。司法权独立行使在现代民主法治社会显得尤为突出。现代民主法治社会的突出标志是政府必须在宪法和法律授权范围内活动，并且要依照法定程序执法。政府侵害公民和法人的合法权益，公民法人可以将政府告上法庭，让政府成为被告。政府和法院都是国家机关，如果法院不独立行使审判权，受制于政府，那就没有公民和法人胜诉的可能，那对公民和法人是极不公平的。司法的独立性还表现在司法权运行的受动性，受动性的简明表达就是“不告不理”。相对于当事人而言，法院应是受动的，应当实行不主动干预的原则。法院介入社会的程度是有限的，这个限度就是“不告不理”。在当今世界“不告不理”是法律诉讼最基本最普遍的原则。司法权独立行使也是防范和抵制地方保护主义、部门保护主义、特权保护主义的制度要求。基于对司法独立客观必然性和现实必要性的认识,我国宪法明确规定,人民法院依法独立行使审判权,不受任何个人、社会团体和行政机关的干涉。司法独立不意味着法院不受监督和制约。要接受权力机关的监督,接受上级司法机关的监督和指导,接受法律监督机关的监督,接受执政党和其他机关、团体和人民群众的监督,以便正确地适用法律,防止司法腐败现象的发生。我们所说的"司法独立"并不是西方"三权分立"政治体制下的司法独立,也不是某些西方国家标榜的法官独立审判,而是司法机关作为整体依法独立行使国家审判权。

司法和谐。在和谐司法理念的指引下从事司法活动,引领司法改革。其内涵包括:第一,司法目的和谐,要通过审判、执行和处置涉法信访,定分止争,化解社会矛盾,促进社会和谐。法院产生的直接原因就是社会出现了矛盾纠纷,当社会矛盾纠纷大量增多而私权力无法解决的时候,就需要有一种公权力来取代私权力解决矛盾纠纷,法院由此产生。因此,任何社会形态下、任何时候,解决社会矛盾纠纷都是法院司法权的最基本的属性和功能。现阶段,随着经济体制深刻变革、社会结构深刻变动、利益关系深刻调整、思想观念深刻变化,社会矛盾凸显,对人民法院依法妥善协调各方面的利益关系,最大限度地化解社会矛盾纠纷,提出了更迫切、更现实的要求。形成矛盾纠纷的原因是多方面的,解决矛盾纠纷的途径和方法也应该是多元化的,但无论选择怎样的解决途径和方法,其最终的目的都是要定分止争、息事宁人、案结事了。第二,司法职能要和谐。在宪法法律的制度框架内,与检察、公安、国安、司法等政法机关分工负责,互相支持、互相配合、互相制约,准确有效地执行法律,共同履行维护国家长治久安、维护人民群众利益、维护社会公平正义、保障和服务经济社会发展的神圣职责。这是党的执政权在政法工作中的集中体现,是中国特色社会主义政法事业的政治优势、法律优势和工作优势所在。司法改革要充分展示和最大限度地发挥这种制度优势,而不是削减这种优势。第三,司法过程各个主体之间要和谐。这需要法官能够切实尊重、维护当事人诉讼权利及选择。一是当事人享有自主实施诉讼行为的自由,即诉讼权利的行使与放弃依据当事人的自愿;在符合法律规定的条件下,自主选择有利于自己诉讼利益的诉讼手段,法官应予准许;在不违反法律规定情况下,当事人之间形成的纠纷解决合意应得到法官的确认和支持。二是在发挥辩论原则的主导作用的同时,对于当事人在权利实现过程中遇到的无法克服的诉讼能力障碍,法官应适当介入,避免当事人之间在诉讼结构关系上的失衡。如在当事人因客观原因无法收集证据时,法官可以依职权调查收集证据。第四,司法工作模式要和谐。司法的基本职能在于,通过调整利益关系以解决社会矛盾和纠纷,这就要求司法工作模式能够立足和谐,促进和谐,预防和减少社会矛盾和纠纷对正常社会秩序的冲击。中国古代司法文化是一种和谐文化,不是对抗文化,始终强调法律与社会的融合,调解作为中国古代司法重要的工作方式在这其中发挥了很大作用,这对于社会主义司法仍然具有不容忽视的现实意义。

司法公信。司法公信由公正、效率、权威三要素构成,司法公信力是指司法机关获得公众信任的资本、能力和程度。公正,或者说公平正义,是社会主义法治的价值追求,是社会主义司法理念的核心。司法公正是社会公平正义的底线。司法公正内涵丰富,不仅包括实体公正,而且包括程序公正,还包括行为公正、形象公正;不仅要通过审判活动实现司法公正,而且要以人们看得见的方式彰显司法公正,让裁判或认定的过程变成当事人感受民主、客观、公正的过程;司法的正当程序不仅是实现司法公正的必要手段和内在要求,而且本身具有独立的价值。

司法公正往往需要由司法效率来保证。效率意味着及时获取证据，防止因时过境迁证据被转移、毁损灭失，使得当事人受到损害的合法权益无法补救。提高司法效率，不仅可以使被害人的权利及时得到救济，还可以使受损害的法律秩序及时得到恢复，同时有助于公众增强对司法机关的信任。如果效率低下，案件久拖不结，必将使纠纷长期处于不确定状态，当事人之间长期处于对抗或敌对状态；在当事人疲惫不堪的情况下拿到一个"公正"的判决，此时的当事人对司法机关已经没有什么感激，更谈不上什么公正感、信任感。

司法不仅必须是公正、高效的，而且必须具有权威性。诚然，司法公正高效和司法公信是司法权威的基础，但它们之间毕竟不能划等号，司法权威是一个相对独立的范畴。司法权威是法的本质特征所必然要求的。法区别于其他社会规范的根本特征在于它是由国家制定并由国家强制力保证实施的。国家强制力包括执法强制力和司法强制力等在内，在法治社会司法强制力是保证法律实施的最后一道防线，如果司法没有足够的强制力，就难以保证法制的统一、尊严和权威。司法权威以法院裁判效力的终局性和不可违抗性为根本标志。在我国社会主义初级阶段，司法的权威性非常脆弱，所以，党中央强调：各级党组织和领导干部，要带头依法办事，带头依法行政，支持和保障审判机关、检察机关依法独立公正地行使审判权、检察权，支持和帮助司法机关抵御、克服影响公正司法的各种干扰，有效推动执行难、申诉难等问题的解决，为司法机关依法履行职责创造良好的政治和法治环境。

关于法院文化建设的思路与举措*

近年来，全省法院认真贯彻落实中央、省委和最高人民法院关于文化建设的工作部署，按照《全省法院文化建设三年规划》的要求，坚持把文化建设作为引领工作方向、推动工作发展的重要载体，切实加强组织领导、人力支持和物质保障，有力促进了法院文化建设的深入开展，推动了全省法院工作“开创新局面”、“再上新台阶”、“实现新跨越”、“呈现新气象”奋斗目标的不断实现。坚持把文化建设作为加强队伍建设、提升队伍素质的重要抓手，深入开展学习实践科学发展观活动，深化社会主义法治理念和政法干警核心价值观教育，法官队伍的精神面貌有了崭新变化，在各项工作中很好地诠释和发展了“吉林司法精神”。坚持把文化建设作为促进业务工作、提升审判质量的有效途径，持续开展“审判管理年”、“审判管理推进年”、“审判监督年”等系列载体活动，深入开展“创先争优”和“人民法官为人民”主题教育实践活动，全省法院审判质效指标持续提高，各项审执业务工作全面推进。坚持把文化建设作为维护司法公正、提升司法公信的有力措施，加强职业精神、司法作风和司法廉洁建设，大力推进法院工作和法官行为规范化建

* 本文是作者2012年10月16日在吉林省全省法院文化建设成果汇报会上的讲话节选，标题是收入本书时另加的。

设,涌现出一大批模范法官和一大批模范法院,人民群众和社会各界对法院工作的评价实现了根本变化。全省法院以蓬勃向上的法院文化建设推动了各项工作的科学发展,今天接受命名的单位就是其中的优秀代表。

下面,我就全省法院文化建设讲三点意见。

一、进一步深化对法院文化建设重要意义的认识

党的十七届六中全会作出的《关于深化文化体制改革推动社会主义文化大发展大繁荣若干重大问题的决定》,明确了建设社会主义文化强国的目标。省十次党代会强调要“大力加强文化建设,推动吉林文化大发展大繁荣”。全国大法官专题研讨班和全国法院文化建设推进会也分别从理论层面和工作层面对法院文化建设提出了新任务、新要求。全省法院要深入学习领会中央、省委和最高人民法院的战略部署,以更大力度推动全省法院文化建设不断发展繁荣。

第一,加强法院文化建设是贯彻落实文化强国战略、推动社会主义文化大发展大繁荣的重大举措。人民法院作为国家司法机关,既是社会主义先进文化的建设者和推动者,也是社会主义先进文化的保障者和捍卫者。一方面,要充分认识法院文化是中国特色社会主义先进文化和社会主义法治文化的重要组成部分,更加自觉而主动地把法院文化建设纳入社会主义文化建设的整体之中,通过发展繁荣法院文化,为社会主义文化大发展大繁荣做出应有的贡献。另一方面,要充分认识法院工作在保障文化强国战略实施中的重要作用,站在服务党和国家工作大局的高度,把服务和保障社会主义文化大发展大繁荣纳入法院工作总体布局中,充分发挥审判职能,依法促进文化改革发展。

第二,加强法院文化建设是坚持党对法院工作领导、确保法院工作正确政治方向的重要保障。当前,国际形势复杂变化,西方敌

对势力意识形态渗透不断加剧;国内思想观念、利益诉求日益多元。全省法院必须用先进文化占领思想文化阵地。一方面,要正确认识人民法院在党领导下行使审判权的重要含义,始终坚持用社会主义核心价值体系和社会主义法治文化武装头脑,自觉践行"忠诚、为民、公正、廉洁"的政法干警核心价值观,坚定人民法院正确的政治方向。另一方面,要充分认识人民法院在维护国家文化安全中的重要作用,通过大力弘扬人民司法的优良传统,积极体现人民司法的时代精神,在全社会进一步强化社会主义法治精神,营造崇尚法治、遵从法律的浓厚氛围,牢牢掌握思想文化领域斗争的主动权,提升国家文化软实力。

第三,加强法院文化建设是促进法院工作科学发展、全面实现三个提升的重要途径。当前,人民法院工作面临着许多新问题和新课题,人民群众对法院工作也提出了许多新要求和新期待。在新的历史条件下,全省法院要牢固树立法院文化建设是实现人民法院科学发展有效途径的意识。一方面,要充分认识法院文化在鼓舞人心、凝聚力量方面的重要作用,切实发挥好法院文化的渗透感召、导向激励功能,提升队伍精神状态,激发法院内生动力,不断提高法官干警的思想境界、职业操守、法律素养和执法能力。另一方面,要充分认识法院文化在规范行为、推动工作方面的重要作用,坚持把服务改革发展稳定大局的责任感、使命感,把能动司法、联动司法、民生司法、科学司法、和谐司法的工作理念渗透到执法办案的每一个环节,为强化队伍素质、加强法院管理、规范司法行为、提升司法公信提供强大的精神动力和文化支持。

二、进一步明确新形势下加强法院文化建设的总体要求和主要任务,推动全省法院文化建设不断取得新发展

根据中央、省委和最高人民法院的总体部署,结合我省法院工作实际,当前和今后一个时期全省法院文化建设的总体要求是:以

党的十七届六中全会精神为指导，认真贯彻落实省十次党代会、全国大法官专题研讨班和全国法院文化建设推进会精神，以践行政法干警核心价值观为核心要求，以推动实现“科学发展、加快振兴，让城乡居民生活得更加美好”目标为重要使命，以促进队伍素质、审判质量和司法公信力的全面提升为首要目标，深入推进全省法院文化建设工作，为人民法院工作科学发展提供坚强思想保证、强大精神动力、有力舆论支持、良好文化环境。着力做好以下三个方面的工作。

（一）抓住根本，夯实法院工作的思想基础

坚持把铸造法官职业精神作为法院文化建设的首要任务，强化教育引导，着力培育符合社会主义核心价值体系要求，体现社会主义法治理念、政法干警核心价值观和法院工作规律的法官职业精神，构建法官干警共同的价值追求和行动指南。要以社会主义核心价值体系为统领，教育引导法官干警坚定中国特色社会主义共同理想，牢固树立“三个至上”指导思想，弘扬以爱国主义为核心的民族精神和以改革创新为核心的时代精神，自觉践行社会主义荣辱观。要以社会主义法治理念为指引，使“依法治国、执法为民、公平正义、服务大局、党的领导”的要求成为法官干警的思想准则和行为指南，切实维护社会主义法制的统一、尊严和权威。要以弘扬政法干警核心价值观为核心，使法官干警真正将政法干警核心价值观内化于心、外践于行，始终做到“讲政治、讲宗旨、讲法治、讲操守”，为做好人民法院工作提供坚强的思想保证和强大的精神动力。要以树立法院新风正气为重点，广泛开展法官职业精神教育，健全规范司法行为的长效机制，引导法官干警恪守司法职业道德和职业操守，在全体法官干警中形成爱岗敬业、尽职尽责、尽善尽美的良好风气。

（二）突出重点，提升全省法院的工作水平

坚持把促进执法办案作为法院文化建设的检验标准，牢固树

立法院文化建设为执法办案服务的意识和在执法办案中体现法院文化的意识,以法院文化建设不断推动法院工作科学发展。要以法院文化促进司法公正,进一步健全各审执重点岗位的办案规范和工作标准,教育和引导法官干警在执法办案中坚持以事实为根据,以法律为准绳,以政策为指导,做到实体公正、程序公正和形象公正,努力实现法律效果、社会效果和政治效果的有机统一。要以法院文化体现司法为民,持续开展主题教育实践活动,切实增强广大法官干警对人民法院人民性的理论认同、感情认同和实践认同,进一步把司法为民的要求落到实处。要以法院文化强化审判管理,坚持以人为本的管理理念,进一步推进法院管理、司法行为的制度化建设,以明确的制度规范约束和指引法官干警言行,不断激发法官干警自我管理、自我约束、自我提高的内在动力和生机活力。要以法院文化提高司法能力,进一步深化学习型法院建设,紧密结合审判执行工作的重点、难点、热点问题,加强培训教育,优化培训内容,创新培训方式,切实提高广大法官干警化解矛盾、解决纠纷的实践能力。

(三)扩大影响,推动法院文化的社会传播

坚持把大力弘扬法治精神作为法院文化建设的重要职责,积极探索法院文化走向社会的方法和路径,通过打击犯罪、保护人权,厘清责任、明辨是非,化解矛盾、定分止争等全部司法活动,引导人民群众切实增强法律意识和规则意识,自觉遵守宪法和法律。要通过执法办案传播法院文化,在每一起案件的立案、审判、执行等环节,都充分体现司法的公开、公平、公正,保护诚实守信,制裁违约欺诈,做到每办理一起案件都要使当事人的权利得到救济、矛盾得到化解、关系得到修复、道德得到提升。要通过推行司法公开传播法院文化,认真贯彻执行诉讼法关于审判公开的规定以及最高人民法院《关于司法公开的六项规定》,深化“司法公开促进年”

的成果,充分发挥司法的教育、评价、指引和示范作用。要通过加强法制宣传传播法院文化,普遍推广实施“法院开放日”活动,积极利用立案信访窗口、审判场所和文化设施强化法制教育,努力把人民法院打造成法制宣传教育基地。要通过宣传先进典型传播法院文化,深入挖掘、积极培育和大力表彰宣传法院系统先进典型,以多种形式强化对全省法院系统先进集体和典型个人的推介,加大宣传力度,扩大社会影响,树立法院形象,提升司法公信。

三、切实加强组织领导,建立健全保障机制,不断提高法院文化建设的科学化水平

深入推进法院文化建设必须正确把握文化建设规律和司法工作规律,加强组织领导,突出统筹规划,坚持重心下移,在机制保障和工作落实上下工夫,在均衡发展和整体推进上下工夫。

一是切实落实领导责任。各级法院党组要坚持把文化建设摆在全局工作的重要位置,将文化建设与业务工作同部署、同检查、同考核,抓好文化建设的顶层设计和整体规划。党组书记、院长是文化建设的第一责任人,要亲自过问、指导文化建设的重大事项,组织研究解决重大问题。政治部(处)主任是文化建设的第一执行人,要深入研究文化建设的新情况、新特点,督导检查文化建设的具体工作,严格落实党组对文化建设的各项要求。其他班子成员要对分管部门的文化建设负责,带头抓好文化建设工作。

二是切实建立长效机制。各级法院要落实文化建设责任制、建立健全长效工作机制,统筹协调,整合资源,形成全院共同做好法院文化建设的工作合力。政工部门作为牵头单位和责任部门,要切实发挥好牵头抓总的职责,认真做好文化建设的规划和方案,组织、协调、督查各部门共同落实。各部门特别是审执业务部门作为文化建设的共同推动者和主要实践者,要充分调动自身的积极性和创造性,发挥好文化建设重要阵地的作用;广大法官干警特别

是各级领导干部要加强文化理论学习和文化问题研究，形成各尽其责、各展其能、全员参与、协同作战的良好工作局面。

三是切实加强统筹指导。各级法院要认真落实省委宣传部、省高院《关于加强全省法院文化建设的意见》，积极向当地党委汇报文化建设情况，把法院文化建设纳入当地文化建设和文化事业总体规划之中。各中级法院要把科学制定规划计划作为加强对下指导的重要手段，研究制定辖区内法院文化建设标准，从组织领导、基础设施、制度建设、文化活动等方面，提出具有可操作性的指导标准和工作要求。要把文化建设纳入法院整体工作进行考评，探索建立科学的考评激励机制，加强对文化建设的考核、评估、管理。要充分发挥法院文化建设示范单位的典型引导作用，推广先进经验，加强研讨交流，提高法院文化建设的整体水平。

四是切实加大保障力度。各级法院要积极争取地方党委政府的支持，加强与相关部门的沟通协调，把法院文化建设经费纳入预算管理，争取在行政经费中按照3%—5%的比例落实法院文化建设经费。遇有重大项目和特殊任务，要确定专项经费予以支持，保证必要的投入。要加强文化物质载体、文化活动阵地建设，充分发挥审判办公场所的文化效用，紧密结合地域特色和自身条件，积极打造法院自有媒体、实践教育基地、文体活动场所和特色文化项目。要加强人力的投入，各级法院要明确具体工作部门、确定专人负责文化建设工作，力量比较薄弱的法院要及时调整补充，确保法院文化建设活有人干、事有人管。

法院文化建设事关法院工作和司法事业的长远发展，任务艰巨，使命光荣。我们要坚持以高度的自觉性和坚定的自信心，求真务实，开拓创新，努力推进法院文化建设，为促进社会主义文化大发展大繁荣作出新的更大的贡献。

法院文化的核心是法官文化*

法院文化的主体是法官,因而法院文化的核心是法官文化。只有坚持这样的定位和逻辑,法院文化建设才能做到以人为本,才能有效发挥法院文化的功能与价值。

法官文化是法官职业共同体的群体性认知、评价、心态和行为模式的总汇。如果把这个总汇解析,可以把当代中国的法官文化划分为依次衔接、不断升华的三个层面,即法官的职业精神、法官的司法价值观和法官的司法理念。

一、法官的职业精神

法官是社会精英,国家栋梁。法官,一份神圣的职业,在人类劳动分工史上,恐怕还没有哪一份职业能如法官一样,肩负着如此神圣的职责和如此重大的期望,社会对公正的期许完全寄予法官,在某种程度上法官已成为法律和正义的化身、道德和良知的化身。因而法官的职业精神与众不同。谈到法官的职业精神,我非常欣赏美国法官恩格尔的就职誓词,因为他用朴实的语言表达了法官的职业精神:“我祈祷,当我的法官生涯结束时,无论是在明天早晨

---

* 本文是作者 2012 年 6 月 18 日在全国大法官研讨班上的主题发言。

还是三十年以后，别人都会说我的工作是完美的，为人是诚实的，我为美国的司法体制增了光；我希望，对自己的法律知识永远不感到满足和懈怠；我希望能够有效、有序地主持法庭，使其成为一个能够做出公正判决的法庭，同时也让所有出庭的人感到公正和客观；我将不在法庭上进行讽刺和挖苦，因为我知道法官的一言一行，无论对治愈创伤还是造成创伤都将有深远的影响；我希望最重要的案件就是现在正在审理的案件”。

法官职业精神可以概括为：爱岗敬业、尽职尽责、尽善尽美。

作为一个法官，爱岗就是热爱人民司法这个事业，热爱法官这个岗位，把从事司法工作作为最理想的选择，把维护社会公平当作最伟大的工作，把法官职业当作最神圣、最有价值的职业。职业意识和职业认同是做好法官本职工作的思想基础。爱岗，才有工作热情和激情，才能始终保持旺盛精力和最好的工作状态。倘若一个法官心浮气躁、见利心动，那他势必在法律天平面前左右摇摆，甚至让“天平”倾斜。

敬业是对爱岗的升华，因为敬业意味着把法官职业与人生最高价值目标连接在一起，而不仅仅是个人谋生的手段，意味着对自己所从事的职业的尊敬和热爱。敬业，才能乐业，才能快乐地工作，从而把自己的潜能发挥到极致状态，才能追求卓越，干什么都力求做到尽善尽美。在法院文化建设中应当注重塑造法官的职业荣誉感。

尽职尽责就是要用心工作、用命工作，全身心地投入工作当中，做好法官的每一件事情，诸如做好每一次庭审，制作好每一份法律文书，向审判委员会做好每一次案件审理报告，开展好每一次执行工作。通过自己尽职尽责，彰显法治精神，使当事人和广大群众感受法律的公正、法律的尊严、法律的权威；树立法官和法院良好职业形象，提高法官的职业声望。作为一个法官，不仅要尽职尽责，还应当做到尽善尽美，提出高标准、严要求，不断追赶卓越，最近几年法院系统涌现出来先进模范人物,都是尽职尽责、尽善尽美的楷模。

法官的职业精神直接影响着法官的职业作风(即法官的工作作风)。一般而言,作风是职业精神在从业者职业生活中的习惯性表现,职业作风具有潜移默化的教育作用。法官的职业作风,就是作为一个法官应有的工作作风。那么,如何理解工作?工作作风是一个综合的概念,指的是在工作上一贯表现出来、即在较长时间表现出来的价值取向、态度和行为。分解而言,工作作风包括工作目标、工作态度、工作行为(方式方法)三个方面。

工作目标:为什么而工作的问题,工作有没有激情,有没有热情,有没有干劲,皆取决于工作目标。法官作为一个整体而言,工作目标就是维护人民群众的根本利益,维护社会公平正义,促进社会和谐稳定。具体到每个法官,又因为分工不同,工作内容不同,其工作目标出现差异。民事审判、刑事审判、行政审判、民事执行、审判管理、审判监督、司法辅助等岗位的具体工作目标就不一样,在思想政治工作岗位、行政管理岗位、后勤服务岗位、司法警察岗位等岗位工作的法官和干警,具体工作目标也是不同的。但是,有一点是完全相同的,那就是有没有自己的工作目标。

工作态度:如何看待和对待工作的问题。是把工作看作差事,还是看作事业;是作为一种无法拒绝的负担,还是作为一种职责,一种份内的义务,应该做而且必须做好;是积极地还是消极地对待自己承担的工作任务;这些都属于工作态度,也可以用一个概念来概括,就是工作观,工作观就是工作方面的“世界观”。

工作行为:怎样开展工作的问题,工作方式方法问题。工作起来是自觉、自动、自发还是例行公事,当一天和尚撞一天钟;是创造性开展工作,把工作做得尽可能尽善尽美,或是敷衍了事,虎头蛇尾;是依法办事,按章办事,客观公正,规范有序,还是随心所欲,感情用事,意气用事,以人划线,显失公正;是严肃认真,有板有眼,还是松松垮垮，疲疲沓沓，杂乱无章；是严格执法、文明执法，还是徇情枉法、野蛮执法。

应该说明的是，工作目标、工作态度和工作行为是内在的有机统一的。为什么而工作决定了如何对待工作进而决定了怎样开展工作。我们经常讲要转变作风。转变作风，就是要在这三个方面努力，达到明确工作目标，端正工作态度，创新工作行为的效果。

二、法官的司法价值观

法官的核心司法价值观可以概括为：追求真理，追求公正，追求和谐。

追求真理。对于法官来说，追求真理就是尊重事实，探知事实，并以事实为根据。追求真理的过程是探知事实的过程，即调查、搜集、制作、组合、分析、认证事实的过程，这个过程是司法活动的重要环节。对事实的分析和认定，直接决定着适用法律的最后结果，更是法律裁决取得合法性的基础。探知事实也是司法活动最为复杂的环节，因为探知事实的过程，并非简单地调查、搜集客观事实的过程，而是法律人运用法律去判断、分析、确认事实的过程，是一个客观事实与法律事实对立统一的过程。法官对相关事实的认定，是再现了客观事实，还是扭曲或歪曲了客观事实，对于实现司法公正极其重要和关键。在绝大多数情况下，司法不公，出现冤假错案，并非由于法官故意错判，而是由于对案件事实的认定不够准确，甚至捕风捉影，致使定性发生偏差或完全错误。在佘祥林案、孙万刚案、黄亚全、赵作海案等错案冤案当中，一个共同的致命问题，都是由于对事实的采集和认定出了问题。在这些案件中办案人均缺乏追求真理的精神，公安机关一味追求有罪、罪重的证据，忽视无罪、罪轻的证据，在证据不足的情况下对当事人采取强制措施，在疑犯的口供前后矛盾时又先入为主，选择有罪供述；检察机关在发现法医鉴定存在诸多疑点、证据不到位、犯罪嫌疑人屡屡翻供的情况下，仍然片面采信公安机关提供的证据，并以这些“证据”作为事实予以起诉；审判机关更是“有罪推定”，不依法全面审查和判断各种证据以及疑犯的口供，认真听取疑犯的辩解，而是迁就于公安机关和检察机关。由于不坚持真理，事实认定错误，给当事人带来巨大的、难以挽回的伤害，给法官群体和司法机关严重摸黑，也给党和国家造成恶劣影响。这些案件再次提醒法官，在司法活动中一定要追求真理，追求真理就是弘扬科学精神与理性精神，坚持用事实说话，让自己认定并作为证据的法律事实与客观发生的事实一致；追求真理，就是要坚持无罪推定的法治原则，就是要办出铁案。

追求公正。自古以来，人们总是把法律、法院和法官与公平正义相联系，把法律视为公平正义的艺术，把法院看作公平正义的殿堂，把法官尊崇为公平正义的艺术家，把维护公平正义的最后希望寄托在法官身上，法院成为维护公平正义的最后防线。追求公正是对法官最起码的要求，如果说公平正义是法治的核心价值，那么，公平正义也就是法官司法核心价值观的灵魂。

追求公正，就是要秉公执法，敢于排除权力、私情、利益等因素的干扰，敢于抵制地方保护主义、部门保护主义、特权保护主义的干预，奉法律为上帝，依照法律要求审核证据、认定事实、适用法律、做出裁判。

追求公正，就是要始终处在中立裁判的超然位置，不掺杂个人的好恶和主观臆断，不为亲情、友情、哥们义气所左右，自觉执行法官行为规范。

追求公正，就要严格遵循法律程序，让审判权在阳光下运行，用公开保公正，并让人民群众感受和体味公正。

追求公正，也要求提高效率。公正往往需要由效率来保证。效率意味着及时获取证据，防止因时过境迁证据被转移、毁损灭失，使得当事人受到损害的合法权益无法补救。提高司法效率，不仅可以使被害人的权利及时得到救济，还可以使受损害的法律秩序及时得到恢复，同时有助于公众增强对司法机关的信任。如果效率低下，案件久拖不结，必将使纠纷长期处于不确定状态，当事人之间长期处于对抗或敌对状态；在当事人疲惫不堪的情况下拿到一个“公正”的判决，此时的当事人对法官已经没有什么感激，更谈不上什么公正感、信任感。因此，我们要始终坚持公正与效率的法院工作主题，正确处理好公正与效率的关系，以公正统领效率，以效率保障公正。

追求和谐。“和谐”是一个非常古老而又经久不衰的概念，也是当前最流行、最时髦的概念。“和谐”是近几年互联网上出现频率最高的概念之一，这就意味着人们普遍关注和谐。在当代中国，社会发展的战略目标是构建社会主义和谐社会，和谐精神随之凸显为法治精神之核心。和谐精神是当代中国法的至善原则，是法治的绝对精神、终极价值，在法律价值体系里面居于元价值的地位，统领着秩序、自由、正义、效率、利益等价值要素。将和谐精神作为法治精神的核心，关键是用和谐精神统领法律价值体系，将和谐精神融入法律规范体系，用和谐精神指导法律运行实践，使我国法治充分体现社会主义和谐精神。和谐是我们民族精神的精华，是当代中国时代精神的精华，是社会主义法治精神的精华，也理应成为法官职业精神的精华。

追求和谐，从根本上说，就是要把和谐理念融入司法理念之中，并使之统领公正和效率。党的十七大报告、十七届六中全会决定和党中央关于进一步加强人民法院、人民检察院工作的决定都明确要求，司法机关要坚持司法为民、公正司法，和谐司法，要注重法律效果与社会效果相协调，发挥法律效果和社会效果的双重作用，做到既要严格执法、公正司法，又要立足于稳定社会，及时化解矛盾，消除纠纷，息讼宁人，努力减少社会对抗。所有这些，都是实现构建和谐社会总目标对司法机关和司法活动的具体要求，是党中央善治理念在法律领域的具体要求，是达到善治与社会和谐的必然要求。为了在构建和谐社会中发挥应有的作用，树立司法和谐理念是非常重要的。司法和谐第一是法院内部各部门、各环节的职责要和谐，要在分工明确的基础上，相互配合，通过履行各自的职责，共同促进法律得到正确适用。第二是司法过程各个主体之间要和谐。特别是法官要切实尊重并维护当事人的诉讼权利及选择。当事人享有自主实施诉讼行为的自由，即诉讼权利的行使与放弃依据当事人的自愿；在符合法律规定的条件下，有权自主选择有利于自己诉讼利益的诉讼手段，对此法官应予准许；在不违反法律规定的情况下，当事人之间形成的纠纷解决合意应得到法官的确认和支持。第三是司法活动要和谐。司法活动要立足和谐，促进和谐，减少社会矛盾和纠纷对正常社会秩序的冲击。在发挥司法机关主导作用的前提下，正确处理好判决与调解的关系，使社会矛盾与纠纷能够以一种更为和谐的方式得到解决。第四是司法与社会和谐，努力达到司法与舆论和谐，司法与民意和谐，司法与社会发展和谐，通过司法与社会的和谐促进社会和谐。

总之，追求和谐，就是要从实现社会和谐的理念出发，采用最有利于实现和谐的方式方法去审理案件，尽最大可能“定分止争”，为民排忧解难，最大限度地化解和消解社会矛盾；就是要严格执法，惩恶扬善，除暴安良，为人民群众创造安居乐业、和谐安康的法治环境和社会环境。

三、法官的司法理念

法官的司法理念十分丰富，其核心司法理念、最高层次的理念可以概括为坚持党的事业至上，坚持人民利益至上，坚持宪法法律至上。

2007 年 12 月 25 日，胡锦涛总书记在同全国政法工作会议代表和全国大法官、大检察官座谈时指出：希望大法官、大检察官要始终坚持党的事业至上、人民利益至上、宪法法律至上，切实承担起带领广大法官、检察官和其他工作人员保障科学发展、促进社会和谐的历史使命和政治责任，为建设公正高效权威的社会主义司法制度而不懈努力。总书记的这一重要讲话既是对大法官、大检察官的勉励，也是对全国法官和检察官的殷切希望和要求。总书记的讲话明确了法官的核心司法理念。

在司法实践中，坚持党的事业至上，最根本的要求就是把司法事业作为中国特色社会主义事业的重要组成部分，随着中国特色社会主义事业的发展而发展；把司法工作作为党和国家工作的重要组成部分，并放在党和国家工作全局中来谋划、来推进；做到与党的事业同步，为党的事业服务；要始终保持对党的忠诚。

坚持党的事业至上，要求法官和法院"为大局服务"。司法工作要服务大局、服从全局、保障大局，为大局创造和谐稳定的社会环境和公正高效权威的法治环境。大局是具体的。大局往往以党和国家根本任务或中心工作的形式表现出来，所以，服务大局就要悉心把握党和国家在具体社会发展阶段和历史时期的根本任务或中心工作，使法治的使命与之相适应，找准司法工作与党和国家工作大局的结合点和服务大局的工作着力点，以及根据形势的发展变化适时调整结合点和工作着力点的能力。大局通常也以党的政治纲领、路线、方针、政策、策略等表现出来。所以，服务大局就必须以党的纲领、路线、方针、政策和策略为统领，善于从党的纲领、路线、方针、政策和策略上观察、认识和处理法律问题和涉法事务，追求法律效果与政治效果的完美统一。

坚持党的事业至上，要求司法机关自觉服从党的领导。党的事业是通过各级党委的领导职能和工作部署实现的。实践证明，司法机关只有始终坚持党委领导，依靠党中央和各级党委总揽全局、协调各方的政治优势，才能保持清醒的政治意识，把握正确的政治方向，才能科学判断形势、把握大局和全局，正确驾驭复杂局面、处理复杂问题。服从党的领导，首先要同党中央保持高度一致，坚持用中国特色社会主义理论体系指导司法工作，坚决贯彻执行党的纲领、路线、方针、政策和策略。同时，要认真执行同级党委的重大决定，主动接受各级党委及其政法委员会的领导和协调，特别是遇到区域性、全省性和全国性的重大案件，遇到触及经济、政治、生态、民族、宗教、外交、军事等热点问题的重大案件以及群体性敏感案件，牵涉到诸多政法机关和其他国家机关职权边界的重大案件，都应及时向党委汇报，以便得到正确指导、协调与支持。总之，正如胡锦涛总书记在全国政法工作会议上所强调的，在坚持党的领导这个重大政治原则问题上，头脑要十分清醒，立场要十分坚定，旗帜要十分鲜明，绝不能有丝毫动摇。

在司法工作中，坚持人民利益至上，根本的要求就是“为人民司法”。

第一，要科学把握人民利益及其司法需求，满足人民群众的司法需求。马克思主义认为，利益就是人们企求满足的一种要求、愿望或期待，人们奋斗所争取的一切，都同他们的利益有关。在社会心理学中，满足既被当作人们需要的实现，进一步，又是新的需要的起点和契机，因而追求利益是人类最一般、最基础的心理特征和行为规律。随着社会经济、政治、文化的快速发展，随着价值多元化时代的到来，人们的利益需求愈加纷呈多变。要在司法工作中体现人民利益至上，切实维护人民利益，就必须科学地把握人民利益及其分化、变化、发展的客观规律和趋势，善于在纷呈多变的利益中分辨出人民群众的普遍利益、根本利益，分辨出人民群众最关心、最直接、最现实的利益。在此基础上，进一步认真研究人民群众日益增长的、多元化的司法需求，充分保障人民群众的诉权的实现。

第二，坚持人民利益至上，就要贯彻以人为本的理念，贯彻执法为民的理念。人民司法的宗旨可以用两句话概括：一是维护社会公平正义，二是维护人民权益，这是一个问题的两个方面。正因为如此，党中央强调把维护社会公平正义作为政法各项工作的生命线，把切实维护好人民权益作为政法工作的根本出发点和落脚点。人民法院主要是通过具体审判和执行活动来体现和实现其维护公平正义、维护和保障人民权益的宗旨。

为此，至少应当采取这样一些措施：一是优先审理涉及民生的案件，依法为民生案件设立绿色通道，优先立案、优先审理、优先执行。二是依法扩大简易程序适用范围，不断完善人民法庭巡回审判制度，进一步提高司法效率，最大限度地减轻当事人的诉累。要综合运用不同的审判方式来满足人民群众多元化的司法需求。三是进一步完善法律援助制度，让确有经济困难的群众打得起官司，实现法律面前人人平等，绝不能因为交不起诉讼费用或者缺乏收集证据的能力和出庭辩论的能力，而丧失或削弱诉讼权利。要确保有理有据的当事人打得赢官司；让打赢官司且有条件执行的当事人及时实现其权益。四是推进司法救助制度，特别是对刑事被害人的司法救助，让受害人感受保护弱者、维护公平的司法关怀。

第三，坚持人民利益至上，就要严格执法、公正司法，要严厉打击那些严重暴力犯罪、涉黑涉恶犯罪、制造假冒伪劣图财害命的犯罪，多发性侵财犯罪、严重破坏社会治安的犯罪，以此增强人民群众的安全感，为人民群众创造安居乐业的良好环境；要依法追究在土地征用、房屋拆迁、企业改组改制、环境资源保护、安全生产等涉及民生问题的严重违法侵权行为，切实保护人民的生存权、环境权、发展权；要立足于构建和谐社会，以化解矛盾为主线，从源头上解决群众诉求，以定分止争为目标，综合运用司法手段解决社会矛盾，促成胜败皆服、案结事了、和解和谐的局面。

第四，坚持人民利益至上，要求法官在自己的利益与人民群众的利益出现矛盾时，无条件地服从人民利益，这是对是否践行“权为民所用、情为民所系、利为民所谋”的真正考验。

在司法工作中，坚持宪法法律至上，必须保证宪法法律的有效实施。实践证明，对宪法法律至上性的最后考验，往往不在于人们是否遵守了宪法和法律，而在于违反宪法和法律的行为是否受到应有的追究和制裁。法官是宪法法律的执行者，也是宪法法律的守护者，必须始终保持宪法法律至上的意识，忠实履行宪法法律赋予的职责，维护社会主义法制的统一、尊严和权威。法官和司法机关必须严格遵守法定程序，坚持法律面前人人平等，敢于抵制地方保护主义、部门保护主义和特权保护主义，做到违法必究。就此而言，坚持宪法法律的至上性，必然要求进一步加强司法，更加充分地发挥司法的功能。

坚持宪法法律的至上性，必须确保司法机关依法独立公正地行使司法权。党的十七大把深化司法体制改革作为全面实施依法治国基本方略、加快社会主义法治国家建设的重要任务，同时把建设公正高效权威的社会主义司法制度，保证审判机关、检察机关依法独立公正地行使审判权、检察权作为司法体制改革的目标。依法独立公正地行使司法权是维护社会主义法制的统一、尊严和权威的重要保障，是社会主义司法制度的优越性得以充分发挥的基本条件。依法独立公正地行使司法权，意味着司法权专属于人民法院，人民法院以外的其他国家机关及其工作人员无权干涉审判活动，不得干预司法机关行使司法权的正常活动，更不能代替司法机关对案件定性处理；意味着必须保证人民法院的生效判决具有终局性和权威性。当前，大量存在的涉法涉诉无理访、闹访、缠访，无视生效判决的终局性和权威性，构成了对法律权威的严重挑战。对此，我们不能一味地迁就和退让，否则，必将助长涉法涉诉信访之风，甚至鼓励当事人无理取闹，进一步损害法律的尊严和权威。在社会主义法治国家初级阶段，司法的权威性非常脆弱，所以，各级党组织和领导干部，要按照胡锦涛总书记的要求，带头依法办事，带头依法行政，支持和保障审判机关、检察机关依法独立公正地行使审判权和检察权，支持和帮助司法机关抵御、克服影响公正司法的各种干扰，有效推动执行难、申诉难等问题的解决，为司法机关依法履行职责创造良好的政治环境。

坚持宪法法律至上，法官必须做到公正司法、高效司法、廉洁司法、和谐司法，不断提高裁判和执行的公信力。宪法法律的至上性既来源于其立法上的党性、人民性、公正性，也取决于其司法上的公信力。当前，司法领域存在的有告不理、司法不公、审判迟误、执行不力，已经成为人民群众反映强烈的社会问题，这些问题的存在严重地损害了司法公信力，损害了人民群众对法律的信赖和信仰。针对这种情况，必须按照党中央的要求，切实加强司法队伍建设，缜密规范司法行为，深入开展司法领域的反腐倡廉建设，坚决纠正损害群众利益的不正之风和侵犯当事人合法权利的不端行为，坚决查处法官队伍违纪违法案件，严肃惩治枉法裁判的腐败行为，以严格、公正、文明、清廉的司法形象赢得群众的信任，振兴司法公信力，维护宪法法律应有的尊严和权威。

论法官的职业道德*

在我就任吉林省高级人民法院院长的时候,《东亚经贸新闻》记者问我:什么样的人可以当法官,换言之,法官应当具备的最重要的素质是什么? 我回答说:法官首先应当是一个优秀公民,其次,法官应当是一个合格的法律人。法官应当是公民中的优秀分子,具有优秀公民的素质,即具有民主法治、自由平等、公平正义的素质,讲操守,重品行。法官从事的是公共事务,一个人只有首先成为一个优秀公民,才有可能成为一个称职的法官,担当公共事务。这是我一贯的理念。在我主编的国家统编教材《法理学》中,我强调指出:法学教育的目标和功能归结起来,可以说有两项,一是把学生培养成为高素质的优秀公民,二是把学生培养成为高素质的法律人。一个法科学生只有首先成为优秀的公民,才有可能成为优秀的法律人。优秀公民的十大品格包括:(1)主体意识;(2)权利意识;(3)参与意识;(4)平等意识;(5)宽容态度;(6)法治观念;(7)义务(责任)观念;(8)理性精神;(9)人本观念;(10)全球意识。

法官应当是社会精英,社会栋梁。法官,一份神圣的职业,在

---

* 本文是根据作者为吉林大学法学院学生所作的专题报告和 2009 年 8 月 27 日在吉林省全省法院青年法官培训班上的专题报告整理而成。

人类劳动分工史上，恐怕还没有哪一份职业能如法官一样，肩负着如此神圣的职责和如此重大的期望，社会对公正的期许完全寄寓于法官，在某种程度上法官已成为法律和正义的化身，无论是奴隶社会，资本主义社会，还是社会主义，概莫能外。美国著名法学家德沃金有一本名著《法律帝国》。其中写道："在法律铸造的帝国里，法院是法律帝国的首都，而法官则是帝国的王侯。"[1]美国联邦最高法院的办公署是一座雄伟壮观的建筑。在这座建筑物的后面，有一个庭院，与法官会议室相通，专供法官们休息之用。庭院不大，没有奇草异花，摆设也非常简单，但却吸引着无数的来访者。这是因为庭院内几根杆子的设计引起人们的好奇。该庭院内有八根铜质灯柱，每根灯柱的底部都有四只乌龟。当时建筑师为何作此设计，人们不得而知。但对这一设计，有一种解释，美国联邦最高法院的法官就像这些乌龟支撑着灯柱一样，支撑着美国的法律制度以至整个政治制度。联邦最高法院化解了人权危机，黑人争取平等权利的斗争；联邦最高法院也化解了许多政治危机，诸如2004年美国总统大选，得票总数相差无几，总统候选人共和党的布什和民主党的戈尔都宣称赢得大选，最后是联邦最高法院终止计票的裁决使得布什当选。

在我国制定《法官法》的过程中，人大常委会委员认为：法官不是大众化的职业，而应当是社会的精英。以今年为例，吉林省高级人民法院招聘20名法官助理，报考者多达600人，入围进入面试的30人。最后录用20人。要知道，这个比例可能低于公务员的比例，但要知道报考者平均综合素质是报考公务员的人群无法相比的。

法官应当是道德楷模。法官在裁决争议时肩负实施法律、实现正义的重大职责和对案件拥有的巨大职权，以及社会对法官的期许，都要求法官具有高度职业荣誉感和责任感，并在言行上维护法官的形象。国外，特别是英美法系国家的法官，在社会大众的心目中，是法律和公正的化身，充满智慧的长者，言谈举止无不令人肃然起敬。正因为法官有如此崇高的形象,保证了其裁判的公正性和公信力,反过来又加强了法官的自律意识和对公正的坚守,社会的信任与法官的自律形成了良性互动,共同推动法治的进步。法官的崇高形象来源于法官队伍的职业化、精英化,来源于科学的法官制度以及法官自身的追求,从某种意义上说,在我国这种刚刚步入法治、各项制度还不健全的国家来说,法官的自我追求更具有决定意义,我们所有的职业道德建设也只有内化为法官内心的追求时,司法公正事业才会有真正的进步。在世界范围内、特别是在法治国家,法官都是具有很高荣誉的职业,小时候看美国作家马克·吐温的小说《汤姆·索亚历险记》,其中就有一个居民们非常尊敬的县法院的法官。法官代表着公正、良知、理性、智慧。在美国,一个法官即使退休之后人们仍称呼他(她)为"法官",而且一个人被人们称呼为"法官"那是非常荣耀和欣慰的事情。在我国,法官也越来越成为受人们尊敬的职业。

为了适应建设公正高效权威的社会主义司法制度和建设社会主义法治国家的需要,我国从 20 世纪 90 年代中期就开始法官职业化建设,进入新世纪以后加快了法官职业化建设的步伐。以 2002 年最高人民法院发布《关于加强法官队伍职业化建设的若干意见》为标志,法官职业化建设全面进行。法官职业化建设包括的内容十分丰富,其中主要有:严格法官的职业准入;强化法官的职业意识;培养法官的职业道德;提高法官的职业技能;树立法官的职业形象;加强法官的职业保障;完善法官的职业监督,等等。我院和全省法院系统的法官职业化建设也取得了显著的成就。

法官的职业化建设,制度层面的建设固然重要,精神层面的建设也很重要。精神层面主要包括法官的职业精神和法官的职业道德。最高人民法院颁布的《法官职业道德基本标准》和《法官行为规范(试行)》,要求法官保障司法公正、提高司法效率、保持公正廉洁、遵守司法礼仪、加强自身修养、约束业外活动,确立了具有中国特色的法官道德自律体系和行为规范体系，也涉及法官的职业精神。今天，我结合法院工作实际，给同学们讲一讲法官的职业道德。

道德有着十分广泛的内容，是一个包含着社会公德、职业道德、家庭美德等在内的丰富的体系。它不只包括日常的公共生活准则，如讲文明，讲礼貌，讲卫生，尊老爱幼，勤俭节约，而且首先包括政治道德，如爱祖国，爱人民，爱社会主义；不仅包括为人民服务、对社会负责、遵纪守法、维护公共秩序这样一般的公共道德，而且也包括诸如医务道德、司法道德、商业道德等各种特殊的职业道德以及家庭生活中的伦理道德等。

在职业道德体系中，法官的职业道德最受人们的关注。法律职业有别于其他一般的社会职业，它是基于公平、公正的立场将法律运用到具体的人和事的职业。因此，它要求从业人员具备良好的道德品质。自从人类产生法律职业以来，就存在了相应的法律职业道德。早在古希腊时代，柏拉图就主张执法者要“以心治心”，亚里士多德主张执法者“应当凭国家的法度行事”。在古罗马，西塞罗主张执法者必须公正、廉洁。西方的法律职业道德与西欧中世纪教会倡导的“良心原则”有着密切的联系。“良心原则”主张法官在审判被告之前必须首先审判自己。“为使法官的良心知晓”，教会法院以及后来的世俗法院（如英国衡平法院）创造出一种新的抗辩和程序技巧。[2] 中国的法律职业道德思想也是十分丰富的。中国历代有“清官”作风，其实就是一种法律职业道德。宋代名臣包拯主张“法存画一”，“赏德罚罪”，“以法律权衡天下”等，成为千百年来人们称颂不衰的“包青天”。[3] 但在专制主义之下，无论何种职业道德，都带有“人治”的色彩，清官的职业道德最终只对帝王负责。

在法律活动促进法律职业形成之前，其内部就已经开始酝酿着一种“身份荣誉意识”，进而发展为一种传承后世的法律职业伦理。法律职业伦理会因时代的不同而在内容上有所差异,但基本内容是相同的。

法律工作是受到严格职业道德准则支配的。如果没有法律职业伦理,那么法律人纯粹技术性的功能也会受到威胁,甚至变得十分可怕。通过职业伦理来抑制其职业技能中显示出来的非道德性成份,使之控制在最低程度;另外通过职业伦理还能够保障其职业技术理性中的道义性得以彰显。由于法律人的职业逻辑不同于大众逻辑,所以法律职业伦理也不同于大众伦理,更不同于其他职业伦理,它是由法律活动的特性决定的。比如法官在程序中不得对当事人有同情心,不得对犯罪嫌疑人表现出亢奋的情绪;又如律师明知委托人罪恶重大却不得因此拒绝接受委托,律师不得就自己所了解的被告人的罪行向法庭提供,等等。

法官职业道德标准应高于社会道德标准。为了法官职业的纯洁和尊严,为了维护法官在社会中应有的地位,为了保障司法职责的正常履行,法官必须树立良好的职业道德。对法官的职业道德显然不可仅采用一般公民的道德标准。如一般公民只需成为一个守法的公民即可,而法官不仅应守法而且要严格司法,在办案中,不畏权势、不徇私情、不谋私利、清正廉洁。再如一般公民可以自由出入歌厅、舞厅、酒吧等各种合法的娱乐场所,而法官出入这些场所应受到限制,不可丧失和降低法官的尊严。一般公民可以合法地兼职,法官的兼职要受到严格的限制。总之,正如美国《司法行为准则》所规定的,法官以及司法的行为不得"使人们对其作为一名法官的公正的裁判能力提出合理怀疑",不得"贬低司法机关的形象",有损法官的尊严。

德国著名法学家拉德布鲁赫说过:"法律职业的要求之一是,必须每时每刻都对该职业的高贵及其深刻的问题有所认识。""法不只是评价性的规范,它也将是有实效的力量,而从理念王国进入现实王国的门径,则是谙熟世俗生活关系的法官。"对法官而言,要正确行使审判权，必须具有意志及道德勇气，不以个人的喜怒、同情或憎恶来左右法律的实践，更不能挟私欲于公权之中。“仅仅要求法官要用最好的智识和良知来裁判，是不够的。应该规定法官不仅需要那些最小的智识，还需要那些最大的良知。”[4]由此可知，法官职业所承载的社会责任如此之重，非职业道德高尚者不可胜任。

因为只有具有高尚品格的法官，才能正确理解和适用法律。法官的人格是实现司法公正的最终保障。

“社会允许法律有漏洞，但不允许法官不公正。”“当事人可以接受败诉，但无法接受不公平。”因而，每一位法官都要在内心深处默默地、永远地、坚定地记住：自己便是公平与正义的象征，要以自己的一言一行、点滴积累维护公正。

今天，我们强调法官的职业道德，非常重大的现实意义是法官的道德危机。特别是黄松有腐败案引发的法院信任危机、司法公信力危机，给法院和法官共同体极大的伤害。

在当今社会，法院被人们视为解决矛盾冲突最终、最彻底的场所，也是公正的最后一道关口。单位或个人之间的任何矛盾和问题，在其他部门难以解决的情势下，双方才诉至法院，目的是通过法院的裁决，还他们清白与公道。法官的职业道德能否支撑这种神圣职责，是人民对法官和法院的考验。

关于法官职业道德的内容，学术界和司法界有很多概括，有的概括出10条之多。我认为核心只有两条、四字。这就是“公正”、“廉洁”。法官职业道德的核心是公正，底线是廉洁。公正是司法灵魂之所系，也是法官职业道德最本质的要求。众所周知，司法是一种居中解决争议的活动，这种特点决定了司法的被动性，不告不理，法院和法官不能在当事人未起诉前介入纠纷；法官与案件及当事人不存在任何利害关系，任何人不得做自己案件的法官；司法的程序和实体判决必须体现正义的要求。被动性、超然性均可以归结为公正的需要。所谓公正,又称正义,在程序上它体现为机会平等,在实体上就是指同样情况同样对待,公正允许差别的存在,但这种差别对待必须在社会普遍正义感所能容忍的范围内,体现一种终极关怀。公正要求法官不存在任何种族、宗教、党派、性别、年龄、地域、职业、经历的歧视。不存在任何先入为主的偏见,尊重人权,保障每一个当事人依宪法和法律所享有的权利和诉讼权利,在适用法律上一律平等。公正是正义和法律对法官职业的本质要求,正如肖扬院长所言,公正司法,对每一个法官而言,就像阳光对于每一个人那样,是生命中的一部分。公正是审判的灵魂和生命,是审判工作全部价值所在,是司法的最终和最高目标。不公正就不能体现审判的特点,不能体现审判的主题。如果只有公正的法律,没有公正的法官,司法公正就成了一句空话。公正是对法官最起码的要求,也是法官最高的精神境界。

廉洁,比起普通百姓,法官会更多地面对诱惑和考验,在审判岗位上真正做到固守操守,承受考验,比常人更难,只有心平如镜,追求简朴的生活,不慕虚华,才能抵御金钱、女色、权力的诱惑。廉洁是围绕公正这个核心的外在表现,是实现司法公正的前提和保证。老子说,咎莫大于欲望。倘若一个法官见利心动,那他势必在法律天平面前左右摇摆,甚至让“天平”倾斜。法官只有有过人的自律意识,才能抵制诱惑、刚正不阿、不偏不倚、秉公执法。一般来说,不廉洁,办案就不能公正;即使判决结果“正确”,也是法官对法律的亵渎,因为此时法官裁判不是出于对法律的忠诚,而是以权谋私。称职的法官应该集公正的意识、良好的职业道德和深厚的法学修养于一身。

执法环境不是特别好,“案子一进门,两头都找人”,一些当事人和律师不是打官司,而是拉关系。各方面的亲朋好友找上门来,法官作为有血有肉有情感的人,很难完全做到不为亲友说情所动,很难杜绝一切“说情风”。在亲情、友情、乡情、爱情面前,在人与法、权与法、情与法、钱与法的矛盾和斗争中，心知肚明，经受考验。廉洁必然要求自律，即要求法官要有很强的慎独意识，要谨慎不苟，在社会公众面前十分注意自己的言行举止、精神气节。要谨慎结交朋友，谨慎出入社交圈。如果一个法官经常出入高消费的场所，甚至私下会见当事人、诉讼代理人，一般公众就会合理怀疑你是否公正司法，是否清正廉洁。因此，法官要自戴“紧箍咒”，自设“高压线”，凡是有损法官形象的，坚决不做；凡是禁止法官做的，绝“不越雷池一步”。始终保持自己崇高的职业操守和司法人格，让人民群众实实在在地感受到人民法官既是传播法律的使者，也是涵养道德的楷模。

2009 年初，最高人民法院做出了“五个严禁”。“严禁接受案件当事人及相关人员的请客送礼；严禁违反规定与律师进行不正当交往；严禁插手过问他人办理的案件；严禁在委托评估、拍卖等活动中徇私舞弊；严禁泄露审判工作秘密。”同时规定，人民法院工作人员凡违反上述规定，依纪依法追究纪律责任直至刑事责任。从事审判、执行工作的，一律调离审判、执行岗位。“五个严禁”抓住了法院当前审判和执行工作中存在的突出问题，也是容易引发腐败的五个重要环节，从“五个严禁”入手，法官的廉洁自律必将出现良好局面。

注　释

〔1〕［美］德沃金：《法律帝国》，李常青译，中国大百科全书出版社 1996 年版，第 361 页。

〔2〕参见［美］伯尔曼：《法律与宗教》，梁治平译，中国政法大学出版社 2002 年版，第 53 页。

〔3〕参见陈景良、吴欢：“清明时节说包公：包公‘司法之神’形象的形成动因与观念基础”，载《法学评论》2014 年第 3 期。

〔4〕参见陈新民：《公法学札记》，中国政法大学出版社 2001 年版。

社会主义司法理念的基本构成*

“理念”,是包括意识、理论、理想、信念等在内的一个概念,简而言之,就是理论与信念。法治理念是指人们关于法治的理论和信念。先进的法治理念引领、指导国家机关、社会组织和人民群众的法律活动,是国家机关依法行使国家权力、服务人民、管理社会的行动指南,是社会组织和人民群众依法行使权利、履行义务、承担责任的思想基础和价值标准。司法理念就是司法的理论和信念。社会主义司法理念是社会主义法治理念在司法领域的具体体现和要求。

社会主义司法理念体系由以下四个层面构成:

一、指导思想层面:“三个至上”是人民法院工作的指导思想

关于法院工作的指导思想或指导方针,先后有两个提法。一是“公正司法、一心为民”,二是“坚持三个至上”。

“公正司法、一心为民”指导方针的形成:2005 年 4 月 2 日,在北京市第二十一个全民义务植树节活动中,以“辩法析理、胜败皆

* 本文是作者 2010 年 8 月 12 日在中国法学会法理学研究会 2010 年年会暨“社会主义法治理念与中国法治之路”学术研讨会上的专题讲话。

服”著称的北京市海淀区人民法院法官宋鱼水同志荣幸地应邀与胡锦涛总书记一起植树。期间,胡锦涛总书记亲切地与宋鱼水同志进行了交谈。临别时,他语重心长地说:“怎么能做到胜败皆服呢?我琢磨了一下,是八个字:公正司法,一心为民。”胡锦涛总书记提出的“公正司法、一心为民”的要求,把我国司法工作的规律性和人民性有机地结合起来,体现了人民司法为人民的本质特征和根本要求,概括全面,意义深远。经最高人民法院党组研究,决定把“公正司法、一心为民”作为人民法院工作的指导方针,并经请示中央得到批准。

“三个至上”指导思想的提出:2007 年 12 月 25 日,胡锦涛总书记在全国政法工作会议期间同全国政法工作会议代表和全国大法官、大检察官座谈时指出:“大法官、大检察官要始终保持高度的政治意识,大局意识、责任意识、法律意识、廉洁意识,始终坚持党的事业至上、人民利益至上、宪法法律至上,切实承担起带领广大法官、检察官和其他工作人员保障科学发展、促进社会和谐的历史使命和政治责任,为建设公正高效权威的社会主义司法制度而不懈努力。”2008 年 5 月 8 日,最高人民法院召开党组理论学习中心组扩大会议,王胜俊院长在这次会议上做了题为《高举中国特色社会主义伟大旗帜,努力实现人民法院工作与时俱进》的重要讲话,明确提出“三个至上”是新时期人民法院工作必须始终坚持的重要指导思想,同时指出:“始终坚持党的事业至上、人民利益至上、宪法法律至上,是胡锦涛总书记对社会主义民主法治建设规律的科学总结,是对马克思主义法治思想和社会主义法治理念的丰富和发展”。“始终坚持党的事业至上是人民法院工作沿着正确方向前进的政治保证;始终坚持人民利益至上是中国特色社会主义政治制度对人民法院工作的必然要求;始终坚持宪法法律至上是依法治国基本方略在人民法院工作中的具体体现。”“‘三个至上’体现了坚持党的领导、人民当家作主、依法治国的有机统一,体现了中国特色社会主义司法制度政治性、人民性、法律性的有机统一。坚持‘三个至上’是坚持社会主义法治理念的必然要求，是坚持中国特色社会主义政治发展道路的必然要求。”2008 年 8 月 26 日，王胜俊院长又在全国大法官“大学习、大讨论”研讨班上发表了题为《始终坚持“三个至上”，实现人民法院工作指导思想的与时俱进》的重要讲话，提出：“一，坚持‘三个至上’，人民法院必须把走中国特色社会主义法治建设道路，坚持中国特色社会主义司法制度作为重要政治方向；二，坚持‘三个至上’，人民法院必须把中国国情作为谋划工作的基本依据；三，坚持‘三个至上’，人民法院必须把实现人民的新要求新期待作为工作的根本出发点和衡量标准；四，坚持‘三个至上’，人民法院必须把促进社会和谐作为最重要的目标追求；五，坚持‘三个至上’，人民法院必须把严格公正文明执法，保障公平正义作为司法工作的生命线；六，坚持‘三个至上’，人民法院必须把建设高素质的干部队伍作为组织保证。”

在司法实践中，坚持党的事业至上，最根本的要求就是把司法事业作为中国特色社会主义事业的重要组成部分，随着中国特色社会主义事业的发展而发展；把司法工作作为党和国家工作的重要组成部分，并放在党和国家工作全局中来谋划、来推进；做到与党的事业同步，为党的事业服务。

坚持党的事业至上，要求司法工作要服务大局、服从全局、保障大局，为大局创造和谐稳定的社会环境和公正高效权威的法治环境。大局是具体的。大局往往以党和国家根本任务或中心工作的形式表现出来，所以，服务大局就要悉心把握党和国家在具体社会发展阶段和历史时期的根本任务和中心工作，使法治的使命与之相适应，找准司法工作与党和国家工作大局的结合点、服务大局的工作着力点，以及根据形势的发展变化适时调整结合点和工作着力点的能力。大局通常也以党的政治纲领、路线、方针、政策、策略等表现出来。所以，服务大局就必须以党的纲领、路线、方针、政策和策略为统领，善于从党的纲领、路线、方针、政策和策略上观察、认识和处理法律问题和涉法事务，追求法律效果与政治效果的完美统一。

坚持党的事业至上，要求司法机关自觉服从党的领导。党的事业是通过各级党委的领导职能和工作部署实现的。实践证明，司法机关只有始终坚持党委领导，依靠党中央和各级党委总揽全局、协调各方的政治优势，才能保持清醒的政治意识，把握正确的政治方向，才能科学判断形势、把握大局和全局，正确驾驭复杂局面、处理复杂问题。服从党的领导，首先要同党中央保持高度一致，坚持用中国特色社会主义理论体系指导司法工作，坚决贯彻执行党的纲领、路线、方针、政策和策略。同时，要认真执行同级党委的重大决定，主动接受各级党委及其政法委员会的领导和协调，特别是遇到区域性、全省性和全国性的重大案件，遇到触及经济、政治、生态、民族、宗教、外交、军事等热点问题的重大案件以及群体性敏感案件，牵涉到诸多政法机关和其他国家机关职权边界的重大案件，都应及时向党委汇报，以便得到正确指导、协调与支持。总之，正如胡锦涛总书记在全国政法工作会议上所强调的，在坚持党的领导这个重大政治原则问题上，头脑要十分清醒，立场要十分坚定，旗帜要十分鲜明，绝不能有丝毫动摇。

在司法工作中，坚持党的事业至上还要求我们必须始终坚持以党的政策为指导。党的思想、政治路线决定社会主义司法路线：建国以来，党的思想政治路线经历了以阶级斗争为纲、以经济建设为中心、全面建设小康社会等阶段；经历了从斗争哲学到和谐哲学的根本性变革。司法路线与之相适应，也从以阶级斗争为纲、以经济建设为中心，发展到以人为本，服务和保障全面建设小康社会。

政策是法律的灵魂，司法政策是司法的生命。司法政策是党的意志和主张在司法领域的体现，司法政策在宏观上引领法院审判工作的方向，微观上指导具体案件的法律适用。虽然通常我们讲法律适用的原则是“以事实为根据,以法律为准绳”,但实际上还有一个十分重要的原则,即以政策为指导。举个例子可以看出政策的指导作用。2007 年以来,我国刑法关于死刑的法律标准并未发生改变,我国死罪刑事案件仍然居高不下,然而全国范围内 2007 年以来,判处死刑的案件大幅下降,2011 年较 2006 年下降达 54.09%。我省情况大致如此。这就是党的宽严相济的刑事政策和“严格控制和慎重适用死刑”、“少杀慎杀”的死刑政策,以及延长因累犯以及故意杀人、强奸、抢劫、绑架等八种暴力性犯罪被判处死缓刑的实际执行刑期的政策,发挥积极作用的结果。所以,在司法当中要坚决防止孤立办案、机械办案,而是要准确地把握现阶段党的政策以及在不同类型案件上的政策,保证司法的正确政治方向。

在司法工作中,坚持人民利益至上。第一,要科学把握人民利益及其司法需求,满足人民群众的司法需求。马克思主义认为,利益就是人们企求满足的一种要求、愿望或期待,人们奋斗所争取的一切,都同他们的利益有关。在社会心理学中,满足既被当作人们需要的实现,进一步,又是新的需要的起点和契机,因而追求利益是人类最一般、最基础的心理特征和行为规律。随着社会经济、政治、文化的快速发展,随着价值多元化时代的到来,人们的利益需求愈加纷呈多变。要在司法工作中体现人民利益至上,切实维护人民利益,就必须科学地把握人民利益及其分化、变化、发展的客观规律和趋势,善于在纷呈多变的利益中分辨出人民群众的普遍利益、根本利益,把握住人民群众最关心、最直接、最现实的利益。在此基础上,进一步认真研究人民群众日益增长的、多元化的司法需求,充分保障人民群众的诉权和维权的实现。

第二,坚持人民利益至上,就要贯彻以人为本的理念,贯彻公正司法、一心为民的方针。人民司法的宗旨可以用两句话概括:一是维护社会公平正义,二是维护人民群众合法权益,这是一个问题的两个方面。正因为如此,党中央强调把维护社会公平正义作为政法各项工作的生命线,把切实维护好人民权益作为政法工作的根本出发点和落脚点。人民法院主要是通过具体审判和执行活动来体现和实现其维护公平正义、维护和保障人民权益的宗旨。

为此,至少应当采取这样一些措施:一是优先审理涉及民生的案件,依法为民生案件设立绿色通道,优先立案、优先审理、优先执行。二是依法扩大简易程序适用范围,不断完善人民法庭巡回审判制度,进一步提高司法效率,最大限度地减轻当事人的诉累。要综合运用不同的审判方式来满足人民群众多元化的司法需求。三是进一步完善法律援助制度,让确有经济困难的群众打得起官司,实现法律面前人人平等,绝不能因为交不起诉讼费用或者缺乏收集证据的能力和出庭辩论的能力,而丧失或削弱诉讼权利。要确保有理有据的当事人打得赢官司,让打赢官司且有条件执行的当事人及时实现其权益。四是推进司法救助制度,特别是对刑事被害人的司法救助,让受害人感受保护弱者、维护公平的司法关怀。

第三,坚持人民利益至上,就要严格执法、公正司法,要严厉打击那些严重暴力犯罪、涉黑涉恶犯罪、制售假冒伪劣图财害命的犯罪,多发性侵财犯罪、严重破坏社会治安的犯罪,以此增强人民群众的安全感,为人民群众创造安居乐业的良好环境;要依法追究在土地征用、房屋拆迁、企业改组改制、环境资源保护、安全生产等涉及民生问题的严重违法侵权行为,切实保护人民的生存权、环境权、发展权;要立足于构建和谐社会,以化解矛盾为主线,从源头上解决群众诉求,以定分止争为目标,综合运用司法手段解决社会矛盾,促成胜败皆服、案结事了、和解和谐的局面。

第四,坚持人民利益至上,要求法官在自己的利益与人民群众的利益出现矛盾时,无条件地服从人民利益,这是对是否践行"权为民所用、情为民所系、利为民所谋"的真正考验。

在司法工作中,坚持宪法法律至上,必须保证宪法法律的有效实施。实践证明,对宪法法律至上性的最后考验,往往不在于人们是否遵守了宪法和法律，而在于违反宪法和法律的行为是否受到应有的追究和制裁。司法机关是宪法法律的执行者，也是宪法法律的守护者，必须始终保持宪法法律至上的意识，忠实履行宪法法律赋予的职责，维护社会主义法制的统一、尊严和权威。司法机关必须严格遵守法定程序，坚持法律面前人人平等，敢于抵制地方保护主义、部门保护主义和特权保护主义，做到违法必究。就此而言，坚持宪法法律的至上性，必然要求进一步加强司法，更加充分地发挥司法的功能。

坚持宪法法律的至上性，必须确保司法机关依法独立公正地行使司法权。党的十七大把深化司法体制改革作为全面实施依法治国基本方略、加快社会主义法治国家建设的重要任务，同时把建设公正高效权威的社会主义司法制度，保证审判机关、检察机关依法独立公正地行使审判权、检察权作为司法体制改革的目标。依法独立公正地行使司法权是维护社会主义法制的统一、尊严和权威的重要保障，是社会主义司法制度的优越性得以充分发挥的基本条件。依法独立公正地行使司法权，意味着司法权专属于人民法院和人民检察院，司法机关以外的其他国家机关及其工作人员无权干涉司法活动，不得干预司法机关行使司法权的正常活动，更不能代替司法机关对案件定性处理；意味着必须保证人民法院的生效判决具有终局性和权威性。当前，大量存在的涉法涉诉无理访、闹访、缠访，无视生效判决的终局性和权威性，构成了对法律权威的严重挑战。对此，我们不能一味地迁就和退让，否则，必将助长涉法涉诉信访之风，甚至鼓励当事人无理取闹，进一步损害法律的尊严和权威。在社会主义法治国家初级阶段，司法的权威性非常脆弱，所以，各级党组织和领导干部，要按照胡锦涛总书记的要求，带头依法办事，带头依法行政，支持和保障审判机关、检察机关依法独立公正地行使审判权和检察权，支持和帮助司法机关抵御、克服影响公正司法的各种干扰，有效推动执行难、申诉难等问题的解决，为司法机关依法履行职责创造良好的政治环境。

坚持宪法法律至上，法官必须做到公正司法、高效司法、廉洁司法、和谐司法，不断提高裁判和执行的公信力。宪法法律的至上性既来源于其立法上的党性、人民性、公正性，也取决于其司法上的公信力。当前，司法领域存在的有告不理、司法不公、审判迟误、执行不力，已经成为人民群众反映强烈的社会问题，这些问题的存在严重地损害了司法公信力，损害了人民群众对法律的信赖和信仰。针对这种情况，必须按照党的十七大和全国政法工作会议的要求，切实加强司法队伍建设，缜密规范司法行为，深入开展司法领域的反腐倡廉建设，坚决纠正损害群众利益的不正之风和侵犯当事人合法权利的不端行为，坚决查处法官队伍违纪违法案件，严肃惩治枉法裁判的腐败行为，以严格、公正、文明、清廉的司法形象赢得群众的信任，振兴司法公信力，维护宪法法律应有的尊严和权威。

我们要求法官不仅要依法断案，还要做到案结事了。但是，一切都要在法律之内，要在法律之内追求最大的社会效果。

二、工作主题或工作方针层面：为大局服务、为人民司法

关于人民法院工作主题或工作方针，先后有两个比较正式的提法。一是公正与效率，二是为大局服务、为人民司法。2001 年 1 月 1 日，最高人民法院院长肖扬在《人民法院报》上发表了题为“公正与效率：新世纪人民法院的主题”的新年致辞，提出“公正与效率是 21 世纪人民法院工作的主题”。在这篇致辞中，肖扬院长指出：“一个时代需要一个主题，人民法院在二十一世纪的主题就是公正与效率。要把确保司法公正、提高司法效率作为新世纪人民法院工作的出发点和落脚点，作为审判工作的灵魂和生命。毫无疑问，锲而不舍地追求司法的公正与效率应当成为新世纪人民法官最崇高最光荣的职责。”肖扬院长强调：“实现司法公正与效率，就是要坚定不移地以邓小平理论和江泽民同志‘三个代表’重要思想为指

导,继续实行以审判工作为中心,以确保司法公正为主线,以深化司法改革为动力,以提高队伍素质为组织保障,以建立和完善依法独立公正行使审判权的社会主义司法体制为根本目标的工作格局。”“实现司法公正与效率,就是要始终把审判工作置于党和国家的工作大局之中,为改革、发展、稳定提供可靠的司法保障和优质的法律服务。”“实现司法公正与效率,就是要大力加强法院队伍建设,提高人民法官整体素质,努力建设一支政治坚定、业务精通、作风优良、清正廉明的法官队伍。”“实现司法公正与效率,就是要深入推进司法体制的改革和创新。”为了扩大“公正与效率”工作主题的影响,使“公正与效率”的观念更加深入人心,最高人民法院于2001年12月在北京举办了“公正与效率世纪主题论坛”,二百多名国内外的法律专家和法官出席会议,就公正与效率的保障机制、监督机制、审判方式、审判程序等方面进行了深入的研讨,“公正与效率”逐渐成为全国各级法院和法官的共同追求,成为人民群众对法院工作的迫切期待,成为衡量人民法院工作的重要标准。这一主题在2006年5月被写入党中央《关于进一步加强人民法院、人民检察院工作的决定》中。

2009年以来,王胜俊院长提出“为大局服务,为人民司法”的法院工作主题。这个提法是根据胡锦涛总书记在政法工作会议期间的重要讲话概括出来的。胡锦涛总书记指出:“政法工作是党和国家工作的重要组成部分,必须在党和国家工作大局下开展,为党和国家工作大局服务。”

三、司法核心价值层面:维护公平正义、保障人民权益、服务改革发展、促进社会和谐、推进社会文明

(一)维护公平正义

在现代社会,司法应当以公正作为价值取向,不与公正联系的

司法就丧失了现代司法的应有之义。公正与现代司法有着内在的联系。司法活动之所以启动,就在于当事人之间的法律关系发生了争议。这就要求通过司法手段矫正并消除这种法律关系的争议,使争议的法律关系恢复到争议前的状态,即恢复公正。很显然,司法的功能意义在本质上要求司法本身具有公正性。“如果司法是不公正的,那么它就不能发挥这一矫正功能。”[1]

因此,对于中国特色社会主义司法而言,公正司法是其首要价值追求和行业规范,在公正面前,司法效率等其他价值处于从属位阶,最终都要以公正价值作为衡量标准。对司法效率的追求是以服从司法公正为前提的,离开了这个前提谈司法效率,只能是一种本末倒置的理解。[2]

司法公正作为社会主义司法的首要价值,根本上在于它是社会公正的实现途径和基本保障。公正是现代社会中市场经济和民主政治的基本精神,社会公正原则乃是中国特色社会主义市场经济和政治制度的价值基础,是与社会主义市场经济和政治制度相联系的法制运行的价值目标。通过矫正社会不公的功能,司法是实现社会公正的最后的、最有效的手段,司法公正推动和保障社会公正的实现。[3]因此,党的十六大提出,社会主义司法必须保障在全社会实现公平和正义,这就对社会主义司法提出了更高的标准和要求。司法公正要求法官应该具有法律之内的思考视角和法律责任感,社会公平与正义则需要法官同时兼备法律之外的社会视角和社会责任感。[4]

司法公正价值是司法结果公正和司法过程公正的有机统一。社会主义司法公正的目标是保障人民权益、维护社会秩序、实现社会正义,因此,最大限度地追求司法裁判结果意义上的公正是中国特色社会主义司法的题中之义。然而,在追求裁判结果的实体公正的同时,不能够忽视司法程序上的公正。司法审判程序本身具有内在的公正价值,司法程序公正也是人们对司法的基本价值追求。公正的司法程序能够排除恣意因素,保证司法结果的客观公正,并能较好地尊重当事人的诉讼主体地位,维护所有诉讼参与人的诉讼权利。因而司法程序公正具有极其重要的意义,它是正义的蒙眼布,不能因为追求实体公正而牺牲程序上的司法公正。

(二)促进社会和谐

1.司法是社会和谐的最重要保障机制

任何时代,只要有人类之间的社会交往,就难免会出现矛盾和冲突。因而建立起一套公正及时的解决纠纷、化解社会矛盾的有效机制对于社会的发展和进步有着重要的意义。在解决社会冲突的诸种手段中,司法裁判最终以其无可替代的优势成为自近代以来所有国家纠纷解决的首选。在现代法治社会,这一点体现得尤其明显。艾森伯格认为:“复杂的社会特别需要一个机构能对纠纷予以最终解决。这些纠纷源自基于因现行社会标准的适用、意义和引申而产生的权利主张。在我们的社会里,这样的机构就是法院。”[5]

司法裁判提供了一个文明的解决冲突的方式,这种制度设计的目的在于以一种更加文明和节俭的方式来解决现实中的冲突,这使得诉讼逐渐成为最为常规、最为规范、形式效力最为明显的手段。私力救济向公力救济过渡的基本标志就是诉讼形式的出现。当私力救济作为一种普遍性社会现象从人类文明史中消失后,诉讼便成为遏止和解决社会冲突的主要手段。这一事实表征着一个极有意义的社会进步:人类不再依靠冲突主体自身的报复性冲突来矫正冲突的后果,尤其不再用私人暴力杀戮式的冲突来平息先前的冲突。诉讼既作为一种社会统治方式,又作为一种技能化的活动而不断得到发展和完善,从而逐步适应调节并消除日益复杂、频繁的社会冲突的需要。今天人们评价某一社会法治水平或社会秩序的状况,基本依据并不在于该社会中社会冲突发生的频度和烈度,而在于诉讼对于现实社会冲突的排解能力和效果。由各种不同诉讼类别所构成的诉讼体系,成为调节和消除各种社会冲突,实现社会控制的常规机制。[6]在现代社会中,司法处理已成为社会矛盾纠纷最主要的解决方式。司法处理的纠纷类型及范围已经得到了前所未有的扩展。司法最终解决原则的认同让司法在现代纠纷解决中已经少有不可涉足的领域。在一些国家,有些道德问题、宗教问题甚至政治权力问题也是通过司法机制解决的,司法成为了社会冲突释放与解决的"安全阀"。[7]

司法是实现社会和谐最有效的调控力量。在社会发展过程中,人与人之间的关系集中地表现为各种利益关系,社会发展程度越高,这些利益关系就会越复杂。社会和谐要求各种利益主体充分履行其法定义务,只有依靠中立性、被动性、权威性的司法才能更加有效地实现社会利益主体的权利和义务的界定、调控和平衡,从而实现社会和谐。如果司法是公正的,即使社会上存在着不公正的现象,亦可以通过司法的矫治来恢复公正;但若没有司法的公正,就绝对不可能保障社会的公正,也绝对不可能有社会的和谐。在现代法治社会,人们往往诉诸司法途径解决各种矛盾,特别是在其他方法都不能解决冲突的情况下就更要选择司法途径。社会的冲突和矛盾是不可避免的,司法恰恰是一种社会冲突的解决机制,它是社会冲突的极其重要的制度化出口,是社会压力的释放器和减震器,也是社会的安全器。

2. 社会和谐是司法的根本目标和价值所在

有效地解决纠纷,是司法最基本的功能,也是司法价值的基本体现。日本法学家棚濑孝雄说过,审判制度的首要任务就是纠纷解决。美国法学家卢埃林也指出,解决争端是法院最为重要的职能,并始终为其他功能的实施创造条件。人们之间的利益冲突能够通过司法得到迅速公正的解决,就会起到缓解社会矛盾、稳定社会局面的作用,这对于社会和谐是非常必要和有益的。

司法依法审判,本身并不是目的,司法的根本目标是为了解决纠纷,实现社会和谐。范忠信认为:纠纷的解决是为了恢复和谐,保障和谐。一个社会的任何纠纷解决机制的存在,都是以恢复社会和谐为目标。司法运行追求的理想结果就是纠纷能够有效解决,整个社会能够和谐有序。因此,归根结底,社会和谐是司法的根本目标。司法作为解决纠纷的重要机制之一,其存在的价值和最终的评判标准就是看其在社会和谐中能够发挥多大的作用。将定分止争、化解矛盾、构建社会和谐作为追求的目标。

3. 保障人民权益

维护和保障人民权益是司法机关的重要职责。胡锦涛同志指出:"维护人民权益,是党的根本宗旨的要求,也是做好政法工作的目的;要坚持以人为本,坚持执法为民,司法公正,把维护好人民权益作为政法工作的根本出发点和落脚点,着力解决人民最关心、最直接、最现实的利益问题,为人民安居乐业提供国家有力的法治保障和法律服务"。这给司法部门提出了新的更高的要求。维护和保障人民权益,需要全面落实尊重保障人权的宪法原则,加强对公民的经济、社会和文化权利的保障。

我们党的执政理念是"立党为公、执政为民",反映到司法工作领域的必然要求就是"司法为民"。人民性是人民法院的本质属性,人民法院最重要的实践特色就是司法为民。人民法院的人民性,也就是说人民法院的司法权源于人民、属于人民、服务人民、受人民监督。人民法院既是国家审判机关,也是群众工作部门;人民法官既是司法工作者,也是群众工作者。坚持人民法院的人民性,就是在司法目的上要以维护最广大人民根本利益为本,在司法标准上以人民群众满意为本,在司法方式上充分依靠人民群众,自觉接受人民群众监督,实行专门机关和群众路线相结合,积极回应人民群众关切,切实维护人民群众合法权益。列宁曾非常赞赏这样一个命题:"人民的利益是最高的法律。"[8]司法就是要本着这个原则，切实做到严格执法，公正执法，文明执法，为在全社会实现公平和正义提供有力的法治保障。

维护和保障人民权益，既是历史唯物主义的基本观点，又是社会主义法治的核心原则；既是社会主义法律的根本标志，又是司法工作的目标追求。司法工作要以人民群众满意、社会和谐稳定为标准，按照科学发展观的要求，不断推动司法工作的理论创新、制度创新和工作创新，切实做到以维护人民权益为重，不断满足人民群众的新要求、新期待。

（三）服务改革发展

中国特色社会主义司法的另一个重要价值就是服务改革发展。司法服务于改革发展，是指司法机关在遵循司法基本规律的基础上，主动回应社会发展的需求，通过积极作为，有效服务，最大程度地实现法律效果、社会效果、政治效果有机统一。

司法权作为一种国家权力，必须为国家和社会服务，古今中外，概莫如此。中国特色社会主义司法是中国特色社会主义事业的重要组成部分，必须放在建设中国特色社会主义伟大事业之中来谋划；服务于改革发展大局是社会主义法治的重要使命，也是社会主义司法理念的基本要求。在当代中国，改革发展大局通常以党和国家根本任务和中心工作的形式表现出来，所以，服务大局就是要悉心把握党和国家在具体社会发展阶段和历史时期的根本任务和中心工作，使法治的使命与之相适应。大局也往往以党的政治和政策的形式表现出来，所以，服务大局必须讲政治，以政治为统领，为政治服务。大局也就是全局，所以服务大局必然要求服从全局，要求司法工作自觉地从大局出发，在大局下行动，尤其是在敏感事项和复杂情况下，必须顾全大局，坚持以大局为重，避免由于思想和工作的片面性而对大局造成危害。当前，全面建设小康社会，构建社会主义和谐社会，把我国建设成为富强、民主、文明、和谐的社会主义现代化国家,是全党、全国和各级政府的中心工作,是党的最高政治,是一切工作的总格局。司法要服务的就是这个大局,要在服务大局中做到:围绕大局,以大局为重心;保障大局,为大局创造良好的社会环境和法治环境;服从全局,维护全局利益和法制的统一性;着眼大局,以大局作为检验法治和政法工作成效的首要标准。[9]

换一个角度来说,在以人民群众日益增长的物质需要与生产力发展水平的矛盾为主要矛盾的社会主义初级阶段,实现社会的发展,是社会最大的公平正义。司法作为社会公正的实现途径和基本保障,就必须要抓住这一社会最大的公平正义所在,为改革发展服务,为保障社会的改革发展做好保障和最后防线。

服务改革发展的价值导向了能动司法理念。最高人民法院院长王胜俊指出:“我们所讲的能动司法,简而言之,就是发挥司法的主观能动性,积极主动地为大局服务,为经济社会发展服务。”“服务性、主动性、高效性,是能动司法的三个显著特征。”[10]这一重要论断,深刻揭示了当代中国能动司法的基本内涵。能动司法强调中国特色社会主义司法的社会政治功能,强调司法要服从党的执政目标,把司法审判工作放在党和国家工作大局中加以谋划和推进,积极主动地为党和国家工作大局服务。

(四)推进社会文明

中国特色社会主义司法的最终价值目标就是推进社会文明。对于文明的概念和内涵,思想史上存在诸多界定,不一而足。但是纵观思想史上的各种观点,“文明”至少有着三个方面的含义:第一,文明指人类社会发展过程中处于高级阶段的社会状态;第二,文明指具有自身特定生产方式、生活方式和价值观念的文化形态;第三,文明还指拥有特定人口、地域、掌握特定文化,拥有特定价值观和行为方式,具有自身政治、经济、文化和军事整合力、动员力的文化实体——文明体。[11]

就司法与社会文明的关系来说，首先，司法本身就是社会文明的表征。事实上，现代法律和司法是人类社会进入文明时代的产物和标志之一，司法本身就具有丰富的文明内涵和属性。健全理性的司法制度本身是现代法治和制度文明的重要组成部分，标志着人类社会文明进入到一个崭新的阶段。其次，司法是维护和促进社会文明不可或缺的手段。一个社会是否正义，是衡量国家和社会文明发展的重要标准。正如罗尔斯在《正义论》中所指出的，“正义是社会的首要价值，正如思想是真理体系的首要价值一样”。[12]正义作为评价社会制度的价值标准，也是社会文明的底线所在。司法通过对社会正义的维护，有力地维护了社会文明的底线，是社会文明稳定和发展的基石所在。所以，现代法治社会的构建有赖于健全理性的司法，社会文明的底线有赖于司法的守护和保障。

2004年3月14日，第十届全国人大二次会议通过宪法修正案，把“推动物质文明、政治文明和精神文明协调发展”写入了宪法，这标志着中国社会主义现代化建设被纳入人类文明的发展和进步的高度，并为社会主义文明建设确立了宪法这一根本法上的依据。因此，无论是从宪法这一根本法的角度，还是从人类文明发展的角度，推进社会主义文明建设都是中国特色社会主义司法的根本价值目标。

中国特色社会主义司法对社会主义文明建设的推进体现在它对社会主义市场经济、民主政治和精神价值层面的构建上面。首先，对于社会主义市场经济而言，它需要中国特色社会主义司法为之构建一个完善的法治环境。没有健全的法律制度和完善的司法，社会主义市场经济不可能完好地运行。其次，中国特色社会主义司法通过强化人们的法治信仰、塑造社会理性、为社会提供善的价值导向，有力地推进社会主义精神文明建设。最后，对于中国的政治体制的平稳运行和制度改革，中国特色社会主义司法为之提供坚实的法律框架和运行途径,是社会主义政治文明健康发展的有力支柱。

四、司法工作理念层面:民主司法、科学司法、独立司法、能动司法、联动司法、和谐司法

(一)民主司法或司法民主的理念

民主司法包括两个方面,一是司法为民,二是司法民主。司法为民是我们党以人为本的崇高精神和"立党为公、执政为民"的伟大理念在司法领域的集中体现。司法为民充分体现了社会主义司法制度和人民法院的人民性本质。根据这一理念,实现好、维护好、发展好最广大人民的根本利益,要始终作为改革和发展社会主义司法制度的出发点和落脚点,作为一切司法工作的出发点和落脚点,通过公正高效的司法活动依法保障人权,依法维护人民权益,做到司法惠民、司法护民。同时,还要考虑司法活动如何更快捷、更方便、更有效地实现好、维护好、发展好最广大人民的根本利益,做到司法便民、司法利民。

(二)民主司法

民主司法是人民当家作主的政治制度在司法领域的体现。坚持民主司法,首先要求坚持人民代表大会制度。在我国司法权来自人民,属于人民,为了人民,具体而言,就是人民法院由人民代表大会产生,向人民代表大会负责,接受人民代表大会监督,依靠人民代表大会支持。其次要切实保障人民群众对司法工作的知情权、参与权、表达权、监督权,真正把司法工作置于广大人民群众的监督之下,以民主保公正,以公正得公信。要全心全意依靠人民群众,充分挖掘、善于利用人民群众当中惩恶扬善、禁黑除恶、除暴安良、化解社会矛盾纠纷的各种资源,包括民事调解、民间商谈的传

统经验,以及与法律并行的道德力量、习惯做法;加强人民陪审制度。最后要坚持和发展法院内部的民主组织体系和工作机制。我国司法制度是以司法民主为核心建构起来的,法院的合议庭、审判委员会、党组会议等都是司法民主的载体,要充分发挥这些制度形式的民主机制,在审执工作和法院的其他工作当中,集中法官们的法律智慧、政治智慧、哲学智慧和社会经验,确保审判和执行工作的质量和效率。

(三)科学司法

科学司法是科学执政、科学理政在司法领域的具体要求,是人民法院全面贯彻落实科学发展观的必然要求。科学司法,第一是用科学的理论体系指导法院工作。第二是遵循司法的客观规律。第三要求我们在司法实践中要具有科学精神,理性地对待执法办案中遇到的种种问题,将先进的科学技术运用于立案、审判、执行、管理的各个方面,提升司法的效率和水平,从而引领和推动司法文明进步。第四是实施科技强院方针,重点是加强法院信息化建设和信息技术的推广运用,创立互联网时代的司法模式,充分利用互联网进行网上立案、网上调解、远程审判、远程取证等活动,提高司法效率,最大限度地方便当事人诉讼,减少当事人的诉讼成本和讼累。

(四)独立司法

司法权既是统一的国家权力体系的组成部分,又是一种相对独立的国家权力。司法权运行既有权力运行的一般规律,又有其特殊规律。其最显著的特殊规律就是司法权行使(运行)的独立性。司法独立意味着国家的司法权只能由国家各级司法机关统一行使,其他机关、团体和个人都无权行使此项权力;人民法院依照法律规定独立行使审判权,不受行政机关、社会团体和个人的非法干涉；司法机关审理案件必须严格依照法律规定，正确适用法律。当前，人民法院的独立司法受到各种制约。在这种情况下，尤其要树立独立行使审判权的意识，在宪法和法律的制度范围内，依法独立公正地行使好审判权。

（五）能动司法

能动司法是最近两年法院工作的一大亮点，能动司法来源于服务大局的社会主义法治理念，是人民法院“为大局服务、为人民司法”工作主题的必然要求。能动司法，既是一种司法理念，又是一种司法模式，其核心的标志或表征是司法的能动性、主动性；能动司法的实践价值在于积极主动回应司法的社会需求和人民关切。最高人民法院院长王胜俊同志指出，“能动司法是人民法院司法理念的重大创新，是新形势下做好人民法院工作的必然选择”。我们要在尊重司法自身规律、依法履行法律职责、确保严格依法办案的前提下，认真总结和深化近年来实行能动司法的基本经验，高度关注经济社会发展在司法层面的反映和对司法的需求，切实转变不适应形势发展需要的司法理念、工作方法和办案习惯，找准司法应对的切入点和着力点，为“十二五”开好局、起好步提供更加有力的司法保障。司法的被动性被认为是司法规律，有其一定的合理性，因为人民法院受理案件奉行不告不理原则，在案件审理过程中也坚持尊重当事人的程序选择权。但中国特色社会主义司法制度则注重强化能动司法。在工作实践上，要关注大局、研究大局、把握大局，要关注人民群众的需求、研究人民群众的需求、把握人民群众的需求，从经济社会发展和维护人民利益考虑，积极为服务大局献计献策，提供有效司法保障。在案件审理中，要主动为当事人着想，积极创造对当事人最有利的解决办法。对于涉及敏感问题案件、群体利益案件、影响社会稳定案件和当事人情绪对立的案件，要着眼于化解矛盾、社会和谐，用心研究，多做工作，选择最恰当的办法和时机妥善处理。能动司法不仅体现在积极主动地服务经济发展上,也要体现在积极有效地维护社会和谐稳定上,体现在切实尊重和保障人权上。

当然,对能动司法,法学界、法律界有不同的看法,只有不乱动、不盲动,能动司法还是一个正确的理念。

(六)联动司法

联动司法是基于诉讼社会的境况而提出的理念和司法模式。诉讼社会是法治现代化和社会现代化转型进程中的必经阶段。进入新世纪之后,随着经济转轨、社会转型和全球化进程的不断加速,各种新问题新矛盾大量涌现、互相叠加,同时,随着社会主义法治国家建设进程的进一步加快,人民群众的维权意识和诉讼观念显著提升,各类涉法涉诉案件急剧增加,我国超乎预想地提前进入"诉讼社会",并由此使人民法院面临一系列深刻而严峻的挑战。应对这些挑战,履行人民法院职能,实现人民司法事业科学发展,必须树立联动司法理念,拓展联动司法渠道,创新联动司法方法。

"联动司法"是相对于"独立司法"而言的,联动司法是履行法院司法职能、推进司法事业科学发展的必由之路。

1. 联动司法是坚持中国特色社会主义政治制度的基本要求

人民法院作为中国特色社会主义的重要组成部分,要履行好为大局服务、为人民司法的神圣使命,必须始终坚持中国特色社会主义政治制度。

第一,必须紧紧依靠党的领导。党的领导是我国社会主义政治制度的核心,司法权是党的执政权的重要组成部分,只有始终坚持党的领导,紧紧依靠党中央和各级党委总揽全局、协调各方的政治优势,才能始终保持清醒的政治意识,始终把握正确的政治方向,才能科学判断形势、把握大局和全局,正确驾驭复杂局面、处理复杂问题和敏感事件。

第二,要紧紧依靠人大的监督和支持。人民当家作主是我国社会主义政治制度的本质所在。人民当家作主的制度载体是全国人民代表大会和地方各级人民代表大会。人大的监督和支持是人民法院工作的力量源泉和权力基础。人大监督既是对人民法院公正廉洁司法的监督,也是对挑战司法权威、损毁司法尊严的违法言行的监督,既保证人民法院的人民性本质,也维护人民法院的司法权威。

第三,要紧紧依靠政府的支持和配合。各级人民政府掌握着丰富的公共资源和常规的国家强制力。建立司法与行政的联动机制,而不是人民法院自己单打独斗、孤军奋战,无疑能够更加有效地破解司法工作中遇到的问题和困难。如对刑事被害人或其亲属的司法救助,对生活确有困难的申请执行人的司法救助,对涉诉信访中于法无据、但情理之中的信访老户的司法救助,没有司法与行政的联动和公共财政的支持必然是寸步难行。再如许多因计划生育、环境保护、劳动纠纷、知识产权、职业病、传染病等引发的群体性、集团型、多主体诉讼,没有行政机关的配合和支持,人民法院也将是一事无成。

党的十七大以来,最高人民法院和各地法院创造了许多联动司法的经验。例如,党委领导、人大监督、政府支持、各界配合、法院主办的综合治理“执行难”的联动执行工作格局的初步形成,党委领导、法院理诉、政府解难、多元化解的处置涉诉信访的工作机制的初步建立,等等,都是依靠中国特色社会主义政治制度优势,破解人民法院工作困境的成功经验。这些经验是对中国特色社会主义司法的理论和实践的丰富和发展。

2. 联动司法是发挥中国特色社会主义司法制度优越性的重要经验

中国特色社会主义司法制度是以马克思主义法律观为指导,总结我国社会主义司法实践成功经验,积极吸收人类法治文明优秀成果的基础上建立起来的，是人类法治发展史上的伟大创造，具有鲜明的中国特色，其鲜明的特色之一就是：在司法权的配置上，侦查权、检察权、审判权、执行权既互相制约，又互相配合。这既是中国特色社会主义司法制度的鲜明特色，也是中国特色社会主义司法制度的政治优势、法治优势和工作优势，既能保证公正廉洁司法，准确有效地执行法律，又能有效应对、妥善处理复杂的社会问题和重大案件。在新的历史起点上，人民法院要充分认识和善于运用我国社会主义司法制度的中国特色和政治优势，努力促成在党委及其政法委统一领导和协调之下，在宪法和法律的制度框架内，司法（政法）机关之间既互相监督制约又有效协同配合的和谐司法（政法）工作格局，共同履行好维护党的执政地位、维护国家长治久安、维护社会和谐稳定、维护人民群众利益、维护社会公平正义、保障经济社会发展进步的神圣职责。

3. 联动司法是整合社会资源化解社会矛盾、创新社会管理的必由之路

诉讼是社会矛盾的集中反映，要化解以诉讼方式表现出来的社会矛盾，必须采取社会化的方式，诸如专门机关工作与群众路线相结合，司法职业化与司法民主化相结合，司法调解与人民调解、行政调解、民间调解相结合，诉讼程序与非诉讼程序的对接，多元纠纷解决机制等等，都属于矛盾化解的社会化方法。社会化方法不仅能够从源头上减少矛盾、化解纠纷、弱化冲突，也有助于从根本上缓解人民法院面临的案多人少的压力，破解困扰人民法院的诸多“瓶颈”问题。为此，人民法院要积极推动专业调解组织的建设，充分发挥群团组织、行业协会和其他社会组织、企事业单位调解力量的作用，构建党委领导、政府主导、社会各界广泛参与的多元矛盾纠纷化解机制，促进各种纠纷解决方式相互配合、相互协调和全面发展；构建政法、综治、维稳、信访部门综合协调，有关部门、单位各司其职，人民调解、行政调解、司法调解相互协调配合的“大

调解”格局。要积极参与社会管理体制创新,充分发挥人民法院作为社会管理的特殊组织形式的作用,通过惩恶扬善、弘风阐化、权利救济、人格恢复等来引导社会从失范无序到规范有序的发展。

4. 联动司法是创造良好司法环境,实现法院与社会良性互动的必要选择

人民法院审判工作质量、效率和效果的提升,人民法院司法公信力的提高,都离不开良好的司法环境。为此,人民法院要积极争取人民政协和社会各界的关心和支持,紧密与社会各界和人民群众的联系,善于把各种外部政治优势、法治优势和社会优势转化为我们的工作优势。人民政协作为具有中国特色的多党合作和政治协商的重要机构,肩负着政治协商、民主监督、参政议政的重要职能,政协委员作为社会各界的精英人士,具有广泛的影响力。人民法院要主动接受人民政协的民主监督,虚心听取人民政协对审判工作的意见,加强与政协委员的联系,不断提高司法能力。要真诚欢迎和积极引导公众有序参与司法活动,进一步完善人民陪审员制度,保障公民依法参加审判活动,促进司法公正。要善于建立人民法院与新闻媒体之间的互动、互信机制,通过大力推行司法公开,向媒体全面开放,接受媒体的舆论监督和支持。以我本人的工作体验,司法越是对媒体开放和公开,媒体与司法的距离越小,媒体了解的情况就越充分、越真实,其报道就越客观恰当,当事人和人民群众也就越认同乃至佩服法院的裁判,社会就越加支持法院的工作,良好的司法环境也由此而形成。

5. 实施联动司法也是深化人民法院司法改革、优化法院系统内部司法资源配置、发挥司法整体效能的根本途径

联动司法不只是一个外部性概念,也是一个内部性概念。长期以来,受“法院独立”和“审级独立”概念的影响,人民法院系统内部缺乏应有的横向联动,上级法院对下级法院也局限于业务指导、审判监督和干部协管,缺少一体化的纵向联动。2008 年以来,最高

人民法院深入贯彻落实科学发展观，把社会主义法治理念与人民法院工作实际创造性地结合起来，大力推动法院之间协调联动，逐渐打破了司法壁垒，减少了司法冲突，规范了法律适用，而且通过扩大指定管辖、提级管辖、委托执行、协助执行、委托取证、委托保全、信息共享等，较好地发挥了人民法院的系统优势和整体功能，提升了人民法院为大局服务、为人民司法的能力，同时也打破了地方保护主义的束缚，更好地维护了社会公平正义，维护了社会主义法制的统一、尊严和权威，联动司法的优越性越来越彰显出来。

联动司法的制度空间和工作余地很大，应深入研究探索联动司法模式，树立联动司法理念，大力推进人民法院内部的体制改革和制度创新，推进诉讼法律制度的完善和创新，进一步优化司法职权和司法资源配置，以公正高效、和谐联动的司法制度和司法活动，满足诉讼社会境况下人民群众对法院工作的新要求新期待。

（七）和谐司法

和谐司法的理念来源于和谐法治，和谐法治是中国特色社会主义法治的发展方向和目标模式。“和谐法治”这一目标定位充分体现着构建社会主义和谐社会的战略思想和中国特色社会主义的时代精神，代表着我国依法治国方略和法治国家目标的历史走向。和谐法治是构建和谐社会的必然要求，是社会主义法治的主旋律和表征，和谐法治也是构建社会主义和谐社会的重要保障。“和谐法治”概念不仅将引领我们转换法治话语体系，从而提升我们的法治观念和法治实践，而且必将丰富和创新建设社会主义法治国家的理想模式、历史任务、实践途径。也就是说，我们要建设的法治，既不是中国历史上的重刑主义，严刑峻法，也不是西方个人自由主义法治，而是与社会主义和谐社会相适应的和谐法治。和谐司法是和谐法治的关键，又是和谐法治的保障，更是建设和谐法治的重心。随着我国法律体系的形成，法治建设的重心必将从立法转向执法和司法。党的十七大报告已经明确指出要加强宪法和法律实施,维护社会公平正义,维护社会主义法制的统一、尊严、权威。在这个重心转移过程中,建设和谐司法的任务日益凸现。

在新的历史起点上,提出建设和谐司法,必将对司法理念、司法模式、司法能力、司法效果产生深远影响。

和谐司法的基本要素包括:

1. 和谐的司法体制

和谐司法的体制可以表述为:在党委统一领导、人大的依法监督和政府的有力支持下,在宪法和其他法律的制度框架内,各政法机关既依法制约监督、更有力协同配合,以准确有效地执行法律,共同履行维护党的执政地位、维护国家长治久安、维护人民群众利益、维护社会公平正义、保障和服务经济社会发展的神圣职责。这样的体制,既不是过去曾经实行过"党委一元化领导、公检法合署办公",也不是各自独立、孤立办案,互相钳制、互相扯皮,更不是争权夺利、分庭抗礼。政法干警同属一个职业共同体,有着共同的专业背景、职业规范、价值取向和工作目标,这是和谐司法体制得以运行的基础。

在和谐司法体制之下,还可以提出"和谐公安"、"和谐检察"、"和谐审判"、"和谐执行"、"和谐司政"等。

2. 和谐的司法文化

和谐司法必须有深厚的文化底蕴。无论是公安文化、检察文化、法院文化、司法行政文化,还是诉讼文化,都应当注入和谐的基因,使之成为和谐司法文化的标志,成为和谐社会文化的组成部分。和谐司法文化建设的目标在于,促进干警对和谐司法的高度认同,让和谐司法成为全体干警牢固的理念,甚至成为一种主义。

3. 和谐的司法模式,即和谐司法的工作模式

在过去相当长的时期内,司法(政法)工作遵循"专政模式"、"斗争模式",这与那时的大背景有关。从建国到"文革"结束,我们

处在以阶级斗争为纲的年代。那时，人们一讲到法律、法制、司法，潜意识地、本能地把法律、法制、司法与阶级、阶级矛盾、阶级斗争相关联，与对敌专政划等号，把司法机关简单化地理解为无产阶级专政的"刀把子"。从党的十一届三中全会果断宣布阶级矛盾和阶级斗争不再是我国社会的主要矛盾，到党的十六大提出社会和谐、十六届四中全会明确提出构建社会主义和谐社会，再到党的十六届六中全会做出《关于构建社会主义和谐社会若干重大问题的决定》，极其深刻地改变了传统的法律观、法制观和政法观、司法观，使司法战线告别了"专政模式"、"斗争模式"，确立了和谐司法模式。

和谐司法的本质特征是执法为民、司法为民，尊重和保障人权，维护公平正义，促进社会和谐，保障经济和社会发展，而不是单纯的"暴力"、"惩罚"、"镇压"，不是令人望而生畏的"刀光剑影"。

4. 和谐的工作目标

实现定分止争，化解矛盾纠纷、维护社会稳定、促进社会和谐是司法机关司法权和执行权运行的本质属性，也是党和人民对司法寄予的期待。

5. 和谐的司法环境

如果说前四项是和谐司法的内在要素，那么，和谐的司法环境则是和谐司法的外部要素。构建和谐的司法环境，首先要求司法机关树立和谐司法的良好形象，不断提升司法机关的公信力。其次要大力营造和谐的司法工作局面。和谐司法环境主要涉及司法机关与党委、人大、政府、政协的关系，与大众媒体和社会各界的关系。正确处理好这些关系，始终自觉坚持党的领导、接受人大监督、积极争取政府的支持、认真对待政协和社会各界的监督，与主流和非主流媒体建立互信机制，一方面充分尊重媒体对司法工作的知情权和报道权；另一方面积极引导媒体进行客观公正的报道，在全社会弘扬法治精神，最大限度地提高舆论效果。当前，一些地方司法工作的外部环境还不是很好，制约着司法工作的正常开展和司法事业的科学发展，在建设和谐法治的过程中，应高度重视和谐司法环境建设。

和谐司法是个实践命题，建设和谐司法有许多实践要求。择其要者有：

第一，以促进社会和谐为价值目标。把促进社会和谐作为法院工作的崇高目标和神圣使命。和谐是当代中国社会主义核心价值，是主流文化中的主导因子；和谐是法治价值体系的中轴，法律价值体系包括自由、公正、秩序、效率、人权等等，和谐是价值体系中的元价值，是统领自由、公正、秩序、效率、人权的最高价值，也是把这些价值统合在一起的价值基础。社会之所以需要法律，我们之所以要加强司法工作，发展社会主义司法事业，归根结底是为了保障和促进社会和谐。建设和谐司法，本身并不是终极目的，终极目的是促进社会和谐，构建社会主义和谐社会。

第二，以和谐善治为司法工作模式，即实行和谐司法，和谐执法。和谐善治直接涉及转变司法工作的理念、树立和谐作风、采取和谐方法和取得和谐效果。

第三，以和谐的法律效果、政治效果和社会效果作为最根本的政绩标准，把是否实现当事人和睦、促进社会和谐作为衡量司法工作的标准。

最近几年，人民法院践行和谐司法，取得了一些好经验，例如：

坚持为民、惠民、利民、便民的司法理念和工作模式。

坚持宽严相济的刑事司法政策，全力维护社会稳定和人民平安，尽最大可能化消极因素为积极因素，努力减少社会对抗。

坚持“调判结合、调解优先”的民事司法政策，努力做到定分止争，案结事了，全力化解矛盾纠纷。

坚持协调和解的行政司法政策，切实维护行政相对人的合法权益，支持政府依法行政，全力促进公民与政府的相互理解和信任。

坚持刚柔相济的民事和行政执行政策，全力争取打赢官司的当事人及时、完整地实现其合法权益。

坚持以化解矛盾、促进和谐为第一要务，认真做好涉诉信访工作，努力使当事人停访。

注 释

〔1〕 公丕祥、刘敏："论司法公正的价值蕴含及制度保障"，载《法商研究》1999 年第 5 期。

〔2〕 参见张文显："漫谈社会主义司法理念"，载《张文显法学文选》（卷七 · 司法理念与司法改革），法律出版社 2011 年版，第 147 页。

〔3〕 参见公丕祥、刘敏："论司法公正的价值蕴含及制度保障"，载《法商研究》1999 年第 5 期。

〔4〕 参见张文显："漫谈社会主义司法理念"，载《张文显法学文选》（卷七 · 司法理念与司法改革），法律出版社 2011 年版，第 147 页。

〔5〕 ［美］迈尔文 · 艾隆 · 艾森伯格：《普通法的本质》，张曙光等译，法律出版社 2004 年版，第 5 页。

〔6〕 参见顾培东：《社会冲突与诉讼机制》，法律出版社 2004 年版，第 18 页。

〔7〕 参见公丕祥主编：《纠纷的有效解决——和谐社会视野下的思考》，人民法院出版社 2007 年版，第 39 页。

〔8〕 列宁非常赞赏普列汉诺夫提出的这一原则，并曾多次引用。参见郭道晖："人民的利益是最高的法律——学习列宁的法制思想"，载《法学评论》1992 年第 4 期。

〔9〕 参见张文显："漫谈社会主义司法理念"，载《张文显法学文选》（卷七 · 司法理念与司法改革），法律出版社 2011 年版，第 153—154 页。

〔10〕 王胜俊："坚持能动司法，切实服务大局——在江苏省高级人民法院座谈会上的讲话"，载最高人民法院办公厅编：《社会主义司法理念教育参阅材料 · 王胜俊院长讲话选编》（内部资料），第 244 页。

〔11〕 参见孙秋云："文明内涵及其变迁：人文社会科学研究中一个重要概念的探析"，载《华中科技大学学报》（社会科学版）2006 年第 2 期。

〔12〕 ［美］罗尔斯：《正义论》，何怀宏等译，中国社会科学出版社 2009 年版，第 1 页。

培育理性的司法文化*

司法文明有若干支柱，诸如科学的司法理论，先进的司法制度，公正的司法运作，卓越的司法精英，理性的司法文化等。其中理性的司法文化具有基础性作用。

理性的司法文化对司法文明的重要意义，集中体现在司法文化既是司法文明稳步推进的重要支撑，又是司法文明持续发展的根本指标。文化是民族的血脉，是人民的精神家园，它引领前进方向、凝聚奋斗力量。文明是特定民族发挥其文化创造力的产物，是文化外化的展现和载体。在司法文明的推进过程中，司法文化是不可或缺的“软实力”和“硬指标”，司法文化“软实力”意味着司法文化是司法文明发展的精神动力、智力支持和思想保证，司法文化“硬指标”意味着司法文化是司法文明发展的基本方向、关键目标和重要任务。

理性作为人类构建世界的主体认知方式，是人类社会进步的动力和源泉，是现代法治发展的基础和先导。建设当代司法文明，固然需要科学司法理论的创新、先进司法制度的构建、公正司法运作的促进和卓越司法精英的造就作为支点，但更为重要、更为关键的是在全社会范围内培育和营造理性的司法文化。唯有培育和营

* 本文是作者2013年9月在司法文明理论讨论会上的发言节选。

造理性的司法文化,才能普遍形成全社会对司法的尊崇和信仰,才能有效发挥司法的功能和作用,才能真正实现司法文明的蓬勃和发展。

理性的司法文化具有丰富内涵。所谓司法文化,即司法中的文化,是指历史进程中积累下来并不断创新的有关司法的群体性认知、评价、心态和行为模式的总汇。基于此,我们认为,理性的司法文化应是司法认知理性化、司法评价客观化、司法心态平和化和司法行为科学化的有机统一。其中,在认知层面上,要努力促使全社会把对司法的感性认识理性化,把对司法的零散认知系统化,把对司法的表象感觉深刻化,真正在思考中领悟司法真谛,把握司法规律;在评价层面上,要努力促使全社会对司法的评价达致客观化,既认可司法的积极作用,也容忍司法的局限性;在心态层面上,要努力促使全社会以平和的心态对待司法,实现对司法的积极认同和正向参与,树立司法终局意识,积极维护司法权威,努力形成司法公信;在行为层面上,要努力促使全社会形成善于用法、自觉守法、积极护法的局面,并努力促使司法机关实现司法运作的科学化。

具体来讲,理性司法文化的基本内涵应至少包含如下内容:认同法律是定分止争的实践理性,司法是以和平理性的方式解决社会矛盾的最佳途径,司法在本质上要求实现独立行使司法权与接受领导和监督的统一、司法保持自制和司法发挥能动的统一、严格依法司法和尊重社情民意的统一、司法保持专业和司法实现民主的统一;珍视司法在价值上既要实现定分止争和解决矛盾的基本功能,又要实现保障人权和实现正义的价值功能,还要实现维护秩序和促进发展的社会功能;容忍司法因为法律真实永远不可能复制客观真实以及形式正义和实质正义存在冲突等原因而不可避免地导致瑕疵案件和错误案件的发生;推崇通过司法与准司法(仲裁、调解等)程序而不是非法的途径提起诉求、实现权利救济,尊重法律、尊重司法，息诉服判，尊重司法裁判的权威性和终局性，维护司法的权威和公信。

培育和营造理性的司法文化是一项重大的系统工程，不仅需要在司法之外为向社会大众传播司法文化而实施司法的宣传和教育，更为重要的是在司法之内为实现司法自身的文明运行而进行司法的治理和优化。

培育和营造理性的司法文化，必然要求深入开展司法宣传教育。开展司法宣传教育是提高全体公民司法意识和实现司法文明大众化的基本途径。为此，我们要不断创新司法宣传教育的方式和方法，普及司法宣传教育的对象和范围，提高全社会的法治意识和法律素质，弘扬司法精神和司法理念，形成全社会自觉学法守法用法护法的良好氛围，树立全社会相信司法、依靠司法、运用司法，完善司法的理性信念。

培育和营造理性的司法文化，必然要求积极建立司法与媒体的互信。司法与媒体的互信是培植司法理念和建立司法信仰的基本要求。一方面，司法向媒体全方位开放，司法越透明、越是向媒体开放，媒体的报道就越客观公正；另一方面，大众媒体善于用科学的司法理论和正确的司法话语引导司法舆论，抵制个案炒作对司法的伤害，引领全社会逐步形成对司法的尊重和服从。

培育和营造理性的司法文化，必然要求不断推动司法科学发展。推动司法科学发展是维护社会公平正义和促进社会发展进步的基本要求。司法文化体现的是法治精神和法治理念，而法治所强调的规则、平等、程序、民主、人权、正义等精神均有赖于司法功能的正确发挥。为此，我们要不断深化司法体制改革，优化司法职权配置，增强司法主体素质，实现司法的公正运行和科学发展。

培育和营造理性的司法文化，必然要求大力推进司法公开。推进司法公开是传播司法文化和培育司法意识的基本要求。为此，我们要不断强化司法公开的程度，加大司法公开的力度，通过公开审判、裁判文书上网、举办法院开放日、司法信息发布（例如法院手机报）等方式让广大人民群众贴近司法，近距离观察司法，无障碍地与司法工作者沟通，接受司法文化的感染。

培育和营造理性的司法文化，必然要求充分扩大司法民主。扩大司法民主是司法赢得社会公信和实现文明运行的基本要求。为此，我们要尽可能扩大人民陪审员队伍，吸收人大代表、政协委员、各行各界知名人士参加司法听证、司法调解，观察审判、列席审判委员会、检察委员会等，通过司法民主实践，让更多的人体验司法文明、传播司法文明。

深入推进司法改革　全面提高审判水平*

各位代表：

现在，我代表省高级人民法院向大会报告工作，请予审议。

2011 年，省高级人民法院在省委的正确领导和省人大的有力监督下，在省政府、省政协及社会各界的大力支持下，深入贯彻落实中央、省委对政法工作的部署和本届人大四次会议对法院工作的要求，带领全省各级法院以服务科学发展、加快振兴、富民强省为主题，以深化三项重点工作为主线，着力实施能动司法、联动司法、民生司法、科学司法，全省法院各项工作取得了新进展，重点工作实现了新突破。

一、紧紧围绕“发展、民生、稳定”大局，全面做好审判执行工作

全省法院坚持以服务发展为第一要务，以保障民生为第一目标，以维护稳定为第一责任，忠实履行宪法和法律赋予的职责，全年共受理案件 296017 件，审结 258907 件，法定审限内结案率为

---

* 本文是作者 2012 年 2 月 3 日在吉林省第十一届人民代表大会第四次会议上所作的吉林省高级人民法院工作报告，标题是收入本书时另加的。

99.1%，服判息诉率为98.7%。

依法履行刑事审判职能，受理一审刑事案件20028件，审结17216件，判处罪犯25644人，其中审结危害国家安全犯罪4件6人，杀人、抢劫、绑架、爆炸等严重危害社会治安犯罪5364件8795人，制假售假、非法集资、金融诈骗等破坏市场经济秩序犯罪552件985人，强奸、拐卖等侵犯妇女儿童人身权利犯罪977件1188人，制售假药劣药和有毒有害食品等危害群众生命健康犯罪42件75人，醉驾危害公共安全犯罪363件363人，贪污贿赂、渎职侵权等国家工作人员职务犯罪676件1064人。针对我省多发易发的“六涉”犯罪，逐一深入开展专项行动，审结涉黑犯罪19件110人，涉毒犯罪619件1179人，涉众型经济犯罪52件78人，涉农犯罪171件245人，涉林犯罪497件903人，涉外犯罪44件52人。依法判处五年以上有期徒刑直至死刑3184人，确保了打击力度和震慑效果，维护了国家安全和社会稳定。在坚持依法严打的同时，对犯罪情节较轻、社会危害性较小的犯罪和主观恶性相对较小、人身危险性不大的被告人依法从宽裁量，共判处非监禁刑8694人，占判处罪犯总数的45.9%；办理减刑、假释案件11217件，同比增长24.5%，最大限度地减少了社会对抗。

全面加强民事审判工作，受理民事案件90811件，审结79848件，其中审结离婚、赡养、抚养、继承等婚姻家庭案件41893件，财产权属争议案件10834件，人身损害赔偿案件11777件，生态资源、环境保护案件102件。高度关注人民群众对住房、就业、医疗等社会问题的关切，审理房屋买卖、商品房质量、物业服务等纠纷案件5905件，劳务合同、劳动争议案件4113件，医患纠纷案件687件。依法制裁侵害农民利益的行为，速审速裁制售假种子、假化肥、假农药等坑农害农案件和土地承包、征地补偿、农民工讨薪维权案件3125件；依法维护国防利益和军人军属合法权益，妥善审理涉军案件736件。上述民事审判，有效保障了民生民权，维护了公平正义，促进了社会和合。

着力加强商事审判工作，将商事审判作为独立的审判领域，受理商事案件 96957 件，审结 85628 件，依法维护了市场经济秩序。围绕我省推进实施“三化”、“三动”战略，突出加强涉及经济结构调整、产业转型升级等重点案件审理，审结企业兼并、改制、破产、清算和股份转让等案件 161 件，投资、消费、服务领域纠纷案件 19703 件，融资、借贷、证券、保险、票据、担保等金融案件 14596 件，知识产权案件 484 件，涉外、涉台和涉港澳案件 47 件；妥善审理了长春德大破产重整案，加快推进了新华证券、泛亚信托等重大破产案件审理进度，为我省加快经济发展方式转变、保持经济持续平稳较快发展提供了有效的法律服务和司法支持。

切实加强行政诉权保护，受理一审行政诉讼案件 3721 件，同比增长 11.9%，其中涉及城建、卫生、资源、劳动和社会保障、环保等公民基本权益的案件位列前五，占 69.8%；审结 3582 件，行政相对人通过胜诉或协调实现利益诉求的占 44.2%，判决维持或确认具体行政行为合法有效的占 54.3%，既依法保障了人民群众的诉讼权利和实体权利，也有力地支持了行政机关的执法效能和依法管理。坚持把行政审判作为优化经济发展软环境的重要平台，共审理涉及侵犯企业经营自主权和公平竞争权、违法干预企业经营管理以及违规收费罚款等行政案件 86 件，为企业经营发展和自主创新营造了公平正义的司法环境。

深入推进社会矛盾化解，进一步创新完善“全员、全面、全程”调解机制，一审民商事案件调撤率为 64.2%，刑事附带民事赔偿调解率为 69.5%，行政案件协调率为 39.4%，执行案件和解率为 59.8%；强化联动司法，基层法院和人民法庭全部设立了诉前调解组织，在纠纷相对集中的交通、劳动、消费、医疗等领域设立了 297 个调解法庭，诉前调解纠纷 33576 件；进一步丰富和发展司法便民措施，一审民事案件简易程序适用率达到 67.5%，深入企业、社区、村屯巡回审理案件 7868 件，一大批矛盾纠纷得到就地及时有效化解。“调解优先、调判结合”的理念、做法和经验得到了省委肯定，省委政法委召开专题会议在全省政法机关推广。高度重视涉诉信访工作，强化判前析法明理、判后释法答疑工作，努力从源头上减少和预防涉诉信访发生，新访案件同比下降 24.2%；坚持用群众工作统揽涉诉信访工作，全面推行领导接访、带案下访、重点约访制度，综合运用法律、行政、经济、社会等手段化解涉诉信访，积案化解率达到 98% 以上，信访总量同比下降 18.5%。

创新规避执行反制机制，集中开展反规避执行专项行动，对 12215 件拖延、逃避执行的案件依法采取查封、扣押、冻结、拍卖等措施强制执行，对 235 件受到地方和部门保护主义阻碍的案件实行了提级或指定执行；对有执行能力而拒不履行法律义务的 2136 名被执行人依法予以司法制裁，其中限制出境 95 人，限制高消费 26 人，拘留 1497 人，罚款 360 人，移送公安机关立案侦查 90 人，追究刑事责任 68 人，有效促进了执行工作的健康发展，生效裁判自动履行率明显提升。全年，全省法院新收执行案件 49930 件，同比下降 7.6%，执结 56485 件，实际执行率为 81.5%，执行标的到位率为 94.2%，同比分别提高 3.7% 和 10.6%，32 个法院被最高人民法院确定为“无执行积案先进法院”。

二、全面履行高级法院职责，带动全省法院各项工作不断发展进步

在中国特色社会主义法院体系中，高级人民法院既承担着法定的审判任务，也肩负着指导、监督下级法院审判工作的重要职责。一年来，省高院在履行自身审判职能的同时，强化机制创新，进一步提升了指导、监督工作的针对性和实效性。

认真做好审判工作。省高院作为全省最高审判机构，承担着审理一审、二审、再审三个审级以及死刑复核等案件的审判职能和

任务：一审案件包括少量的诉讼标的额在1亿元以上的民事、商事案件和在全省有重大影响的刑事、行政案件；二审案件主要包括刑事、民事、行政上诉和检察机关抗诉案件；再审案件包括申请再审、提起再审、决定再审、指令再审案件。全年，省高院共受理案件3516件，其中一审案件18件，二审案件941件，再审案件2107件，执行申诉审查和复议监督案件165件，国家赔偿案件64件，无理访甄别确认案件146件，其他案件75件；审结3330件，使全省法院受理的99.8%的案件在省内终结了诉讼程序，做到了案结事了。

切实强化审判指导。审判指导既包括司法理念、司法政策的教育和引导，也包括对审判执行工作的指导和协调。省高院进一步加强社会主义司法理念和司法政策的教育培训，确保全省法院工作始终坚持正确方向，确保中央、省委和最高人民法院相关工作的路线、方针、政策得到切实贯彻落实。围绕"发展、民生、稳定"工作大局出台了服务经济发展方式转变、创新社会管理、致力平安建设等文件，针对劳动争议、房屋征收、醉驾入刑、职务犯罪、非诉执行等类型案件的审判执行工作制定了17份指导意见，针对"六涉"犯罪、知识产权审判等发布了127个参考性案例，确保各级法院统一裁判标准、正确适用法律。指导下级法院妥善审理了长春"12·17"案、通化"5·01"案、韩国公民金正奎等特大走私贩卖毒品案、吉图珲客专和抚松新城房屋征收系列案、延边石岘重大破产改制案，以及一些有较大影响的职务犯罪案件，确保了法律效果与社会效果的有机统一。

深入推进审判监督。审判监督程序对于保障人民权益、维护司法公正具有不可缺少的重要作用。省高院充分发挥审级监督和依法纠错职能，共审结审判监督案件237件，其中依法改判30件，发回重审62件，调解50件。集中开展"万起案件评查"活动，对涉诉信访、发回改判和超审限案件进行了集中评查，对其中的8件错案依法及时纠正，对214件"瑕疵案件"进行了问责追究。开展长期未结诉讼案件专项清理活动，共清理1421件，审结1042件。严格贯彻中央政法委等八部门《关于党委政法委员会对执法部门执法活动进行监督的规定》，自觉接受政法委执法监督，办理政法委执法监督案件7件。认真贯彻诉讼法和省人大常委会《关于加强检察机关法律监督工作的决议》，积极配合检察机关诉讼监督，受理检察机关抗诉案件461件，审结418件，其中改判68件，发回重审34件，指令再审50件，维持118件，撤诉75件，以调解等其他方式结案73件。

三、紧紧依靠党委领导、人大监督和政府支持，深入推进司法改革和司法建设

坚持党的领导、人民当家作主、依法治国的有机统一，是中国特色社会主义司法制度的本质特征和优势所在。过去的一年，各级党委、人大、政府及社会各界对法院工作给予了极大的关心和支持，为法院工作的发展进步引航助力。省委关于推进法治吉林建设的决策、省人大常委会关于进一步加强法制宣传教育推进法治吉林建设的决议和省政府有关依法行政、建设法治政府的一系列部署，为人民法院公正司法创造了空前良好的政治环境和法治环境。省委、省政府批准省高院设立了审判管理办公室、渎职侵权审判庭和吉林省法官培训学院（国家法官学院吉林分院），有力地保证了相关工作的顺利开展。省委政法委全面推行重大刑事案件协调联席会议、涉法涉诉信访联席会议等七项制度，指导法院妥善审理了相关重大敏感案件，有效化解了一批历史遗留的信访难案。

认真贯彻落实省委人大工作会议部署，进一步增强人民代表大会制度意识和主动接受人大监督意识，更加自觉地把法院工作置于人大监督之下。全面贯彻本届人大四次会议对法院工作的要求，对各位代表提出的审议意见和建议认真整理采纳、逐一整改落实。坚持报告法院工作制度，省人大常委会听取并审议了全省法

院行政审判工作专项报告,并作出了《关于加强全省法院行政审判工作的决议》。积极配合省人大常委会开展了劳动合同法等执法检查和专项调研。省高院认真办理省人大常委会和内务司法委员会等专门委员会批办批转案件 78 件、全国人大代表和省人大代表关注案件 83 件。

全省法院进一步拓展人大代表监督渠道,邀请 176 名人大常委会、专门委员会和 279 名人大代表列席了审判委员会,2156 名各级人大代表观察了庭审和听证,1452 名人大代表担任了各级法院的监督员和咨询员。各级人大代表还以其他多种方式关心、支持法院工作:有 962 名人大代表作为人民陪审员,直接参与法院的审判活动;417 名人大代表担任调解员和法律援助志愿者,积极参与案件调解、释法明理和法庭辩护等工作,有效促进了矛盾化解,维护了当事人合法权益;一些人大代表以筹措司法救助资金、成立信访法律事务服务中心等方式,积极帮助人民法院破解执行和信访工作中的难题。人大代表的监督和支持,有力地提高了法院审判工作的质量和效率,推进了法院各项事业的发展和进步。

各级党委的坚强领导、人大的有力监督和政府、政协及社会各界的大力支持,有力地推进了司法改革和司法建设:林业法院和铁路法院管理体制改革有序推进;量刑规范化改革全面实施;多元纠纷解决机制、规避执行反制机制、涉诉信访终结机制、司法救助机制建设取得新成效;以国有土地上房屋征收案件实现司法与行政执法有效衔接为标志的非诉行政执行的"吉林模式"得到了最高人民法院的充分肯定和推广;司法公开走在全国前列,有 24 个法院被确定为国家级与省级司法公开示范法院;司法廉政建设深入推进,法官任职回避制度全面落实,对全省各中院和部分基层法院进行了司法巡查和审务督查,集中开展了"整治司法不公、严惩司法腐败"专项活动;积极推广司法拍卖工作改革长春经验,将评估拍卖引入产权交易中心,形成了法院、产权交易中心、拍卖公司三方监督制约机制。在省委组织部的大力支持下，全省法院系统党建工作双重管理体制全面建立，有效推进了法院党的建设和队伍建设，“抓党建带队建促审判”的工作经验成为全国典型；在省发改委、财政厅和各市州的大力支持下，全省法院的“两庭”建设和信息化建设取得重大进步，为审判和管理工作提供了坚实的物质基础和技术支撑。在此，我代表全省法院向各位代表和各有关方面表示衷心的感谢！

各位代表，在向大会准备报告的过程中，我们也集中分析了法院工作存在的问题和困难：人民法院的司法理念和司法能力与经济社会发展的法律需求、维护公平正义的职责要求、日益复杂多样的群众诉求仍然存在着许多不适应的地方；一些法官依法统筹各方利益、妥善处理法律问题与社会问题、实现法律效果与社会效果有机统一的能力不足；个别法官司法行为不规范、审判作风不文明、执法办案不廉洁，对司法公信造成了不应有的损害；一些基层法院案多人少、经费不足、人才流失等问题仍未从根本上解决。这些都是我们必须正视并着力解决的问题。

2012年，是我国和我省经济社会发展进程中特别重要的一年，做好法院各方面工作意义十分重大。为此，我们确定全省法院工作的总体思路是：认真贯彻中央、省委关于政法工作和法院工作的重大理论、战略部署、工作要求和本次会议精神，坚定不移地坚持“三个至上”指导思想和“为大局服务、为人民司法”工作主题，以法治吉林、和谐吉林、美好吉林建设为目标，以深入推进三项重点工作为主线，以深化审判监督、确保公正廉洁、提升司法公信为保障，切实做好人民法院各项工作，以化解社会矛盾纠纷、维护社会公平正义、促进社会和谐稳定、服务经济社会发展的优异成绩迎接党的十八大和省十次党代会胜利召开！着力做好以下四项工作：

第一，切实履行首要政治责任，全力维护社会稳定。毫不动摇地坚持依法严打方针，严厉打击危害国家安全、公共安全和人民群众生命财产安全犯罪，严厉打击社会保障、土地征用、房屋拆迁、企业改制、破产清算等重点领域损害群众利益犯罪，严厉打击破坏社会治安、煽动社会不满、制造恶性事件犯罪，全力维护社会大局稳定。

第二，充分发挥审判职能作用，有效保障经济建设、文化建设和社会建设。着力加强我省推进实施“三化”、“三动”战略中涉诉案件的审判执行工作，进一步完善联企结对帮扶、涉企法律服务工作机制，努力为我省经济实现“稳中求进”、“好中求快”发展提供更加有效的司法支持。充分发挥司法的教育和文化功能，加大惩恶扬善力度，制裁违约失信行为，弘扬社会主义荣辱观和核心价值观，加强文化领域知识产权保护，为我省文化大发展大繁荣提供有力的司法保障。全面融入社会管理体系，推进社会管理创新，正确认识和处理好法化解矛盾与预防矛盾、维稳与维权、法律与政策、道德、情理、民意的关系，以取得司法审判效果与社会管理效果的有机统一；始终坚持“调解优先、调判结合”的工作理念和方针，尽最大努力定分止争、实现案结事了人和。进一步畅通诉讼渠道，有效引导人民群众以理性合法的方式表达诉愿，尽可能通过法律程序实现权利救济、正义伸张、矛盾化解。

第三，深化司法体制机制改革，推进法院事业科学发展。加快完成林业法院、铁路法院管理体制改革；深化量刑规范化改革、审判管理改革、审判监督改革和执行机制建设，深入探索司法与行政执法有效衔接的模式；创新多元纠纷解决机制，进一步加强司法调解与行政调解、人民调解和各种社会调解的有效对接，形成化解社会矛盾的整体合力；深入推进以人民群众广泛参与为主要内容的司法民主建设，全面提升法院工作科学化、民主化、规范化水平。

第四，全面推进司法公信建设，切实提升司法核心公信力。司法公信与政府公信共同构成社会信用体系的基石。司法公信是人民法院的生命力所在。从 2012 年开始，省高院将组织全省法院集中开展为期三年的全面提升司法公信专项活动，今年将着力推进以公正司法建公信、以公开司法促公信、以廉洁司法保公信、以严格司法提公信、以和谐司法筑公信五项机制建设，加快提升司法核心公信力。深入开展政法干警核心价值观教育实践活动，引领广大法官干警永葆忠诚本色、秉持为民情怀、践行公正之举、恪守廉洁之德，更好地担负起中国特色社会主义事业建设者和捍卫者的神圣使命。

各位代表，新的一年，人民法院任务艰巨、责任重大、使命光荣。我们将在省委的正确领导、省人大的有力监督和省政府及社会各界的大力支持下，务实重行，创先争优，努力实现人民司法事业新发展，以优异成绩迎接党的十八大和省十次党代会胜利召开！

践行新理念　实现新发展　提振公信力*

各位代表：

现在，我代表省高级人民法院向大会报告工作，请予审议。

一、过去五年的工作

2008 年以来，省高级人民法院在省委的正确领导和省人大的有力监督下，在省政府、省政协及社会各界的大力支持下，准确把握国家审判机关的宪法定位，忠实履行宪法法律赋予的职责，全面加强审判工作，深入推进司法改革，大力加强自身建设，着力提升司法公信，充分发挥了保障人民权益、维护公平正义、促进社会和谐、服务改革发展的司法职能。

（一）依法履职，全面加强审判工作

过去的五年，随着经济社会新问题新矛盾的大量涌现和人民群众司法维权意识的不断提升，全省法院受案总量持续攀升，共审理各类案件 1231179 件，比上一个五年增长 22.3%。

---

* 本文是作者 2013 年 1 月 28 日在吉林省第十一届人民代表大会第五次会议上所作的吉林省高级人民法院工作报告，标题是收入本书时另加的。

审理刑事案件97908件,判处罪犯128280人,其中危害国家安全犯罪21件25人,危害公共安全犯罪12269件12952人,破坏市场经济秩序犯罪3457件4984人,侵犯公民人身权利、民主权利犯罪28152件31876人,侵犯财产犯罪32173件44262人,妨害社会管理秩序犯罪16153件27390人,危害国防利益犯罪11件15人,贪污贿赂犯罪4401件5236人,渎职犯罪1271件1540人。

审理民事案件751321件,诉讼标的总额1279.8亿元,其中婚姻家庭案件207538件,财产权属、侵权纠纷案件83816件,人身损害赔偿案件64047件,合同纠纷案件377408件,其他民事案件18512件。

审理行政案件17833件,其中拆迁、房屋登记等城建类案件4456件,医疗卫生类案件2789件,土地、林业、草原、矿产等资源类案件1809件,治安、劳教等公安类案件1154件,劳动和社会保障类案件383件,工商、税务、城管、环保、物价、教育等其他类案件7242件。

办理执行案件257505件,执结标的总额698.3亿元,其中民事执行案件200890件,刑事附带民事执行案件3294件,非诉行政执行案件16502件,仲裁、公证债权、司法协助等其他执行案件36819件。

审理申诉、申请再审案件18407件,其中刑事申诉案件1552件,行政申诉案件1651件,民事申请再审案件15204件,裁定再审5442件。审理检察机关抗诉案件2006件,其中依法改判366件,发回重审301件,撤诉256件,维持原判708件,以调解等其他方式结案375件。

(二)为民司法,依法保障人民权益

依法保障人民群众诉讼权利。全面畅通诉讼渠道,确保了人民群众通过司法途径实现权利救济。扎实推进立案信访窗口建设,全省95%以上的法院建成了诉讼服务中心,为涉诉群众提供

“一站式”服务。完善司法救助机制，缓减免诉讼费 45293 件 5610 万元，确保了经济困难群众打得起官司。着力解决申诉难问题，全面加强民事申请再审审查工作，对 1933 件确有错误的裁判依法改判，确保了当事人申诉权的实现。

依法保障人民群众实体权利。积极回应人民群众对住房、就业、医疗、生态环境和食品药品安全等社会问题的关切，审理房屋交易、物业服务等案件 28564 件，劳务合同、劳动争议案件 27753 件，医患纠纷案件 3083 件，环境资源保护案件 694 件，制售假药劣药和有毒有害食品案件 126 件。审理制售假种子、假化肥、假农药坑农害农案件和土地承包、征地补偿、农民工讨薪维权案件 15245 件，依法维护农民的合法权益。审理离婚、赡养、抚育、继承案件 174328 件，优先保护老人、妇女、儿童的合法权益。审理涉军案件 3186 件，依法维护军队、军人、军属的合法权益。加强人权的司法保护，为 9196 名符合法律援助条件的被告人指定了辩护人，对 215 名犯罪嫌疑人依法宣告无罪，并尽最大努力使 6424 件刑事犯罪案件的被害人及其家属得到了应有的民事赔偿。

依法保障人民群众胜诉权益。切实加大执行工作力度，努力保证打赢官司的当事人实现权益。五年来，全省法院对 46946 件拖延、逃避执行的案件依法采取查封、扣押、冻结、拍卖等措施强制执行，对 2147 件受到地方和部门保护主义阻碍的案件实行提级执行或指定异地执行，对 4153 名有执行能力而拒不履行法律义务的被执行人依法予以司法制裁，其中限制出境 453 人，限制高消费 72 人，拘留 2135 人，罚款 1217 人，追究刑事责任 276 人，有效缓解了执行难问题，全省法院执行案件实际执行率为 82.1%，执行标的到位率为 80.2%，比上一个五年分别提高 26.4% 和 33.6%，32 个法院被最高人民法院命名为“无执行积案先进法院”。

（三）公正司法，切实维护公平正义

秉持以司法公正实现法律公正、以法律公正保障社会公正的法治理念，坚持法律面前人人平等，恪守司法中立原则，对于自然人，不论其性别、籍贯、身份、财产状况等差别而一视同仁，对于法人，不因其所有制性质、治理结构、经营规模等差别而区别对待。坚持事实面前同案同判，以事实为根据、以法律为准绳、以政策为指导，确保法律适用的一致性、统一性和公正性。全省法院一、二审服判息诉率为98.9%，再审改判的案件仅占全部诉讼案件的0.21%，充分体现了公正司法的客观效果。坚持以提高效率保证司法公正，全省法院法定审限内结案率为98.8%，杜绝了超审限案件的发生。

坚持公正对待当事人的权利主张和利益诉求，惩恶扬善、伸张正义，依法制裁各种违约侵权行为，确保权利受到侵犯、利益受到损害的当事人能够获得赔偿和救济。认真履行司法审查职责，依法纠正公权力对私权利的不当侵害，五年共有7128件行政诉讼案件和国家赔偿案件的当事人实现了利益诉求。坚持刑罚正义，对抢劫、盗窃等15种多发犯罪和自首、立功等14种常见法定情节的量刑标准进行了量化细化，确保了罚当其罪、量刑均衡。

坚持以司法公开和司法民主促进司法公正，全面实行立案、庭审、执行、听证、文书、审务“六公开”制度，积极推行司法信息发布、裁判文书上网、庭审直播录播、法院开放日等举措，不断完善和创新以人民陪审、人民调解、社会听证为主要内容的司法民主制度，确保司法权在阳光下运行、在监督下行使。我省包括省高院在内有6个法院被确定为全国司法公开示范法院，21个法院被确定为省级司法公开示范法院。

（四）严格司法，促进社会和谐稳定

依法严惩严重刑事犯罪，对危害国家安全、破坏社会治安、制造恶性事件犯罪和杀人、抢劫、强奸、绑架、爆炸等严重暴力犯罪，始终保持严打高压态势，共审理严重刑事犯罪13128件20920人，

其中判处五年以上重刑直至死刑的占41.9%；针对我省易发多发的“六涉”犯罪，持续深入开展专项行动，共审理涉黑犯罪71件587人，涉毒犯罪2474件4869人，涉众型经济犯罪290件693人，涉农犯罪638件755人，涉林犯罪2625件4717人，涉外犯罪188件206人；确保了打击力度和震慑效果，维护了国家安全、公共安全和社会稳定。

深入推进社会矛盾化解，坚持调解优先、调判结合，力争实现案结事了人和，全省法院一审民事案件调撤率为63.5%，行政案件协调率为31.2%，执行案件和解率为34.7%。坚持联动司法，全面构建诉调对接机制，形成了司法调解与人民调解、行政调解、行业调解、单位调解联调互动的工作格局，五年共有155362起矛盾纠纷在立案受理前通过联动调解得以解决。经中央批准，省高院被确定为全国唯一的诉讼与非诉讼相衔接的矛盾纠纷解决机制改革试点高院。坚持重心下移、源头治理，领导包案、责任到人，分流稳控、多元化解，五年共化解涉诉信访积案6289件，信访当事人息访、停访比例为97.7%，信访总量年均下降13.6%。

积极参与社会管理创新，充分发挥非监禁刑和减刑假释等司法手段在减少社会对抗、促进社会和谐方面的积极作用，对犯罪情节较轻、主观恶性较小、社会危害不大的初犯、偶犯、未成年犯、老年犯、女性犯以及确有立功表现的罪犯，依法扩大了非监禁刑的适用范围和减刑、假释的适用幅度，五年共判处非监禁刑38563人，办理减刑、假释案件55535件。认真贯彻教育、感化、挽救方针，推进未成年犯轻罪记录消灭制度，以有利于未成年犯无痕回归社会、轻松面对未来。

（五）能动司法，服务保障改革发展

强化司法政策指导，省高院先后制定了应对金融危机、服务经济发展方式转变、致力平安建设、创新社会管理和保障国企改革、

粮企改革、林权改革、农村改革等32份司法文件，指导各级法院能动司法，进一步增强了为大局服务的主动性、针对性和实效性。

正确把握审判导向，围绕我省实施“三化”、“三动”战略，为经济结构调整、产业转型升级提供良好的司法服务和支持，共审理投资消费服务领域案件95186件，金融案件68894件，知识产权案件1904件，涉外和涉港澳台案件287件，企业改制破产案件1058件，成功审理了辽源得亨、长春德大、延边石岘等重大破产重整案件；妥善化解了涉及高速铁路、高速公路、水利工程、旅游开发等项目建设的矛盾纠纷，保障了吉图珲客专、哈达山水利枢纽工程、长白山国际旅游度假区等重点工程的顺利推进。

全力服务企业发展，省高院相继制定了支持全民创业、保障民营经济、服务小微企业的司法意见，组织实施了“暖企工程”，建立完善了联企结对帮扶、涉企法律服务机制。全省法院共建立企业联系点1426个，走访企业2400余家，提供司法建议和咨询意见8600多条，为企业经营、发展、维权提供了有效的司法服务。

优化经济发展环境，依法制裁合同违约、商业欺诈以及专利侵权、仿冒商标等不正当竞争行为，严厉打击制假售假、合同诈骗、商业贿赂、非法集资等犯罪，努力维护自由平等的市场秩序。依法审理行政机关工作人员滥用行政执法权、侵犯企业经营自主权和公平竞争权、违法干预企业经营管理等行政案件458件，为企业经营发展和自主创新营造了公平正义的法治环境。

（六）深化改革，推进司法科学发展

深化司法体制改革，林业法院、铁路法院管理体制改革取得实质进展。司法与行政执法有效衔接机制建设取得明显成效，以国有土地上房屋征收案件实行“裁执分离”为主要标志的“吉林经验”得到最高人民法院充分肯定，最高人民法院以此为蓝本制定了相关司法解释，在全国范围内确立了“裁执分离”的工作模式。

深化审判管理和审判监督机制改革，全面建立审判质效评估体系，普遍推行案件质量评查、发改案件评析、执法过错追究、法官绩效考评等制度，促进了审判质效的全面提升，我省法院审判质效自 2010 年以来持续位居全国法院前列。

深化执行机制改革，在全国法院系统首设执行委员会，在省高院和各中院设立执行申诉审查和复议监督机构，强化了对执行工作的统一指挥和管理，实现了执行权的分权制约和监督。推动建立执行联动机制，创新规避执行反制机制。上述改革，增强了执行工作效能，也有效治理了执行不公不廉的问题。

加强基层法院建设，全面实施“全省法院人才战略五年规划”，为基层法院增员 1466 人，初步缓解了基层法院案多人少、缺员断层的矛盾，优化了基层法院队伍的年龄、知识和专业结构。完善基层经费保障机制，新建、改建 126 个审判法庭和人民法庭，进一步改善了基层法院的司法条件。

大力推进信息化建设，建成了覆盖全省三级法院、涵盖办案所有环节的审判信息管理系统，实现了案件信息网上录入、审判流程网上管理、司法活动网上监督。建成 155 个科技法庭和 57 个具有远程审判功能的法庭，完成 119 个人民法庭的数据专网和电子签章系统建设。这些措施，方便了人民群众诉讼，也提高了司法管理水平。

（七）加强队建，着力提升司法公信

加强思想政治建设，省高院分别与省委组织部、省委宣传部联合制定了加强全省法院系统党的建设、文化建设的指导意见，组织全省法院深入开展了社会主义核心价值观、社会主义法治理念和法官职业精神教育实践活动，促进了法官队伍素质的持续提升。全省法院涌现出了一大批先进典型，8 个法院荣获“全国模范法院”、“全国优秀法院”称号，29 名法官荣膺“全国模范法官”、“全国

优秀法官”、“全国审判业务专家”、“全国法院办案标兵”称号；农安县法院翟树全同志当选“2012 年度中国法治人物”，省委、省政府授予其“公正爱民法官”荣誉称号，并作出了在全省广泛开展向翟树全同志学习活动的决定。法院文化建设扎实推进，21 个法院被命名为国家级与省级文化建设示范法院。

加强司法能力建设，实施“建设学习型法院、培养研究型法官”计划，完成国家法官学院吉林分院建设，连续三年对全省基层法院院长、人民法庭庭长和审判执行信访岗位的法官进行了全员轮训。积极探索高层次法官人才培养的新模式，与中国政法大学联合培养了 91 名证据科学领域专家型法官。全省法院还组织了 587 名业务骨干到基层法院、人民法庭或立案信访岗位挂职锻炼。

加强司法廉政建设，不断完善符合司法特点和我省法院实际的惩防体系，全面建立廉政风险防控机制，深入推进廉政文化建设，扎实开展廉洁司法教育，大力加强司法巡查和审务督察工作，集中开展“整治司法不公、严惩司法腐败”专项活动，以“零容忍”的态度严肃查处法院工作人员违纪违法问题，坚决清除“害群之马”，并坚定不移地实行下属违法犯罪上级引咎辞职的刚性问责追究制度。上述反腐倡廉措施取得了明显成效，法官干警队伍违纪违法案件逐年下降，五年间全省法院共查处违纪违法 106 人，其中 2012 年查处 7 人，比 2007 年下降了 91.2%；省高院党组多次在最高人民法院、省委召开的党风廉政建设会议上介绍经验。

检视过去五年的工作，我们清醒地认识到：人民法院的司法理念、司法能力和保障水平与经济社会发展的司法需求、维护公平正义的职责要求、日益复杂多样的群众诉求不相适应的基本矛盾仍然存在，少数法官能力不足、作风不佳的问题仍很突出，个别法官司法不廉、徇私枉法的问题仍有发生，一些基层法院案多人少、法官断层、基建债务沉重等问题仍未破解。这些都是我们必须正视并着力解决的问题。

总结过去五年的工作,我们深刻地体会到:做好新形势下的人民法院工作,必须始终坚持中国特色社会主义法治道路,充分发挥社会主义司法制度的优越性;坚持自觉接受党对法院工作的绝对领导,确保人民司法的政治方向;坚持审判权在人民代表大会体制下正确运行,维护法制的尊严、权威和统一;坚持公正高效办案、和谐司法为民,忠实践行保障人民权益、维护公平正义的根本宗旨;坚持联动司法,努力形成化解社会矛盾、维护社会稳定的整体合力;坚持把队伍建设作为永恒主题,努力建设忠诚、为民、公正、廉洁的法官队伍;坚持把基层建设作为重中之重,切实筑牢人民司法事业的根基;坚持改革创新,不断推进司法理念、实践和体制机制与时俱进。

回顾过去五年的工作,我们深切地感受到:人大及其常委会的监督、人大代表的支持是做好法院工作的基础和保证。全省法院牢固树立人民法院由人民代表大会产生、向人民代表大会负责、接受人民代表大会监督、依靠人民代表大会支持的政治理念,自觉地把法院工作置于人大监督之下。五年来,省高院除了每年一度向省人民代表大会全体会议报告工作外,还分别就刑事审判、民事审判、行政审判、执行工作、立案工作等法院中心工作向省人大常委会作了专项报告。同时,全省法院邀请了686名人大代表列席审判委员会、7862名人大代表观察庭审听证;省高院办理省人大常委会和内务司法委员会批转案件203件、全国人大代表和省人大代表关注案件331件。这些措施,既为人大代表了解法院工作、行使监督权力创造了条件,也对维护司法公正、改进法院工作起到了积极的促进作用。在此,我代表全省法院向各位代表和长期以来关心支持法院工作的各级党委、人大、政府、政协、政法机关及社会各界表示衷心的感谢!

二、2013 年的工作思路和主要工作

2013 年，全省法院工作的基本思路是：深入贯彻党的十八大和省十次党代会精神，全面落实中央、省委关于政法工作的部署、第二十次全国法院工作会议精神和本次大会对法院工作的要求，更加有效地依法保障人权、维护公正、促进和谐、服务发展，为我省实现“科学发展、加快振兴，让城乡居民生活得更加美好”的目标创造良好的法治环境。着力做好以下五项工作：

第一，切实维护人民群众合法权益，维护社会公平正义。坚持尊重和保障人权，创新发展司法便民利民惠民措施，进一步满足人民群众对司法的新要求、新期待。坚持公正司法，努力让人民群众在每一个案件中都能感受到公平正义。

第二，创新能动司法实践，更好地服务发展民生稳定大局。进一步加强对经济社会发展重大问题的司法研判，为经济社会发展提供更加科学有效的司法支持。进一步构建多元纠纷解决机制，促进矛盾纠纷联动化解。严厉打击各类刑事犯罪，坚决维护国家安全和社会稳定，确保人民群众安居乐业。

第三，以贯彻实施“两法”为契机，全面提高审判质效。深刻把握修改后的刑事诉讼法和民事诉讼法的立法精神，牢固树立惩罚犯罪与保障人权并重、实体公正与程序公正并重、司法公正与司法效率并重、法律效果与社会效果并重的诉讼理念，加强与其他政法机关的协调配合，确保“两法”准确实施；同步加强审判管理和审判监督，促进审判质量、效率、效果进一步提升。

第四，坚持不懈地加强队伍建设，进一步提升法官队伍素质。深入推进思想理论建设，坚定人民法官的政治本色、法治理念和职业精神。深入开展向翟树全同志学习实践活动，着力培养公正爱民、廉洁奉献的法官队伍。深入推进法官队伍职业化、专业化建设，不断提高广大法官辨法析理、公正裁判、定分止争的能力。深

入推进党风廉政建设，确保法官清正、法院清廉、司法清明。

第五，深入推进司法改革，促进司法事业科学发展。全面完成林业法院、铁路法院管理体制改革。积极参与和支持劳动教养制度改革，积极推进司法权力运行机制改革和涉诉信访工作改革，确保司法公正、维护司法权威、提升司法公信。

各位代表，新的一年，我们将在省委的正确领导和省人大的有力监督下，把握时代要求，顺应人民期待，务实重行，奋发有为，进一步推进法院工作发展进步，为在吉林全面建成小康社会作出新的更大的贡献！

关于行政审判工作情况的报告*

主任、副主任、秘书长、各位委员：

现在，我代表省高级人民法院向本次会议报告全省法院行政审判工作情况，请予审议。

我国行政诉讼制度是一项比较年轻的法律制度。1989 年 4 月 4 日，第七届全国人民代表大会第二次会议审议通过了《中华人民共和国行政诉讼法》。《行政诉讼法》的颁布实施，标志着中国特色社会主义行政诉讼制度正式确立，为保障公民权利、监督依法行政提供了有力的法律支撑，建构了崭新的司法机制，在我国社会主义民主政治和民主法治建设道路上具有里程碑意义。

二十多年来，全省法院在党委领导、人大监督和政府支持下，认真贯彻执行《行政诉讼法》，忠实履行宪法和法律赋予的司法审查职责，依法审理各类行政诉讼和非诉行政执行案件 11.86 万件，人口涉案比为 43.2 件/万人，同期全国法院审理 557.5 万件，人口涉案比为 41.6 件/万人；其中，2008 年以来全省法院共受理 36452 件，审结 35284 件。行政审判已成为人民法院审判体系的三大组成

---

* 本文是作者 2011 年 11 月 21 日在吉林省第十一届人大常委会第二十九次会议上就吉林省法院行政审判工作情况所作的专题报告。

部分之一,并日益发挥着保护人民权益、推进依法行政、服务改革发展、参与社会管理的重要作用。

一、认真贯彻保护人权原则,依法维护人民群众合法权益

近年来,随着我国社会主义法治国家建设进程的加快和公民法治意识、权利意识的不断提升,人民群众越来越多地以提起行政诉讼的方式表达利益诉求。全省法院积极应对行政诉讼案件攀升的态势,进一步畅通行政诉讼救济渠道,加大对行政相对人的诉权保护力度,对符合法定受案范围和受理条件的案件及时受理,对受案和审判阻力较大、干扰较多的案件实行提级审理或异地指定管辖,既依法保障了人民群众的诉讼权利,也有效引导了人民群众以理性合法的方式表达诉愿,最大限度地实现了行政争议的诉讼化解决。三年来,全省法院共受理一审行政诉讼案件 10837 件,年均增长 10.1%,其中涉及城建、卫生、资源、治安、环保、教育、劳动和社会保障等公民基本权益的案件占 66.8%,实行提级审理和异地指定管辖 117 件。2009 年,最高人民法院专门在我省召开现场会,总结和推广了我省法院加强行政诉权保护的经验。

在依法保障公民诉权的同时,全省法院更加重视对实体权利的保护,坚持裁判中立和平等保护原则,切实加强对被诉具体行政行为的合法性审查,依法纠正违法或不当行政行为对人民群众合法权益的侵害。三年来,全省法院审结的一审行政诉讼案件中,行政相对人胜诉或者协调解决的达到 44.4%,高于全国 2.3%。

二、严格履行司法审查职责,监督支持行政机关依法行政

人民群众对政府的监督是宪法赋予公民的基本权利。人民法院对行政机关依法行政实施监督,是人民群众对政府的监督通过诉讼程序转化为司法权对行政权的监督,并通过司法审查的方式来实现。全省法院依法履行司法审查职责,对被诉行政执法行为

的事实根据、法律依据、执法程序等进行全面审查，对适用法律错误、主要证据不足、违反法定程序、超越或滥用职权的，依法判决撤销；对被诉行政机关不履行或拖延履行法定职责的，依法判决在一定期限内履行；对行政处罚显失公正的，依法判决变更。三年来，全省法院共判决撤销或变更具体行政行为、确认具体行政行为违法或无效、责令行政机关依法履行法定职责 1656 件，占一审结案的 15.8%。同时，对具体行政行为证据确凿、适用法律正确、符合法定程序的，依法予以维持，共判决维持具体行政行为、确认具体行政行为合法或有效、驳回行政相对人诉讼请求 5283 件，占一审结案的 50.4%。

对行政机关申请执行的非诉行政案件进行司法审查，是人民法院行政审判的重要职能。省高院制定了《关于审查非诉行政执行案件若干问题的规定》，进一步严格了司法审查的法律标准，对明显缺乏事实根据或法律依据、明显违法并损害被执行人合法权益，以及强制执行存在严重社会风险的，依法裁定不予执行；对合法有效的具体行政行为依法裁定准予执行。三年来，全省法院共审查非诉行政执行案件 22390 件，其中裁定不予执行 2262 件，占 10.1%，准予执行 18143 件，占 81%，协调和解 1985 件，占 8.9%，既有效避免了群众利益受损和极端恶性事件、群体性事件的发生，也有力地支持了行政机关的执法效能和依法管理。

建立司法与行政良性互动机制，全省法院普遍加强了司法建议工作力度，各中级法院全面推行了行政审判“白皮书”制度，一方面针对个案审理中发现的问题及时提出司法建议，另一方面通过定期对行政诉讼总体情况和类型案件变化情况，特别是行政执法中存在的突出问题和行政机关败诉原因进行梳理分析，向行政机关通报，进一步促进了行政机关提高依法行政意识和行政执法水平。三年来，全省法院共发出司法建议 160 件，提出司法审查报告 38 份，得到了各级政府和行政机关的普遍重视。长春市政府连续两年专门召开政府系统接受监督改进工作会议,邀请法院领导面对面地通报行政机关执法情况,并对行政败诉案件逐一进行了调查和问责追究。

三、牢固树立服务大局理念,依法保障吉林振兴发展

围绕我省"科学发展、加快振兴、富民强省"的工作大局,省高院相继制定了应对金融危机、保障企业发展、致力平安建设和服务加快经济发展方式转变等二十余份司法文件,明确了行政审判服务和保障吉林振兴发展的各项措施,提升了司法服务的主动性、针对性和实效性。三年来,全省法院认真贯彻省委、省政府关于经济结构调整、产业转型升级、统筹推进"三化"、实施"三动"战略等重大部署,妥善审理涉及经济调控、市场监管、城市规划、基础设施建设、知识产权等各类行政案件 3104 件,在依法保护公民、法人和其他组织合法权益的基础上,全力支持各级政府在转变方式、调整结构、扩大内需、保障民生等方面所采取的各项措施。

服务保障重大改革部署,围绕近年来我省相继推行的国有企业改革、国有粮食购销企业产权制度改革、集体林权制度改革和保障性安居工程建设等重点工作,省高院制定了一系列司法保障意见,指导各级法院强化司法服务措施,妥善审理相关案件,确保了改革措施出台、司法保障到位。三年来,全省法院共审理涉及保障性安居工程的行政诉讼案件 1811 件,依法审查非诉行政执行案件 7882 件,协助政府有关部门协调化解 610 件;审理涉及集体林权改革的行政案件 214 件;审理涉及企业改制、金融监管、农村土地确权和农民工讨薪等行政案件 865 件,为推动我省相关改革事项和重点工作提供了有力的司法保障。

依法保障重大项目建设,特别是在吉珲高铁建设和抚松新城建设中,针对涉众广、涉案多、矛盾易激化的实际,省高院及时指导延边、白山法院加强与政府部门协调配合,超前提供法律服务,取

得了较好效果，在涉及超过 5500 户的房屋拆迁中，最终仅有 10 户进入了强制拆迁程序，且全部实现了平稳拆迁，为我省重大项目建设的稳步推进提供了有力的司法支持。

坚持把行政审判作为优化经济发展软环境的重要平台，对行政机关工作人员滥用行政执法权、侵害企业利益、妨碍企业发展的违法侵权行为坚决依法纠正，共审理涉及侵犯企业经营自主权和公平竞争权、违法干预企业经营管理、怠于履行法定职责以及违规收费罚款等行政处罚、行政征收、行政许可、行政不作为案件 312 件，为企业经营发展和自主创新营造了公平正义的法治环境。

四、充分发挥行政审判职能，积极参与社会管理创新

社会管理创新的首要标志是依法管理。行政审判是国家通过法律管理社会的重要手段，既是社会管理创新的重要部分，也是监督和支持政府实施依法管理的重要保障。全省法院把化解行政争议、协调利益关系、促进社会和谐作为行政审判参与社会管理创新的重要目标，充分发挥了在社会管理和社会建设中的重要作用。

全面建立行政诉讼协调和解机制。省高院制定了《关于行政案件协调和解的指导意见》，要求各级法院充分运用协调、疏导、释明等方式和谐化解行政争议，着力构建公民与政府的和谐关系。三年来，全省法院一审行政诉讼案件协调和解比率达到 28.6%，较好地实现了行政诉讼双方的和谐共赢，增进了人民群众与政府之间的理解和信任。

全面推行行政审判社会风险评估。针对行政审判中一些案件涉案人员多、矛盾易激化、社会风险高的特点，省高院在全省法院全面建立了行政审判社会风险评估机制，对涉及房屋拆迁、土地征收、企业改制、劳动和社会保障等敏感性、群体性行政案件，在认真细致地做好审判工作自身风险评估的同时，严格要求行政机关随案提交社会风险评估报告，有效地预防和控制了潜在风险。三年

来，全省法院审理的行政案件没有一起激化为影响社会稳定的恶性事件。

大力推动构建行政审判与行政执法联动机制。全省法院全面加强了与政法机关和政府部门的协作配合，在依法受理和审理行政案件的同时，积极拓展权利救济渠道，特别是对那些在司法范围内无法解决而原告诉求又具有一定合理性的行政争议，积极开展案外协调工作，说服并协助行政机关积极实施行政救济，有效地促进了行政争议的多元化解和当事人诉求的实质性解决。

五、推进行政审判改革和建设，实现行政审判事业科学发展

着力推进行政审判监督管理改革。与刑事审判和民事审判相比，行政审判更易受到地方政府和行政机关的牵制，更易引发人民群众利益得不到有效保护的问题，这也是导致行政案件上诉率和申诉率普遍较高的重要原因。对此，省高院从强化监督管理入手，结合开展“审判管理年”和“审判监督年”活动，在行政审判条线全面实行了审判绩效综合考评机制，从诉权保护、非诉审查、审判质效等各方面对各级法院行政审判工作进行全面量化考评，并建立了发回、改判和指令再审案件双向评查机制，严格落实了差错案件评析和问责追究制度，促进了行政审判质量、效率、效果的不断提升。三年来，全省法院一审行政诉讼案件服判息诉率始终保持在75%以上，其中2010年达到82.3%，位居全国第二，高出全国平均水平20%。

探索建立行政审判与行政执法有效衔接机制。推进行政执法与司法衔接，是国家“十二五”发展规划纲要中确定的重要内容，也是我国司法体制改革的重要任务。对此，省高院进行了积极探索，从国有土地上房屋征收补偿这一难点问题入手，与省住房和城乡建设厅联合制定了规范性文件，并积极争取以省委政法委的名义

印发了《关于依法保障国有土地上房屋征收与补偿工作,切实维护社会和谐稳定的意见》,在全国率先建立了国有土地上房屋征收案件由县级政府在穷尽行政手段后向法院申请强制执行、法院依法严格审查、政府依据法院裁决并在司法机关的监督下组织实施、司法与行政执法实现二重有效衔接的“吉林模式”,得到了中央政法委和最高人民法院的充分肯定。

大力加强行政审判队伍建设,特别是针对行政审判政策性较强、协调难度大,以及容易发生“官官相护”、“权权交易”等问题,突出加强了行政审判法官队伍司法能力建设和司法廉政建设。省高院先后制定了《关于加强和规范行政审判工作的意见》等九份司法意见,指导全省法院调整司法政策、统一法律适用;连续两年对全省法院行政审判法官进行了全员集中培训,对行政诉权保护、非诉行政执行案件审查等容易出现问题的重点环节进行了专项督查,进一步提高了广大行政审判法官公正高效办案、和谐司法为民的能力。三年来,全省法院共有二十一个行政审判先进集体和三十五名行政审判先进个人受到省级以上表彰,没有发生一起行政审判法官违纪违法案件。

三年来,全省法院的行政审判工作虽然取得了一定成效,但也仍然存在一些问题和困难,主要表现在:行政案件总量逐年增加,且逐渐呈现出群体性、对抗性特征,行政审判任务日益繁重,依法兼顾各方利益的难度越来越大;法律赋予人民法院司法审查范围和司法变更权的有限性与人民群众利益诉求的多样性之间存在一定差距;行政审判队伍的司法理念和司法能力与新时期行政审判工作面临的新形势新任务还有许多不适应的地方;行政审判的外部环境尚需进一步改善,少数行政机关消极应诉,行政机关负责人依法出庭率偏低。对这些问题和困难,我们将紧紧依靠各级党委领导、人大监督和政府支持,采取有效措施切实加以解决。

主任、副主任、秘书长、各位委员,省人大常委会始终高度重视行政审判工作，本次会议又专题听取和审议行政审判工作报告，并将作出《关于加强全省法院行政审判工作的决议》，这既是对行政审判工作的有力监督，也是对行政审判工作的大力支持，对于进一步推进全省法院行政审判工作乃至其他各项工作具有极其重要的意义。我们将认真听取各位委员的审议意见和工作建议，坚决贯彻本次会议即将通过的《决议》，全面推进行政审判工作科学发展，更加有效地保障公民、法人和其他组织的合法权益，更加有效地监督和支持行政机关依法行政，为建设法治吉林、和谐吉林、富强吉林，促进我省经济社会又好又快发展提供更加有力的司法保障。

关于全省法院立案工作情况的报告*

主任、各位副主任、秘书长、各位委员：

现在，我代表省高级人民法院向本次会议报告全省法院立案工作情况，请予审议。

2008年以来，省人大常委会分别听取和审议了全省法院刑事审判、民事审判、行政审判和执行工作专项报告，连同本次会议听取和审议立案工作专项报告，本届省人大常委会对法院各项中心工作进行了全面监督。

人民法院立案工作是随着中国特色社会主义司法制度的不断完善而逐步发展的。在建国后相当长的时间里，由于人民法院受理的案件总量不大，且类型相对单一，立案审查权始终由各个审判庭分别行使，实行“立审合一”的工作模式。进入20世纪90年代后，随着我国社会主义民主法制的不断完善、社会主义市场经济体制的不断发展和公民司法维权意识的不断提升，人民法院受理的案件总量急剧增加，案件类型日趋复杂，新类型案件不断涌现，管辖争议、管辖异议等问题日渐增多，“立审不分”的工作机制越来越

---

* 本文是作者2012年7月6日在吉林省第十一届人大常委会第三十三次会议上就吉林省全省法院立案工作情况所作的专题报告。

不适应人民群众日益增长的司法需求和审判执行工作的实际需要。为此，最高人民法院在各地法院探索实践的基础上，于1998年7月部署全国法院全面推行“立审分立”、“审执分立”、“审监分立”制度，正式把立案工作从审判工作中分离出来，成为人民法院的专项职能，设置专门机构负责立案审查事务，进而逐步形成了具有中国特色的人民法院立案工作制度。我省是较早探索实行“立审分立”的省份之一。1999年8月，最高人民法院在延吉召开全国法院立案工作座谈会，总结推广了我省法院“立审分立”的做法和经验。

2008年以来，基于立案工作肩负着在实现人民群众诉权、维护公平正义、促进社会和谐稳定等方面日益凸显的重要作用，省高院进一步明确提出把立案与审判和执行工作一并作为人民法院三大中心工作，并确立了“保障人民群众依法行使诉讼权利，保证人民法院正确及时受理案件，方便人民群众诉讼，便利人民法院审判”的指导思想和工作原则，进一步明确了立案工作的职能定位、根本宗旨和服务方向，积极推进了立案工作体制机制改革创新，有效促进了全省法院立案工作的深入开展。

一、全面畅通诉讼救济渠道，依法保障人民群众诉权

胡锦涛总书记指出：“法治是以和平理性的方式解决社会矛盾的最佳途径。”2008年以来，全省法院深刻领会胡锦涛总书记的这一精辟论述，牢牢把握立案工作的核心价值，充分发挥立案工作保障人民群众通过司法途径实现权利救济、正义伸张、矛盾化解的职能作用，进一步畅通诉讼救济渠道，对符合法定受案范围和受理条件的诉请依法及时立案受理，共受理各类诉讼案件868982万件，比上一个五年增长了24.6%，既有效引导和保障了人民群众以合法理性的方式表达诉愿，解决纷争，也最大限度地预防了矛盾纠纷在司法程序和法律范围之外聚集、蔓延和激化。

高度关注社会弱势群体的诉权保护，确保经济困难的群众打

得起官司，对孤寡老人、孤儿和农村“五保户”、没有固定生活来源的残疾人和患有严重疾病的当事人、享受城市居民最低生活保障、农村特困户救济和领取失业保险金的当事人，追索赡养费、扶养费、抚育费、抚恤金、社会保险金、劳动报酬的当事人等，实行诉讼费缓减免措施，四年来共对经济困难群众缓减免诉讼费 39038 件 5780 万元。

高度重视“民告官”案件的立案受理，切实加强人民群众的行政诉权保护，特别是对受案和审判阻力较大、干扰较多的案件，依法实行提级管辖或异地指定管辖，着力破解行政诉讼难问题。2008 年以来，全省法院共受理一审行政诉讼案件 15416 件，比上一个五年同期增长了 28.4%，最大限度地实现了行政诉权保障和行政争议的诉讼化解。2009 年 7 月，最高人民法院在吉林召开现场会，肯定和推广了我省法院加强行政诉权保护的经验。

二、建立诉讼与非诉讼衔接机制，促进矛盾纠纷多元化解

建立诉讼与非诉讼相衔接的矛盾纠纷解决机制，实现人民群众法律诉求的合理分流和矛盾纠纷的多元化解，是新时期有效应对社会矛盾大量增加、加强和创新社会管理、维护和促进社会和谐稳定的重要途径。2008 年以来，全省法院在畅通诉讼渠道、强化诉权保护的同时，着力构建诉讼与非诉讼衔接机制，充分发挥立案工作的“过滤”和“分流”功能，对不属于人民法院主管的矛盾纠纷，主动协调分流到相关政府部门或经济社会组织进行妥善处理，涉及 110 人的延边运输公司企业改制劳动争议纠纷、涉及 683 人的松原长山化肥厂退休职工社保费纠纷、涉及 452 人的白城草原直补资金分配纠纷等一些重大的群体性纠纷，均在法院的积极协调下，通过非诉方式得到了妥善化解；对事实清楚、诉求简单的矛盾纠纷，积极引导当事人选择社会调解机构，采取非诉方式解决。

吉林市昌邑区法院自 2008 年初设立集人民调解室、行政调解

室、行业调解室、法律援助调解室、志愿者调解室等于一体的多元调解大厅以来，共诉前调解矛盾纠纷3807件，占告诉案件总数的43.2%。据该院统计，通过审判程序化解一起纠纷的平均成本为1307元，平均周期为95天，而通过诉前调解化解一起纠纷的平均成本仅为70元，平均周期仅为7天。该院诉前调解的经验成为全国典型，得到了中央政法委和最高人民法院的充分肯定和大力推广，并引起国际社会的关注，联合国开发计划署和最高人民法院于2010年11月在该院联合举办了“司法成本与司法效率”国际研讨会。目前，“昌邑经验”在全省法院得到普遍推广，各级法院普遍建立了与人民调解、行政调解、行业调解等非诉调解组织的互动联调平台，绝大多数基层法院与当地司法行政部门合作，在法院立案窗口或人民法庭设立了“人民调解工作室”，在基层组织、行业协会、行政部门等设立了8300多个“巡回调解点”，实现了诉讼与非诉讼组织网络、工作机制、调解程序和调解效力的“无缝对接”。四年来，全省共有139826起矛盾纠纷在立案受理前就得到了解决。我省法院诉讼与非诉讼相衔接的理念、做法和经验得到了上级领导机关的充分肯定，最高人民法院报请中央批准，将我省高院确定为全国唯一的诉讼与非诉讼相衔接的矛盾纠纷解决机制改革试点高院，并由此将全省法院整体纳入这一改革试点范围。

三、着力加强立案调解工作，促进涉诉纠纷及时化解

对于人民法院已经立案受理的案件，如果一律径行审判，不仅会使双方当事人因对簿公堂而导致对立情绪加大、不利于矛盾纠纷解决，也会给当事人带来不必要的诉累。为此，2008年以来，全省法院牢固树立“调解优先、调判结合”的诉讼理念，大力推行“全员调解、全面调解、全程调解”工作制度，在立案环节探索设立了先行调解程序，尽最大努力把涉诉矛盾纠纷化解在审判程序前。目前，各地法院已在立案信访大厅设立了91个“立案调解室”，并在

交通、劳动、医疗、房产、购物消费等矛盾易发多发的领域设立了297个“巡回调解点”，通过选派具有丰富调解经验的法官主持调解，邀请人大代表、政协委员、退休法官和乡镇、社区社会工作者参与调解等形式，全面开展立案调解工作。四年来，共有91827件案件在立案阶段调解结案，占一审民事案件结案总数的15.7%。

同时，全省法院还着力构建了联动司法工作机制，对因司法救济途径所限不能有效实现“案结事了”的矛盾纠纷，特别是对近年来我省大量增加的因土地征用、房屋拆迁、企业改制、劳动争议、社会保障等引发的群体性诉讼案件，综合运用政治、经济、社会、法律等手段妥善化解。例如，和龙林区林权改革劳动争议案、吉林市68名艾滋病感染者诉请赔偿案等一大批涉案人员多、矛盾易激化、社会风险高的重大案件，均在立案受理后通过主动请示党委、协调政府、联系社会组织，得到了妥善处理。

四、大力加强立案窗口建设，全面落实司法为民措施

立案工作既是人民群众表达诉求、参与诉讼的第一环节，也是人民法院服务群众、联系社会的第一窗口。2008年以来，我们始终坚持把加强立案窗口建设作为践行司法为民的重要环节，相继制定了《关于立案信访窗口建设的实施方案》、《关于进一步加强立案窗口规范化建设的意见》等文件，对立案窗口标准化、规范化建设进行了统一部署，进一步强化了立案窗口诉讼引导、立案审查、诉前调解、司法救助、查询咨询、判后答疑的“一站式”服务功能，全面推行了首问负责、服务承诺、办案公开、规范用语、文明接待等制度，广泛推行了“一把椅子、一杯热水、一声问候、一张笑脸”的亲民举措，并对当事人的诉讼权利和义务、各类案件的立案标准和程序、诉讼费用的缴纳标准和司法救助的申请条件等进行了全面公示。目前，全省已有95%以上的法院建成了诉讼服务中心，并基本达到了硬件标准化、软件规范化、服务亲情化、设施人性化的标准；

有三个中级法院和十个基层法院被最高人民法院授予全国法院立案信访窗口建设先进集体。

同时,全省法院还本着尽最大努力"让当事人少跑一趟路、为当事人节省每分钱"的工作思路,进一步提升了立案审查的节奏和效率,并全面实行了人民法庭直接受理案件制度,全省法院一审民事、行政和刑事自诉案件的立案审查当天受理率达到了91.8%。全面推行案件繁简分流,完善速裁工作机制,全省法院一审民事案件简易程序适用率达到62.5%。其中一些案件实现了当天起诉、当天受理、当天结案。一些法院还积极实行了远程立案、预约立案、就地听证、假日立案、就地听证,进一步丰富和发展了司法便民、利民、惠民措施。

五、强化立案管理监督职能,促进审判质效全面提升

立案工作作为审判工作的"枢纽",既承担着启动和保障审判工作的重要任务,也肩负着管理和监督审判质效的重要职能。2008年以来,省高院结合开展"审判管理年"、"审判监督年"和"司法公开促进年"活动,着力强化立案工作的管理监督职能,有效促进了审判质量、效率、效果的全面提升。严格实行随机分案制度,对所有案件全部由立案部门根据各审判庭的案件类型和范围,由计算机自动获取案件承办人,彻底杜绝了"当事人选法官、法官选案件"的现象,从程序上有效预防了人情案、关系案的发生。全面实行网络自动排期开庭制度,进一步强化了审判流程管理和审限跟踪监督,有效提升了审判效率,促进了结案均衡。四年来,全省法院法定正常审限内结案率平均达到了98.8%,除个别案件因案情复杂或因法定事由以及社会效果考量依法延长审限外,杜绝了超审限案件的发生。

进一步完善立案工作的监督指导机制,针对劳动争议、房屋征收、土地承包、非诉执行等类型案件的立案和审理,先后制定了17

份司法意见，指导各级法院统一立案标准、正确受理案件。严格实行管辖案件归口管理，统一了管辖争议和管辖异议案件的裁判标准，建立了刑事案件异地管辖的协调与规范机制，有效杜绝了争抢管辖、推诿管辖、人为扩大异地管辖等现象。

六、深入推进立案机制改革，着力加强立案队伍建设

与审判和执行工作相比，人民法院的立案专业化建设尚处于探索阶段。2008 年初，省高院针对新修订的《民事诉讼法》施行后民事申请再审案件呈现出的“井喷”式增长态势，积极争取省委支持，在全国率先完成了省高院和各中级法院再审立案机构的设置工作，并以此为契机，在全省各级法院全面推行了立案审查与信访处理分离、申诉审查与审判监督分离的工作制度，形成了相关部门各司其职、相互制约、有效衔接的工作格局，促进了立案工作的专业化建设。

全面建立立案审判绩效综合考评机制，从诉权保护、诉前调解、立案调解、立案质效、信访投诉等各方面对各级法院立案工作进行全面量化考评，进一步促进了立案审判质效的全面提升，全省法院立案工作整体跨入全国先进行列。四年来，全省法院案件受理正确率始终保持在 99.5% 以上，其中 2011 年达到 99.69%。

全面加强立案法官队伍建设，特别是针对立案工作直接面向人民群众、直接面对矛盾纠纷、直接关涉诉权保护的工作性质，结合近年来全省法院深入开展的社会主义法治理念教育、“人民法官为人民”主题教育、政法干警核心价值观教育等专项教育实践活动，全面加强了立案法官队伍政治素质、司法能力、职业操守、纪律作风和廉政司法建设，并连续两年对全省法院立案法官进行了全员集中培训，有效提升了立案法官把握社情民意、研判法律诉求、准确释法明理、妥善化解矛盾、密切联系群众的能力。四年来，全省法院共有 28 个立案工作先进集体和 42 名立案工作先进个人受

到省级以上表彰，没有发生过一起立案法官利用职权徇私枉法案件；由女法官占多数组成的省高院立案一庭相继荣获省直机关“三八红旗集体”和“全国城乡妇女岗位建功先进集体”等称号，并被授予全省“巾帼建功20年风采奖”。

在向本次会议准备报告的过程中，我们也集中分析了立案工作存在的问题和困难，主要是：在当前经济社会矛盾积聚叠加、人民法院受案总量持续攀升、立案工作任务日益繁重的新形势下，立案法官队伍的司法理念、司法能力和司法作风还有许多不适应的地方；近年来随着新型诉求的不断涌现，对一些新型诉求是否立案受理缺乏明确的法定标准和司法指导意见，致使人民法院立案工作时常处于“两难”境地；我省因政策调整或历史遗留问题而引发的诸如企业改制、土地征用、房屋拆迁、社会保障等方面的矛盾纠纷在我省大量增加，这些本来可以通过行政、经济、社会等手段有效化解的矛盾纠纷，由于个别部门的不作为而集中涌入司法渠道，甚至引发群体访和越级访；少数当事人滥用诉权、恶意诉讼，明知其请求不属于人民法院主管范围，但仍然缠诉不止、闹访不断。对这些问题和困难，我们将紧紧依靠各级党委的坚强领导、人大的有力监督、政府和社会各界的支持配合，采取有效措施切实加以解决。

主任、各位副主任、秘书长、各位委员，省人大常委会始终高度重视全省法院立案工作，本次会议又专门听取和审议立案工作报告，这在全国省级人大常委会的专项监督中尚属先例，充分体现了省人大常委会对全省法院立案工作的重视和支持，对于进一步推进全省法院立案工作以至其他各项工作具有极其重要的意义。我们将认真听取各位委员的审议意见和工作建议，富有成效地推进立案工作专业化、规范化、科学化，尽心竭力地保障人民权益，维护公平正义、促进社会和谐、服务改革发展、为实现省第十次党代会确定的宏伟目标和美好愿景做出积极贡献。

推进法院工作要增强“五力”*

为了全面推进人民法院工作，要进一步增强党组的凝聚力、提高干部的执行力、进一步强化制度的约束力、进一步推动系统的联动力、进一步提升司法的公信力。

第一，进一步增强党组的凝聚力。凝聚力是指群体成员之间为实现群体活动目标而实施团结协作的程度，其外在表现于人们的个体动机行为对群体目标任务所具有的信赖性、依从性乃至服从性上。从这个意义上讲，增强凝聚力的过程就是把人心和人力凝聚在一起的过程。各级法院党组是做好法院工作的政治保障和组织保障，法院党组的凝聚力如何，直接关系到我们的法官群体是“心往一处想、劲往一处使”，还是各行其道、一盘散沙，直接决定着人民法院工作的发展进步和人民司法事业的成败兴衰。因此，进一步增强党组的凝聚力，是摆在各级法院党组面前的首要任务，特别是去年年底全省县（区）法院领导班子刚刚完成换届工作，今年省高院和各中级法院也将进行换届调整。在这个特殊的时期，强调进一步增强党组的凝聚力就尤为重要。

---

* 本文是作者2012年2月28日在吉林省全省法院工作综合视频会议上的讲话“凝神聚力　务实重行　奋发进取　创先争优，为全面实现人民司法事业新发展而努力奋斗”的节选。

增强党组的凝聚力，一要在思想上增强凝聚力。要大力加强学习型班子和学习型法院建设，使广大法官干警在认识和把握中国特色社会主义理论体系、社会主义法治理念、社会主义核心价值等一系列重大问题上形成普遍共识，在认识和把握事关人民法院工作的重大理论与实践问题上形成普遍共识，实现全体法官干警思想上的统一和目标上的一致。二要在组织上增强凝聚力。要大力加强领导班子建设，特别是和谐班子建设。要团结干事、统一思想、增强合力，一切从党和人民的利益出发，从促进人民司法事业科学发展出发，自觉增强党性修养，自觉维护班子团结；要和谐共事、坦诚相见、互相支持，自觉增强全局意识和合作意识，努力营造清新和谐的工作环境；要按章办事、坚持原则、发扬民主，认真贯彻民主集中制原则，充分发挥班子的集体领导作用；要公正处事，把公正作为协调各方面利益关系、处理各种矛盾和问题的根本尺度，特别是在选拔任用干部的问题上，一定要坚持任人唯贤，反对任人唯亲，努力在法院内部和法官干警中间形成团结和谐、风清气正、昂扬向上、奋发有为的正气生态。三要充分发挥党组班子和党组成员的感染力和号召力。“其身正，不令而行；其身不正，虽令不从。”要切实发挥好班子成员的表率作用，作团结和谐的表率、务实重行的表率、开拓进取的表率、廉洁自律的表率。各级法院党组书记、院长是法院领导集体的班长，是党组政治保障和组织保障的第一责任人，更要切实发挥好“排头兵”、“带头人”的作用。

第二，进一步提高干部的执行力。执行力是指贯彻战略意图、完成目标任务的态度、作风和能力，是成就事业的关键所在。毛泽东主席曾指出：“政治路线确定之后，干部就是决定的因素”，[1]在一定意义上强调了干部执行力的决定性作用。在法院工作中强调提高执行力，就是要确保党的路线、方针、政策在人民法院得到不折不扣的贯彻执行，确保最高人民法院关于法院工作的指导思想、方针政策和各项部署得到不折不扣的贯彻执行。总的来讲，全省各级法院的执行力是好的，有力地确保了党的路线方针政策和各项部署的贯彻执行，有力地推动了全省法院各项工作的发展进步，但也仍然存在少数法院缺乏执行意志和执行能力，特别是个别法院对上面的部署阳奉阴违、置若罔闻、我行我素，在贯彻执行中搞形式主义、做表面文章等等，需要引起我们的高度重视并切实加以解决。

提高干部的执行力，一要切实严肃纪律。纪律是推动工作的保障。各级法院党组和领导干部要切实强化纪律意识，对于上级定下来的事情要雷厉风行、抓紧实施，部署了的工作要狠抓落实、一抓到底，明令禁止的事情要严格执行、不逾雷池一步，不能松松垮垮、拖拖拉拉，不能讲价钱、打折扣，要不折不扣地抓好贯彻落实。二要强化执行意志。意志就是精神，就是信念，就是支柱，就是动力。如果我们对待事业和工作没有激情、没有干劲，不思进取，得过且过，那我们的事业就不可能实现新发展，我们的工作就不可能取得新突破。当然，在贯彻落实的过程中，不可避免地会存在这样或那样的困难，但在困难面前，信心比能力更重要，很多事情并不是因为做不到才失去信心，而是因为失去了信心才做不到。各级法院党组和领导干部一定要牢固树立起攻坚克难的必胜信心和决心，越是在困难的时候越要坚定信心、迎难而上。三要坚持务实重行，就是要脚踏实地、真抓实干，重实际、定实招、干实事、出实力、求实效，用行动去实现，用实效来检验，而不是以会议落实会议、以文件落实文件，绝不能华而不实、抓而不力。四要强化改革创新，就是用创新的思维和办法推动工作的落实。强调提高执行力绝不是强调机械执行，而是倡导求真性执行、创造性执行，从本地、本院实际出发，确定工作重点和措施，做到既执行有力，又执行有方，更执行有效。

第三，进一步强化制度的约束力。强化制度的约束力，就是指用制度管权管事管人，对于违反制度的从严整治、从严追究，这是我们做好工作的重要基础。近些年来,全省各级法院注重把制度建设贯穿于司法审判管理、司法人事管理、司法政务管理之中,有效地推进了司法管理的规范化、制度化。但在强化制度的约束力方面,也还存在内容不协调、程序不严密、配套不完备、执行不严格的问题,诸如私设"小金库"的问题、公款旅游的问题、错案追究不到位的问题,以及违反最高人民法院"五个严禁"和省委政法委"八个严禁"的问题等等,仍然时有发生。因此,我们必须进一步强化制度的约束力。

强化制度的约束力,一要大力加强制度建设,在推动各项制度内容协调、程序严密、配套完备、有效管用上下工夫,坚持用制度管权管事管人,使法院的各项工作都有章可循、有法可依;要不断推动制度创新,坚持从实际出发,及时把实践中创造的好经验、好做法上升为规章制度,切实堵塞各种制度漏洞,推动制度建设与时俱进,促进各项制度科学管用。二要严格执行制度,狠抓制度落实,切实增强干部制度意识,严格按制度办事的规则,强化对制度执行的监督检查,切实把各项制度转化为法官干警和工作人员的行为规范;要坚决维护制度的严肃性和权威性,坚持制度面前人人平等,严格违反制度的责任追究,严肃查处违纪违法行为。三要对领导干部有更强的约束力。各级法院的领导干部要带头学习制度、严格执行制度和自觉维护制度,对于领导干部违反制度的行为,要更加严格地进行问责和追究。

第四,进一步推动系统的联动力。人民法院作为一个系统,其联动力来源于联动司法的理念。联动司法不只是一个外部性概念,也是一个内部性概念。长期以来,受审级独立概念和法院独立概念的影响,人民法院系统内部既缺乏应有的横向联动,上级法院对下级法院也仅局限于业务指导、审判监督和干部协管,缺少合理的纵向联动。近些年来,我们把社会主义法治理念与法院工作实际创造性地结合起来,有效地推动了全省法院之间的协调联动,通过大力加强审判管理、审判监督、绩效考核、案件评查，以及逐步扩大指定管辖、提级管辖、交叉执行、委托取证、信息共享等多种有效形式，较好地发挥了全省法院的系统优势和整体功能，促进了全省法院工作的整体发展和进步。但在推动系统的联动力方面，我们还有很多工作要做，尤其是当前上下级法院和法院内部各部门之间在案件审理上缺乏必要的沟通和协调，突出表现为下级法院为了推卸责任而搞矛盾上交，上级法院为了规避责任而随意发回重审，致使案件反复发回、反复重审，既造成了极大的司法资源浪费，也给当事人带来了沉重的诉讼负担。

推动系统的联动力，一是要进一步强化整体观念。从系统论的基本观点来讲，其核心思想是系统的整体观念，任何一个系统都是一个有机的、关联的整体，而不是各个部分的机械组合或简单相加。从这个意义上讲，全省法院作为一个系统、一个整体，必须牢固树立起“一盘棋”思想，确保在联动力的凝聚下形成和发挥系统的整体合力。二是上级法院要切实加强和改进对下级法院的指导和监督。这种指导和监督既包括司法理念、司法政策的教育和引导，也包括对审判执行工作的指导和监督，还包括对重大敏感案件的指导和协调，尤其是要进一步增强指导监督工作的针对性、科学性和权威性。三是上下级法院间要进一步加强沟通、协调和配合，从而形成全新的、和谐的监督指导关系，实现全省法院系统审判资源的有效整合。要进一步加强和规范上下级法院在发回重审、改判、指令再审案件中的沟通协调工作，充分交换意见，全面掌握案件的事实认定、法律适用、背景因素等情况，确保案件公正和谐处理；要进一步明确发改案件的标准和条件，完善发改案件质量双向评查机制，切实避免不当发改现象。四是下级法院要主动接受上级法院的指导和监督，积极落实上级法院的指导监督意见，特别是对所有上级法院发回重审的案件都要组成特别合议庭审理，并经审判委员会讨论决定，对于重审后仍然决定维持原判的，下判前必须以审判委员会的名义向上级法院作出书面报告。

第五,进一步提升司法的公信力。公信力,意即使公众信服的力量。司法公信是人民法院通过职权活动在整个社会当中建立起来的一种公共信用,是整个社会信用体系的重要组成部分。当前,人民法院的司法公信力面临着非常尴尬的局面:一方面,党政机关和法院自己对法院工作发展进步的认可度和满意度都很高;但另一方面,司法公信正在面临着非常严峻的挑战和考验,诉讼的过分迟延、正义实现成本的高昂、少数案件的裁判不公、个别法官的司法不廉、涉诉信访的居高不下、舆论媒体的过分炒作等等,使得社会公众对司法产生了怀疑,甚至是不信任,司法公信危机已经成为司法理论与司法实务界都不可回避的事实。在现代社会中,法治已经成为人类共同的目标,司法也已经成为人们诉诸公正的最后保障,因而司法公信就成为整个社会信用体系的基石,一个社会如果失去了司法公信,那么这个社会的信用体系就会土崩瓦解。基于此,我们部署在全省法院集中开展为期三年的全面提升司法公信专项活动,以切实提升司法的核心公信力。

提升司法的公信力,首先要从提升司法核心公信力入手,首要的任务是维护司法公正。人民群众对法院的最大期待是公正司法。司法不公是损害司法公信力的最严重的"毒瘤"。我们必须清醒地认识到,当前司法不公的问题还没有得到有效遏制,执法不严、裁判不公,甚至司法不廉、贪赃枉法的问题仍然时有发生,法院内部人员的说情风问题屡禁不止。我们必须坚决抵制和反对一切影响司法公正的消极现象,以清廉公正高效树立司法权威,以严格公正文明提高司法公信。要从提高个案质量入手,把每一起案件的办理都当作是维护社会公平正义、提高司法公信力的具体实践,从实体、程序、时效上体现维护社会公平正义的要求,努力做到每一起案件的审理都经得起法律的检验、经得起社会的检验、经得起历史的检验。其次,为了公正,司法必须做到更加公开、更加廉洁、更加为民、更加依法理性、更加有效地定分止争、更加有力地惩恶扬善。最后,需要强调的是舆情应对和司法宣传工作。在当前开放、透明、信息化的执法条件下,扎实做好舆情应对和司法宣传工作意义十分重大。全省法院要进一步加强与新闻媒体的沟通配合,有效提高把握舆情、引导舆论的能力,大力宣传人民法院为大局服务、为人民司法的成效和经验,大力宣传惩恶扬善维护公平正义、定分止争促进社会和谐的典型事例和案例;要切实加强和改进突发事件舆情应对、引导工作,健全完善重大案件、重大事项、重大决策舆情风险评估机制,进一步提高防范和化解舆论危机的能力。同时,要切实加强信息工作,重点建立和完善突发事件、敏感事件等重大紧急信息的快速反应机制,确保上级法院对紧急突发事件的及时了解、准确判断和科学决策。

注 释

〔1〕 “中国共产党在民族战争中的地位”(一九三八年十月十四日),载《毛泽东选集》(第2卷),人民出版社1991年版,第526页。

致　谢

本书编辑过程中，苗炎、丰霏等青年教师，蒋楠楠、徐清博士后，章安邦、周冰、雷婉璐、郭栋等博士研究生，参与了部分书稿的整理、校勘和清样的校对工作。彭巍全程参与本书的策划、编辑和校勘工作。《清华法学》编辑部主任徐雨衡女士协助作者核查诸多引文、注释和原始文献并进行校勘。

法律出版社教育分社丁小宣社长、陈慧编辑以极大的热情和科学、专业、严谨、高效的作风，确保了本书的编辑质量和出版进度。设计师乔智炜同志的创意使本书在与《张文显法学文选》保持一致风格的同时又有所改善。

值本书即将付梓之际，我向上述各位同志、同学以及其他关心和帮助本书编辑出版的领导、同事和朋友表示衷心的感谢。

张文显

2016 年 8 月 28 日于净月书屋

图书在版编目(CIP)数据

司法的实践理性/张文显著.—北京:法律出版社,2016.9
ISBN 978-7-5118-9962-0

Ⅰ.①司… Ⅱ.①张… Ⅲ.①法律—文集
Ⅳ.①D9-53

中国版本图书馆CIP数据核字(2016)第215782号

责任编辑/陈　慧
装帧设计/乔智炜

出版/法律出版社
编辑统筹/法律教育出版分社
总发行/中国法律图书有限公司
经销/新华书店
印刷/北京嘉恒彩色印刷有限责任公司
责任印制/沙　磊

开本/720毫米×960毫米　1/16
印张/22.75　**字数**/284千
版本/2016年9月第1版
印次/2016年9月第1次印刷

法律出版社/北京市丰台区莲花池西里7号(100073)
电子邮件/info@lawpress.com.cn
销售热线/010-63939792/9779
网址/www.lawpress.com.cn
咨询电话/010-63939653

中国法律图书有限公司/北京市丰台区莲花池西里7号(100073)
全国各地中法图分、子公司电话:
第一法律书店/010-63939781/9782　**西安分公司**/029-85388843　**重庆公司**/023-65382816/2908
上海公司/021-62071010/1636　**北京分公司**/010-62534456
深圳公司/0755-83072995　**苏州公司**/0512-65193110

书号:ISBN 978-7-5118-9962-0
定价:45.00元